보이지 않는 존재들

인간 중심주의를 해체하는
혁명적 환경 철학

보이지 않는 존재들

에릭 잠파 앤더슨 지음
김성환 옮김

UNSEEN BEINGS

한문화

차 례

보이지 않는 존재들의
울음소리에 귀 기울여라

숲속에서 쓰러지는 나무는 듣는 사람이 아무도 없을 때도 소리를 낼까? 이것은 끊임없이 제기되는 철학적 질문 중 하나이다. 이 질문은 철학자들의 인간 중심적인 특성을 잘 드러내는데, 왜냐하면 숲속에는 언제나 누군가 존재하기 때문이다. 그 누군가는 갈라지는 듯한 소리가 어디서 나는지 궁금하게 여긴 오소리일 수도 있다.[1]

－테리 프래쳇Terry Pratchett

판타지 소설《디스크월드Discworld》의 작가

테리 프래쳇의 글과 같은 철학적 질문은 왜 끊임없이 제기될까? 그 이유는 주변에 인간이라곤 아무도 보이지 않는 숲 같은 곳에서 의미 있는 '자각(Awareness)'의 경험이 일어나는 상황을 우리가 상상하기 힘들기 때문이다. 숲은 환경이자 장소이며, 인간의 드라마가 펼쳐지는 흥미진진

한 배경이다. 하지만 그곳에 의미를 부여하는 존재 또한 분명 우리 인간이다. 동물뿐 아니라 식물 역시 쓰러지는 나무를 감각적으로 인지한다하더라도, 우리 중 다수는 여전히 그 소리를 인식하는 인간 없이 과연소리가 존재할 수 있는지 의문을 품을 것이다. 하지만 이런 인간 중심적인 태도가 우리를 죽어가게 만든다. 우리는 이런 이야기의 환상에 너무 도취된 나머지, 이것이 우리 삶뿐만 아니라 세상을 공유하는 모든 무수한 존재들의 삶에까지 파괴적인 영향력을 끼친다는 사실을 잘 깨닫지못한다.

이 책은 '인간중심주의(호모 사피엔스Homo Sapiens가 우주에서 가장 중요하고, 의미 있고, 세상의 중심이 되는 존재라는 신념)'를 넘어 더 나은 미래를 창조하는 것에 관해 이야기하는 책이다. 하지만 미래를 지혜롭게 모색하고자 한다면, 우리는 먼저 과거를 돌아보고 그곳에서부터 명료한 성찰을 얻어야 할 것이다. 따라서 이 책은 단순히 변화를 촉구하는 데서 그치지 않고, 기후 위기의 뿌리를 진단하고 탐색하는 데에까지 나아갈 것이다. 과거의 잘못된 선택들을 깨달을 수 있다면 우리는 같은 실수를 피할 수 있을 것이다. 미래를 창조하는 것은 여전히 우리의 몫인데, 여기서 '우리'란 말은 단지 '인간들'만을 의미하지 않는다.

쓰러지는 나무 이야기를 하다 보니 중요한 사실 하나가 떠오른다. 유엔의 추정에 따르면 지구에서는 매년 약 1천만 헥타르의 숲이 사라진다고 한다. 여기에는 수백만 헥타르에 이르는 주요 열대우림도 포함된다.[2]이런 파괴 과정은 지구에 중대한 영향을 미치지만, 기후 변화에 관해 진지한 대화를 나눌 때조차 우리의 이런 행위가 인간 이외의 존재들에게미치는 영향을 거의 고려하지 않는다. 대신 우리는 '도덕성'과는 아무런 상관도 없는 '자원 채취' 행위에만 관심을 쏟는다. 지난 수천 년에 걸쳐 우리는 식물과 동물을 의식적인 존재로 보지 않도록 스스로를 훈련해 왔다. 이들을 단지 인간의 욕구를 충족하기 위한 수단이라고 여겼기 때문이다. '지구를 구하는 일'에 관해 이야기할 때조차 우리는 대개 '살아 있는 존재들의 안녕을 도모하는 일'이 아닌 '우리의 창고를 수호하는 일'에만 관심을 가졌다.

기존의 관점과 태도를 바꾸기 위해서는 '사실을 증명할 데이터' 이상의 것이 필요하다. 사실 우리에게 데이터는 늘 충분했다. 망원경이나 현미경을 발명하기 오래전부터 우리는 우리가 실존적으로 혼자가 아니라는 사실을 이미 잘 알고 있었다. 우리는 주위를 에워싼 미지의 세계를 내다보며 다른 '존재들'을 충분히 느낄 수 있었다. 하지만 자연의 마법에 대한 우리의 호기심은 점차 인간 영웅과 전능한 신들에 관한 이야기로 옮겨가고 말았다.

신화에서 신은 지구를 다스리는 운명을 가진 인간 종족의 신성한 협력자로 나타난다. 서서히 자리 잡은 이 인간 중심적 신화는 우리를 점차 자기 집착증과도 같은 상태로 몰아넣었다. 하지만 더 밝은 미래로 나아가려면 지금부터라도 이런 일그러진 신화에서 벗어나야 한다. 우리에겐 새로운 이야기인 동시에 아주 오래된 이야기가 필요하다. 우리가 지구에 살아가는 모든 존재와 역동적인 관계를 맺고 있다는 사실을 잘 이해할 수 있도록 우리를 일깨우는 그런 이야기 말이다.

톨킨의 작품에서 배운 것

나는 어릴 적부터 톨킨J.R.R. Tolkien의 작품을 읽으며 성장했다. 톨킨은 자연의 마법이 불러일으키는 경이를 향해 내 마음을 활짝 열어준 최초의 인물이다. 내 '배경'을 언급할 일이 생길 때마다 나는 항상 여기서부터 이야기를 시작하는데, 이 기억이 '이야기가 얼마나 엄청난 영향력을 행사할 수 있는지' 잘 보여주기 때문이다. 처음으로 접한 톨킨의 작품은 어머니의 어린 시절 애장품이었던 《호빗The Hobbit》이었다. 이 책은 역사와 언어, 신화, 식물, 우주론, 금속 세공, 자연 세계 등을 향한 사랑에 처음으로 불을 지폈다. 이 책을 읽은 후 나는 몇 년 만에 톨킨의 작품을 모조리 읽어치웠고, '중간계(Middle-earth)'에 관한 전문가가 되었다. 열두 살 무렵에는 공책에다 텡과르어(톨킨의 소설 속에 등장하는 가상의 문자-옮긴이)로 필기했고, 제1 시대(The First Age)와 제2 시대(The Second Age, 톨킨이 창조한 세계의 역사를 구분하는 기본 단위-옮긴이)의 이야기를 자세히 요약해서 어른들을 놀라게 했다. 심지어 나는 콜로라도에 위치한 집 근처의 연못에서 '열매를 주는 대지의 여왕'인 야반나 케멘타리와 '고귀한 별들의 여왕'인 바르다 엘렌타리에게 아름다운 꽃과 시를 헌정하기까지 했다.[3]

톨킨의 이야기가 '역사적 사실이 아닌 허구'라는 사실을 깨달을 만큼 자랐을 때, 나는 왜 《실마릴리온The Silmarillion》(톨킨이 1930년경 집필한 《호빗》의 후속작으로, 너무 켈트적이라는 이유로 출판을 거부당했다. 톨킨 사후, 아들 크리스토퍼가 정리해서 출판했다.-옮긴이)이 다른 작품보다 덜 중요하게 취급받는지 이해하느라 애를 먹어야 했다. 나는 중간계가 현실이기를 바랐고, 어떤 의미에서는 어른이 된 지금도 이 욕망은 완전히 사라지지 않은 것 같다. 오히려 더 진화하고 성숙했다.

그 후 20년 동안 많은 것이 변했고, 수많은 우여곡절을 겪었다. 공립학교 시스템 속에서 괴롭힘을 당한 이후 몇 년간 기독교 학교에 다니기도 했지만, 점점 일신론적인 종교와 멀어질 수밖에 없었다. 나는 종교라는 개념 자체에 매료되었고 이것을 진정으로 경험하고 싶었지만, 기독교는 결코 내 마음을 끌어당기지 못했다. 창조론도, 천국과 지옥도, 동물에게는 영혼이 없다는 가르침도 마찬가지였다. 우리 가족의 반려견인 '스타'에 대한 깊은 사랑 때문인지, 나는 항상 이 마지막 항목에 특히 민감하게 반응할 수밖에 없었다. 동물을 영혼 없는 사물로 간주하는 신념을 따를 수 없다는 사실을 잘 알았기 때문에 나는 자연스럽게 동쪽으로 관심을 돌렸다.

나는 열세 살 무렵 불교와 처음 만났고, 열네 살에는 내 뿌리 스승인 라마 출트림 앨리온Lama Tsultrim Allione을 만나 그녀의 세심한 지도 아래 티베트 불교의 닝마파Nyingma 전통을 수행하기 시작했다. 나는 콜로라도주에 있는 그녀의 수련 센터에서 여러 차례 멋진 여름을 보내면서 우리 시대의 가장 탁월한 스승들에게 명상, 철학, 의례 등에 관해 광범위하게 훈련받았다. 결국 나는 듭첸Drupchen{'위대한 성취(Great Accomplishment)'란 뜻의 정교한 의식과 죄Chod 수행을 완료한 수석 의례 지도자-옮긴이}으로 임명되었다.

대학 진학 후에도 계속 종교와 티베트어를 공부했지만, 스무 살이 될 무렵 내가 너무 판에 박힌 생활을 하고 있다는 사실을 깨달았다. 이제껏 잘 걸어온 학자의 길이 갑자기 불만족스러웠고, 점점 싫증이 나기 시작했다. 나는 그저 밖에서 찔러보기만 하는 것이 아니라 이 전통 속으로 더 깊이 참여하고 싶었다. 다음 해에 나는 대학을 떠나 티베트의 전통 의학인 '소와 릭파Sowa Rigpa'를 배우는 5년 단위 프로그램에 등록했다. 티베트 의학의 주요 문헌과 주석서들을 광범위하게 공부했고, 그 뒤에는 네팔의 카트만두에서 다섯 달 동안 의료 인턴으로 근무했다. 스물일곱 살 무렵에는 개인 진료실을 개업했고, 니다 체낙창Nida Chenagtsang 박사의 요청으로 학생들을 가르치기 시작했다. 임상 의학에 완전히 매료된 것은 아니었지만, 고전 문헌을 다루며 학생들을 가르치는 일이 즐거웠다. 그중에서도 약초를 다루는 일을 가장 좋아했다. 나는 점차 식물에 매료되었다. 처음에는 히말라야에서 자라는 식물만 다뤘지만, 시간이 지나면서 시골 야산과 뒤뜰에서 자라는 식물에까지 관심을 갖게 되었다. 식물을 진심으로 마주하는 동안, 나는 이들이 유용한 천연 의약품 이상의 존재라는 사실을 깨달았다. 나는 식물을 고유한 생명체로 바라보았고, 우리의 관계는 '사용'을 위한 것에서 '관계 자체'를 위한 것으로 서서히 변해갔다. 이런 사고방식의 변화야말로 이 책을 쓴 주된 동기 가운데 하나일 것이다.

티베트 의학은 여러모로 경이롭다. 800년 넘게 단절되지 않은 통합적 의료 연구의 계보를 자랑하는데, 이 계보는 다양한 유라시아 전통에서 온 정교하고 복합적인 의학 이론이 그 바탕이다. 오늘날에도 티베트의 의사들은 예전과 다름없이 전통을 충실히 지키면서 건강과 질병, 치료에 관해 더 정제하고 확장해서 이해하려고 애쓴다. 그들은 종종 자신들의 전통적 치료법을 뒷받침하고 보완하기 위해 다른 분야의 통찰을 받아들이기도 한다.

2020년 코로나 바이러스가 창궐했을 때, 나는 런던에 있는 새로운 진료소에서 막 환자를 받기 시작한 상태였다. 2019년에 결혼한 후 영국으로 이사했기 때문이다. 진료소가 문을 닫은 동안, 나는 식물과 의료 연구에 더 깊이 집중할 수 있었다. 또한 이 책의 집필을 비롯해 오래 미뤘던 몇 가지 프로젝트에도 다시 관심을 기울일 수 있었다. 코로나가 확산하던 초기 며칠 동안, 티베트 의학과 아유르베다Ayurveda(고대 인도의 전통 의학 체계—옮긴이) 등을 전공한 동료들이 코로나 바이러스와 기후 변화의 연관성에 관해 활발히 토론하고 있다는 사실을 알았다. 하지만 대중을 위한 공개 담론에서는 비슷한 대화도 찾아볼 수 없었다. 생태학적 요소는 전통 의학자들에게 부가적인 고려 사항에 불과한 것이 아니라 위기 자체의 원인일 수도 있는 중요한 요소이다. 그렇지만 공공 영역에서는 헌신적인 환경 운동가들조차 이런 연관성을 종종 망각했다. 대신 운동가들은 세계 각국의 정부가 기후 변화보다 코로나 바이러스를 더 진지하게 고려한다며 불평을 늘어놓았다. 물론 이것도 어느 정도 유효한 비판이지만, 이 비판의 유효성은 오직 이 두 주제가 아무런 연관성도 없다고 가정할 때만 유지할 수 있을 것이다.

인간이 코로나 사태의 생태학적 측면을 인식하는 경우는 드물지만, 티베트 의학은 항상 이런 유형의 전염병을 '인간과 자연 사이의 관계'라는 맥락 속에서 고려했다. 티베트 의학서《사부의전(Four Tantras)》에서는 채광이나 산림 벌채, 오염 물질 방류 등과 같은 환경 파괴 행위를 세상을 화나게 만드는 것으로 간주한다. 그런 행위들은 우리 주변의 '보이지 않는 존재들(Unseen Beings)'에게 부정적인 영향을 미치기 때문이다. 보이지 않는 존재들이 병에 걸리거나 그 외의 다른 방식으로 자극받을 때 전염병 창궐 등을 비롯한 문제가 발생한다는 것이다.

골드스미스 런던 대학에서 역사학 석사 학위를 준비하는 동안, 나는 환경에 대한 인식이 변화한 과정을 연구하는 학문인 '환경사(Environmental History)'를 깊이 있게 파고들었다. 동시에 역사와 과학, 신화가 서로 영향을 주고받으며 고대의 과학 체계와 자연에 대한 인식을 형성했다는 사실에 주목했다. 역사 연구를 통해 우리는 고대의 지식 체계가 어떻게 발전했는지 이해할 수 있을 뿐 아니라, 이와 같은 발전을 이끈 공상가와 사상가들이 자신의 이론을 설명하고 입증하기 위해 여러 이야기와 신화를 어떻게 활용했는지도 확인할 수 있다. 우리가 세상을 이해할 수 있었던 것은 항상 이야기를 통해서였고, 세상을 바꿀 수 있었던 것도 오직 이야기를 통해서이다.

이 책은 내가 지난 수년간 그러모은 다양한 지혜의 실로 엮은 하나의 공예 작품과도 같다. 이 책은 역사서이자 철학서이며, 과학과 종교에 관한 책이고, 자연 세계에 보내는 열렬한 연애편지이다. 하지만 궁극적으로 이 책은 하나의 이야기이다. 세상이 인간들만으로 이뤄지지 않았다는 사실을 우리가 어떻게 망각했는지 알려주는 책이자, 이 사실을 기억하는 것이 왜 모두를 위해 더 밝은 미래를 여는 단서가 될 수 있는지 이야기하는 책이다.

'보이지 않는 존재들'은 누구인가

보이지 않는 영역에 대한 이야기를 시작하는 지금, 나는 많은 독자가 유령이나 초자연적인 존재들로 지면을 메울 것이라고 기대하리란 점을 분명히 알고 있다. 물론 그런 존재들도 일부 등장하지만, '보이지 않는 존재들'이란 표현은 우리가 적극적으로 외면해 온 수많은 존재들을 광범위하게 아우르는 말이다. 기나긴 시간 동안, 우리는 뚜렷이 대립하는 두 종류의 세계를 인식해 왔다. 영혼이 있는 '인간들'의 세계와 영혼이 없는 '자연물'의 세계가 바로 그것이다.

우리는 지구상에 존재하는 수백만의 생물종들 가운데 유일하게 인간만이 이성적 의식(또는 영혼)이란 마법과도 같은 빛을 지니는 데에 반해, 인간이 아닌 존재들은 대체로 '자연'과 '재원' 등으로 분류할 수 있는 무의식적 집합체를 구성할 뿐이라고 믿었다. 사실 보이지 않는 존재들은 나무나 민들레, 산호초, 점균류 등일 수도 있고, 심지어는 연못이나 숲일 수도 있다. 설령 이 존재들을 맨눈으로 분명히 볼 수 있다 하더라도 우리는 종종 그들의 존재성을 완전히 외면하곤 했다. 우리는 그들 모두가 구체적이고 의식적인 방식으로 각자의 삶에 참여한다는 사실을 애써 무시했다.

최근 수십 년 동안 비인간 및 비동물(Non-animal)에 관한 행동 연구가 크게 확장하면서 결과적으로는 과학계의 개편을 촉진했다. 이런 변화는 특히 신경과학 영역에서 두드러진다. 오래전부터 과학자들은 우리의 신경 조직이 '의식'이나 '자각'이라 불리는 것을 산출할 수 있는 독특한 능력이 있다고 생각했다. 그들은 뉴런이 동물의 인지 능력에 필수라는 사실을 잘 알고 있었기에, 뉴런이 없는 식물이나 버섯 같은 존재는 당연히 인지 능력이 없을 거라고 성급하게 결론지었다. 하지만 단도직입적으로 말하면, 이것은 잘못된 생각이다. 식물이나 점균류, 단세포 생물 같은 존재들조차 매우 지적인 자각 능력을 암시하는 행동을 할 수 있다는 것을 보여주는 증거는 아주 많다. 모든 생명이 본질적으로 인식 능력이 있다는 사실, 그리고 모든 존재가 자신의 진화론적 필요를 채우기 위해 인식 과정에 참여한다는 사실에는 더 이상 반론의 여지가 없어 보인다. 따라서 앞서 이야기한 '쓰러지는 나무' 문제보다 훨씬 흥미로운 철학적 질문을 할 수 있다. 단지 재미 삼아 건강한 나무를 베어 버린다면, 그리고 이 나무가 사람들 머리 위로 떨어지지 않는다면, 이 행동에는 윤리적이거나 도덕적인 책임이 없을까?

해답을 찾아가는 길

보이지 않는 존재들을 무시하고 착취하는 태도는 오늘날의 무수한 사회적, 생태적 위기를 초래했다. 기후 재앙이라는 실존적 질병에 관한 체계적인 해결책을 찾으려면 문제 자체와 문제의 원인, 앞으로의 전망, 해결 방법 등을 제대로 이해해야 한다. 따라서 나는 이 책을 진단, 원인과 조건, 예후, 치료라는 네 개 부분으로 나눴다.

1부에서는 우리가 어떤 상황에 직면했는지 살핀 뒤, 자연스럽고 건강한 상태에서 벗어났다는 사실을 밝힐 것이다. 2부에서는 환경 문제의 병인학(질병의 원인과 작용 방식을 다루는 학문-옮긴이)과 발병 기전을 다루면서 철학, 종교, 과학 모두가 이 질병의 발달과 진행 과정에 책임이 있다는 사실을 탐색할 것이다. 3부에서는 생태학과 질병이 교차하는 지점을 중심으로 병의 예후를 다룰 것이다. 우리가 마주하게 될지도 모르는 암울한 미래에도 불구하고, 4부와 5부에서는 기존의 철학과 신화, 태도, 행동 등을 수정하는 방법을 비롯한 다양한 치료법을 제시하는데, 이런 치료법은 우리를 의미 있는 '회복의 길'로 안내할 것이다.

　이 모두는 누군가가 평생에 걸쳐 연구해야 할 엄청난 과업이므로 나는 단지 이 과업의 표면만 건드릴 수 있을지도 모른다. 하지만 결정적인 변화가 일어날 때까지 계속 기다릴 수만은 없다. 또한 우리 중 그 누구도 앞으로 무슨 일이 벌어질지 분명히 알지 못한다. 이 책은 이런 필요에 대한 반응이자, 사람들의 관심과 토론이 조금이라도 늘길 바라는 내 겸허한 소망의 산물이다. 이런 시도를 통해 우리는 무너져가는 세계의 갈라진 틈에서 새 생명의 싹이 돋아나도록 도울 수 있을지 모른다. 여전히 우리에겐 더 밝은 미래를 건설할 가능성이 남아 있지만, 그러려면 먼저 보이지 않는 존재들의 울음소리에 신중히 귀를 기울여야 한다.

1부

지금 진단이 필요한 이유

UNSEEN BEINGS

1장

불편한 진실
병든 지구를 위해 무엇을 할 것인가

지구는 깊이 병들었다. 우리 중 대부분은 이미 이 사실을 잘 알고 있다. 하지만 우리는 여기에 너무 골몰하지 않으려 애쓰거나, 사회 활동이나 봉사 같은 일로 걱정을 잊으려 할지도 모른다. 행동해야 한다는 사실은 잘 알지만 과연 어떤 종류의 행동인가? 정치적 행동? 경제적 행동? 산업적 행동? 기술적 행동? 단지 전기 자동차를 구매해서 이산화탄소 배출을 줄이기만 하면 될까? 육류 소비를 줄이고 온라인으로만 쇼핑하면 모두 해결할 수 있을까? 산업 규제를 강화하고 나무를 더 심기만 하면 될까? 이 모든 방법은 실제로 도움이 될 수도 있고, '무언가 하고 있다'라는 만족감도 주지만, 이것만으로는 충분하지 않다는 사실을 우리는 본능적으로 잘 안다. 우리를 괴롭히는 것으로부터 우리를 구할 간편한 알약 같은 것은 없다. 문제를 진단하고 치료하기 위해서는 보다 근본적이고 전체론적인 접근법이 필요하다.

인간의 생태학적 착취로 발생하는 환경 재앙 등의 문제는 결코 새로운 일이 아니다. 2천여 년 전, 로마 역사가 '대 플리니우스(Pliny the Elder)'조차도 폼페이에 머물다 죽음에 이르기 전 이런 글을 남겼다. '지구의 자원을 탕진하는 행위의 장기적인 영향, 인간의 탐욕으로 다가올 엄청난 결과를 생각하면 내 마음은 두려움에 요동치기 시작한다. 우리가 지금 당장 필요한 것 이상의 그 무엇도 탐내지 않는다면 삶은 얼마나 순수하고 행복하고 풍족할 것인가!'[1]

사실 우리는 오래전부터 우리가 위험한 길을 걷고 있다는 사실을 인식했다. 인류의 목표는 자연 세계를 지배하고 통제해서 우리를 위한 완벽한 환경을 창조하는 것이었다. 어느 모로 보나 이런 탐닉은 인류의 일관된 의도였다. 말하자면 '정점 인류(Peak Humanity)'의 상태에 도달하고자 했던 것이다.[2] 하지만 정점은 꼭대기인 동시에 하강의 시작이며, 우리가 이미 정상을 지나왔다는 사실은 날이 갈수록 분명하다. 이 계획의 실존적인 위험에도 불구하고, 우리는 엄청나게 많은 이야기를 활용해서 두려움을 누그러뜨리려 했다. 인간의 예외성과 신의 보호, 기술적 해결책, 멸망 후의 구원 등과 같은 주제로 가득한 이야기들은 우리가 우주에서 가장 높고, 가장 똑똑하고, 가장 중요한 존재인 만큼 계속 전진할 수 있다고 우리를 설득했다.

지난 수 세기 동안 이른바 선진국들은 영속적인 진보와 끝없는 성장, 무한한 기회의 약속을 마치 자신들을 위한 신화처럼 소비했다. '우리에게 다가올 유일한 한계는 우리가 스스로에게 부과하는 한계뿐'이라는 가정 하에 말이다. 인간의 뜻이 있는 곳에 길은 항상 존재했고, 자연은 그저 우리의 지배 대상일 뿐이었다.

지난 반세기 동안 환경 과학자들은 지구가 보여주는 여러 증상에 관한 어마어마한 양의 연구를 축적했는데, 이 증상들의 예후는 명백하다. 계속 이런 식으로 나아간다면 우리는 광범위한 생태적, 사회적 붕괴와 더불어 재앙적인 기후 변화, 6번째 대멸종(이미 진행 중이다) 등으로 이어지는 처참하고 복구 불가능한 결과에 이를 것이란 사실이다. 우리가 행동할 시기를 완전히 놓쳐버린 것은 아니더라도, 돌이킬 수 없는 시점은 생각보다 빠르게 다가오는 중이다.

지구의 재앙을 암시하는 현상

'대멸종'을 이야기할 때 우리는 주로 동물들의 죽음을 떠올린다. 실제로 2020년, '세계 야생 생물 기금(World Wildlife Fund, WWF)'은 지난 50년 동안 동물 개체군의 크기가 평균적으로 68퍼센트나 감소했다고 보고했다.[3] 하지만 개체수와 생물다양성이 감소하는 현상은 동물에만 국한되지 않는다. 산업용 산림 벌채로 매년 약 1백5십억 그루의 나무가 베어지며, 이 숫자는 빠르게 증가하는 추세이다. 또한 매분 약 30만 제곱미터의 숲이 주로 축산업 용지 확보를 위해 잘려 나간다. 축산업이 벌목과 제지보다 삼림파괴를 더 크게 일으키는 셈인데, 전체 온실가스 배출량의 50퍼센트 이상, 산업에 의한 산림파괴의 80퍼센트 이상의 원인을 차지한다.[4]

국제 정치 기구들의 무능함으로 일부 환경 과학자들은 데이터만으로 인류의 행동을 집단으로 변화시켜야 하는 불편하고 어려운 입장에 내몰렸다. 환경 과학자들이 앞장서서 문제를 해결하도록 맡겨두기만 하면, 그들이 인류를 이 곤경에서 벗어나도록 인도할 수 있을까? 지금 우리에게 필요한 것은 그보다 훨씬 복합적인 접근법이다. 우리를 그토록 냉담하고 몰지각하게 만든 사회적, 역사적 역동을 평가하고 치료 과정을 계획하는 것은 환경 과학자들만의 몫이 아니다. 우리에게 꼭 필요한 일은 근본 원인 자체를 다루는 것이지만, 그렇게 하려면 먼저 원인의 복잡한 특성부터 인정하고 이해하는 것에서 시작해야 한다.

전 지구적 재앙을 암시하는 모든 현상에도 불구하고, 우리는 아직 이런 재앙을 부르는 용어도 합의하지 못했다. '지구온난화'는 이 위기와 관련한 대부분의 논의에서 가장 중요한 주제로 다뤄진다. 산업혁명으로 온실가스 배출량이 급격히 증가하면서 열 차폐막(배기가스에서 발생한 열에서 부품을 보호하기 위해 사용하는 금속판−옮긴이)처럼 바뀌어 세계 전역의 평균 온도를 올리고 자연 생태계를 돌이킬 수 없이 교란하고 말았다. 더 나아가 1950년대 이후 북반구의 선진국들 사이에서 일어난 '거대한 가속(Great Acceleration, 1950년을 기점으로 인구수, GDP, 에너지 사용량을 비롯한 사회경제적 지표가 가파르게 상승한 현상을 일컫는 용어−옮긴이)'은 온실가스 배출량을 기하급수적으로 늘려 세계 전역의 기후 환경을 급속도로 황폐화했다. 결과적으로 기후 패턴이 극적으로 변화하기 시작했고, 지구상의 많은 지역은 전례를 찾아볼 수 없는 극심한 가뭄과 화재, 허리케인, 홍수, 회오리바람, 폭염 등으로 몸살을 앓고 있다.

하지만 지구온난화는 질병을 구성하는 요소 중 하나일 뿐이다. '거대한 가속'으로 삼림파괴와 산업형 농업, 해양 및 토양 오염 등이 기하급수적으로 증가했는데, 온실가스 배출에만 전적으로 초점을 맞춘다면 나머지 요소들은 수면 아래로 가라앉고 말 것이다. 하지만 보다 포괄적인 용어인 '기후 변화' 역시 부적절하기는 마찬가지이다. 지구가 겪는 질병은 '단순한 변화'에 불과한 것이 아니라 마치 급속도로 퍼져나가는 악성 종양과도 같다. 하지만 지금까지 이 질병을 완화하기 위해 우리가 한 일이라곤 악성 흑색종 위에 반창고 하나를 덧붙이는 것과 다를 바가 없었다. 이제는 다른 무언가를 시도해야 한다.

모든 생명체 위에 자리 잡은 인간

불행하게도 우리가 당면한 이 위기의 원인은 수십 년이나 수백 년이 아닌 수천 년간 지속되었다. 위기의 원인은 매우 다양하고 복잡하지만, 모두가 어쩔 수 없이 가장 밑바닥에 놓인 한 가지 원인 주위를 맴돌았다. 바로 인간과 인간이 아닌 모든 존재 사이에서 일어난 분열과 자연으로부터의 인지론적 분리이다. 하지만 우리가 당면한 이 위기의 뿌리가 고대로부터 이어진 것임에도 불구하고, 지구 역사의 대부분은 지금과는 완전히 다른 상황이 펼쳐졌다. 호모 사피엔스는 적어도 20만 년 동안은 '인간 이외의 존재로 구성된 세계' 속에 깊이 얽혀 있었다. 우리의 먼 조상들은 그들이 단지 광대한 그물망을 구성하는 한 가닥 생명일 뿐이라고 생각하면서 같은 환경을 공유하는 다른 존재들과 적극적으로 관계를 맺으려 했다. 이런 태도는 농업이 광범위하게 발달함에 따라 점차 변화하기 시작했지만, 농경 사회에서 일어난 자연과의 관계 단절 역시 아주 느리고 선택적인 과정이었다.

하지만 시간이 지나면서 몇몇 사회가 이런 관계 지향적 모델에서 완전히 벗어났고, 지배와 자연적 위계의 패러다임을 활용해 인류의 위치를 더 높은 곳으로 끌어올리려 했다. 인간의 욕구와 경험, 가치, 생각이 자연스럽게 다른 모든 유형의 생명체 위에 자리 잡는 환경을 창조한 것이다.[5] 이런 위계 구조는 종(Species) 외의 다양한 것들 위에 주춧돌을 놓았다. 인류는 인종, 성별, 외모, 연령, 신체 능력 등을 비롯한 여러 특징 위에 특별한 가치를 부여하려 했다. 이 특징들 중 많은 것이 여전히 현대사회를 짓누르지만, 그중에서도 특히 종 차별주의(Speciesism)와 인간 중심주의(Anthropocentrism)는 가장 '합리적'이고 '경험적'인 탐구 영역에서조차 전혀 비판받지 않은 채 그대로 유지된다. 하지만 역사와 과학, 윤리학, 산업, 예술, 철학 등과 같은 문제에서 오직 인간만을 중요하게 여기는 태도는 우리를 지탱하는 생명의 그물로부터, 그리고 우리의 운명을 경고하는 붉은 깃발로부터 우리를 점점 멀어지게 한다. 인간이 자연을 지배할 수 있었던 세계관이 이제는 우리 자신의 생존까지 위협하게 된 것이다.

현대의 축산업은 여러 면에서 인간이 보여줄 수 있는 인지적, 정서적 불협화음의 전형이라 할 수 있다. 인간은 대체로 겉으로는 '동물 애호가'를 표방하지만, 음식과 옷, 과학 연구 등을 비롯한 목적을 위해 매년 1천억 마리 이상의 동물을 도살한다. 게다가 우리는 매년 약 1조 마리의 야생동물을 거주 구역 밖으로 몰아낸다.[6] 하지만 축산업으로 발생하는 이런 고통은 도살당하는 가축이나 사육 공간 밖으로 쫓겨나는 존재에만 국한되지 않는다. 인간이 지불하는 대가 역시 재앙이기는 마찬가지이다. 원주민들이 대규모로 이동하면서 기존의 생활양식이 파괴되는 것에서부터 사육 공간의 과밀화로 새로운 전염병이 창궐하는 문제까지 축산업은 거의 모든 형태의 생명체에게 파괴적인 영향력을 행사한다.

전염병 감염은 분명 심각한 문제이다. 환경 과학자들과 전염병 학자들은 수십 년의 기후 교란이 인류에게 미치는 파급효과를 경고하며, 영구동결층의 해빙과 기후 패턴의 변화, 삼림파괴, 축산업의 확장 같은 현상들 때문에 인류가 코로나 바이러스처럼 새롭고 위험한 병원체에 노출될 거라고 누누이 강조해 왔다. mRNA 백신 같은 최첨단 의학 기술을 동원했음에도, 코로나 바이러스로 1천5백만 명이 넘는 사람들이 목숨을 잃었다.[7] 인간 아닌 생명체들은 자연적인 경계를 유지하는 나름의 대처법이 있지만, 인간은 엄청난 자만심으로 그 경계를 끊임없이 침범하는 바람에 큰 위기를 맞고 말았다.

인류세를 정확히 직시해야 하는 이유

인간은 소비재로 가득한 지구라는 시장 속에 어느 날 갑자기 툭 하고 떨어진 낯선 존재가 아니다. 우리 역시 다른 존재들과 마찬가지로 동물일 뿐이다. 다만 우리의 고유한 진화론적 여정이 놀랄 만한 기술을 발달시킬 수 있도록 우리를 이끌었을 뿐이다. 우리는 정말 특별한 존재이지만, 밤나무와 광대버섯 역시 특별하다. 하지만 밤나무나 광대버섯 중 그 어떤 생명체도 환경을 광범위하게 파괴하는 일에 인간처럼 적극적으로 가담하지는 않는다. 지구의 관점에서 인류가 다른 종들보다 우월한 것은 그 엄청난 파괴력뿐이다. 얼마 되지 않는 기간 동안, 우리는 지구상의 수많은 생명체 중 하나에 불과한 존재에서 6천5백만 년 전 공룡을 멸종시킨 소행성 못지않게 무시무시한 '지질학적 동인(Geological Agents)'으로 급격히 떠올랐다.

2000년도에 네덜란드 출신의 대기 화학자이자 환경 과학자 파울 크뤼천Paul Crutzen과 미국의 생태학자이자 환경 과학자 유진 스토머Eugene Stoermer는 우리가 인간의 활동이 지배하는 새로운 지질학적 시대를 살아가고 있다는 증거를 토대로, '인류세(Anthropocene)'라는 용어를 제안했다.[8] 그렇지만 인류세라는 용어는 인간이 자연을 상대로 권력을 행사한 수천 년의 기간을 나타내기 위해서가 아니라, 자연이 예전보다 더 격렬하게 반발하기 시작한 현재를 묘사하기 위해 사용하는 것이 맞을 것이다. 다시 말해, 이 용어는 자연이 수동적인 사물이나 배경이 아니라, '밀접하게 연결된 작용 요인들의 광대한 집합체'라는 사실을 더 이상 무시할 수 없게 된 시기를 가리키는 용어로 볼 수 있다. 사실 우리는 자연 위에 있거나 자연과 동떨어져 존재하는 것이 아니라 자연에 소속되어 있다. 메뚜기나 바이러스에서 강과 바다에 이르기까지 자연은 인간의 것이라 생각해 온 권력을 체계적으로 무너뜨릴 수 있는 존재들로 가득한 곳이다.[9]

마찬가지로 '인류'란 말을 지나치게 넓게 정의하지 않는 것도 중요하다. 인간중심주의가 기후 위기의 중심에 있긴 하지만, 그렇다고 모든 사회가 인간중심주의를 기반으로 움직이는 것은 아니다. 또한 모든 인간이 기후 위기에 동등한 책임을 져야 하는 것도 아니라는 사실 역시 반드시 기억해야 한다. 프랑스의 역사학자인 크리스토프 보뇌이Christophe Bonneuil와 장 바티스트 프레소Jean-Baptiste Fressoz는 이렇게 물었다. '아마존 숲

속에서 사냥하고, 물고기를 잡고, 정원을 가꾸면서 화석 연료 없이 하루에 세 시간 정도만 일하는(그런데도 그들은 고도로 비옥한 보스Beauce 지방에서 일하는 프랑스 농부들보다 9배나 높은 수확량을 거둔다.) 야노마미 인디언Yanomami Indians들도 인류세의 기후 변화에 책임감을 느껴야 될까?'[10] 이 질문에 대한 답은 분명 '아니오'일 것이다.

인간 중심적인 관점에서 벗어나 우리가 초래한 문제들에 책임을 묻고자 한다면 이 미묘한 차이를 반드시 기억해야 한다. 결국 인간이 촉발한 기후 변화가 매우 현실적이고 구체적인 현상이라 해도, 인류세는 완전히 다른 종류의 이야기(수렵과 채집을 하던 원숭이들이 어떻게 집단적으로 환경에 영향을 미치는 세력으로 변화했는지에 관한 놀라운 이야기)이다. 하지만 우리가 자연과 분리되어 있다고 생각하면서 자연을 인간이 이용하거나 구제할 수 있는 실존적 '타자'로 만드는 태도는 그 자체만으로도 우리가 당면한 문제의 핵심적인 원인을 차지한다. 우리는 동물과 식물, 미생물, 가스, 기후 패턴 그리고 세상을 구성하는 다른 모든 존재 및 작용 요인이 그렇듯, '우리가 곧 자연'이라는 깨달음에 이르러야 한다. 이 사실을 진정으로 받아들일 수만 있다면 애초에 우리를 이 위기 속으로 몰아넣은 사고방식에서 완전히 벗어날 수 있을 것이다.

인간중심주의의 해악

인류세가 시작된 정확한 지점을 구분하는 일은 항상 엄청난 논란을 불러일으켰다. 인류세에 관한 이론이 등장한 초기에는 대부분 산업혁명이 일어난 1800년 무렵을 인류세의 시작 지점으로 간주했다. 하지만 누군가는 인류세란 개념을 지난 70년간 일어난 '거대한 가속'에서 파생했다고 생각했고, 또 다른 누군가는 인류세의 시작 지점을 유럽 식민주의가 아메리카 대륙과 오스트랄라시아(오스트레일리아, 누질랜드, 뉴기니를 포함한 남태평양 제도 전체를 이르는 지명 - 옮긴이) 지역을 휩쓸던 16세기 무렵이라고 생각했다.[11] 이토록 복잡한 현상의 주요 원인을 설명하는 것이 쉬운 일은 아닐 것이다. 질병에 비유하자면, 알코올성 간질환이나 심각한 오피오이드Opioid(진통제로 사용하는 아편류를 통칭하는 용어-옮긴이) 중독에 빗댈 수 있다. 이런 상태가 시작된 지점을 어떻게 정확히 식별할 수 있겠는가? 환자가 태어나서 마신 첫 번째 술이 질병의 주요 원인일까? 의사가 환자에게 진통제를 처방한 것은 자동차 사고 때문일까, 아니면 어린 시절의 트라우마 때문일까? 혹시 유전적 기질이나 가족력이 중독에 영향을 미치지는 않았을까? 이처럼 질병의 근본 원인을 찾는 일은 정말 복잡한데, 생태학적 질병 역시 마찬가지로 복잡하다.

인간중심주의가 많은 이의 정신 속에 너무도 깊이 뿌리박힌 나머지, 우리는 이것을 객관적인 진실로 여긴다. 그런 만큼 우리는 인간중심주의라는 개념 역시 인간이 개발한 하나의 발명품에 불과하다는 사실을 때로 망각한다. 수천 년 전부터 우리는 겉으로 보기에 철학적이거나 종교적인 근거들을 토대로, '인간의 시대'를 위한 기초를 세우기 시작했다. 하지만 '이성적'이거나 '신성한' 결론이라는 겉치레 너머에서 인간의 우월성과 관련한 모든 개념은 항상 엉터리 과학과 논리적 오류를 통해 뒷받침되었다. 남성중심주의와 백인우월주의, 동성애자에 대한 편견 등이 그랬던 것처럼 말이다. 이런 패러다임은 하나의 집단을 다른 모든 이들 위로 끌어올리고 오직 한 집단의 욕구만을 중시하는 사회 체제를 정당화하기 위해 과장된 분류 체계를 사용한다.

생태 페미니스트들(인간이 자연을 지배한 것뿐 아니라 남성이 여성을 지배한 문화가 현대의 환경 위기를 촉진했기 때문에, 생태주의를 여성주의와 결합해야 한다고 믿는 이들—옮긴이)은 인간이 아닌 존재들에 대한 지배와 여성 탄압 사이의 역사적, 철학적 연관성을 말해 왔다. 호주의 철학자이자 환경 활동가 발 플럼우드Val Plumwood는 남성중심주의와 인간중심주의, 자민족 중심주의 등을 비롯한 모든 중심주의는 '지배자 정체성(Master Identity)'을 확립하려는 자기중심적 충동이 기반이라고 주장했다.[12]

질병을 정확히 진단하려면 우리는 이런 경향성부터 눈치채야 한다. 이런 유독한 신화들은 수 세기에 걸쳐 단단히 자리 잡으면서 사람들이 아예 감지조차 못할 정도로 심각하게 고질화하고 말았다. 인간중심주의는 과학과 역사, 신학, 예술, 공학, 문학, 철학, 윤리학 등을 대하는 우리의 태도 속에 너무도 깊이 뿌리박혀 있기 때문에 우리는 이런 성향을 거의 알아차리지 못한다. 역사가 이어지는 동안 인간 아닌 존재들을 우리와 동등한 존재로 여기지 않는 법을 매우 효율적으로 학습한 것이다.

인간중심주의가 뿌리내린 과정

서구 인간중심주의의 계보는 고대 그리스의 철학 작품으로까지 거슬러 올라간다. 플라톤Plato과 아리스토텔레스Aristotle는 마치 신처럼 이성적이고 죽음을 초월한 '인간 영혼'을 위한 인식 체계를 확립하면서 우리와 가장 가까운 동물들을 비롯한 모든 인간 아닌 생명체가 근본적으로 '생물학적 기계'에 불과하다고 결론지었다. 그들이 스스로 움직이긴 하지만 의미 있는 방식으로 살아 있는 존재는 아니라는 뜻이다. 이렇게 해서 인간 아닌 존재들은 인간의 필요를 떠나서는 아무런 가치도 없는 사물과 재원으로 그 가치가 축소되고 말았다. 물론 타자화와 착취가 모두 그리스 철학에서 비롯했다고는 말할 수 없다. 수십만 년이라는 긴 시간 동안 나타난 모든 압제의 체계에 대한 비난을 플라톤과 그의 동료들에게로 돌리는 것은 정당하지 않을 것이다. 하지만 수천 년 동안 지적 교양의 모범으로 존경받은 '무시의 철학'의 강력한 영향력을 간과해서는 안 될 것이다.

사실 인류는 '타자화'를 가장 강력한 사회적 도구로 활용해 왔다. '외집단(Out-group)'의 윤곽을 명확하게 설정하는 것이 '내집단(In-group)'의 정체성을 강화하는 가장 쉬운 방법 중 하나이기 때문이다. 이웃 사랑의 윤리학은 매우 보편적인 덕목이지만, 우리가 누구를 '이웃'으로 인정하는가는 또 다른 문제이다. 시간이 지남에 따라 사람들은 우리와 우리가 아닌 이들 사이의 실존적 경계를 분명히 하기 위해 인종, 언어, 세대, 계급, 종교, 신체 능력, 교육 수준, 성적 지향 등의 척도를 움켜쥐기 시작했다. 그리고 경계를 어떤 식으로 설정하든 내집단 바깥에 위치한 존재들을 평가 절하함으로써 그들에 대한 착취와 배제를 정당화하려 했다.

시간이 지나면서 이 인간 중심적이고 남성 중심적인 철학 패러다임은 '종교'와 같은 초문화적 운동 속으로 흡수되었는데, 종교는 그야말로 전 세계적인 규모로 인간과 인간이 아닌 존재에게 엄청난 영향력을 행사했다. 그리스의 인간중심주의 역시 기독교 속으로 흡수되었는데, 기독교는 이런 개념들을 그리스-로마 문화권보다 훨씬 넓은 지역으로 확산하는 역할을 했다. 새롭게 공식화하고 신성화한 이 '무시의 모델'은 동물 관리에서부터 현대 과학에 이르기까지 우리의 접근법에 강력한 영향력을 행사해 객관적 진리를 추구하기 위해 우리가 할 수 있는 질문의 범위를 심각하게 축소하고 말았다. 예를 들면, 아주 최근까지만 해도 인간 아닌 존재들의 내면생활을 과학적으로 조사하는 일은, 우리와 가장 가까운 동물들을 대상으로 할 때조차도 너무나 터무니없는 일로 여겨졌다. 용기 있는 소수의 과학자들이 이런 편견 어린 패러다임에 도전했지만, 그들은 항상 가혹한 비난과 저항에 직면해야 했다. 게다가 안타깝게도 세상을 뒤바꿀 만한 그들의 발견은 인간이 지배하는 세상 속에서 살아가는 '인간 아닌 존재들'의 삶을 개선하는 데에는 별다른 영향력을 행사하지 못했다.

하지만 다시 한번 강조하건대, 우리가 인간세를 살아가는 것은 모든 인간이 인간 중심적이어서가 아니라, 인간중심주의적 사고의 위험한 혈통이 현대사회를 가장 광범위하게 지배하고 감염시켰기 때문이다. 인간중심주의라는 배경만 없었다면 산업혁명에서 시작된 진보는 아마도 매우 다른 결과로 이어졌을 것이다. 기술은 우리의 의도에 따라 좋게 또는 나쁘게 쓰일 수도 있는 도구일 뿐이다. 기술이 우리를 구원할 수는 없으며, 오직 인간중심주의적 세계관을 포기하는 것만이 우리를 회복의 길로 되돌려 놓을 수 있을 것이다. 하지만 지금까지 우리는 이런 진실을 외면하기 위해 온 힘을 다해 왔다.

실패한 치료법

지구의 질병을 치료하기 위한 지금까지의 접근법을 이야기하자면, 대다수의 방법은 기껏해야 '예방'을 위한 몸짓에 지나지 않았다. 소비 행위에 대해 개인적인 책임을 지고, 친환경 제품을 사용하고, 에너지 효율이 높은 차를 타는 것 등이다. 이런 조치들은 '탄소발자국'이라는 신조어를 유행시켰는데, 이 개념은 우리 개개인이 탄소발자국을 줄이기 위해 최선을 다하면 암울한 예후를 피할 수 있다'는 환상을 보여주기 위한 것이다. 그런데 이 접근법은 사실 과학자나 정책입안자들이 아닌, '오길비 앤 매더Ogilvy & Mather'라는 홍보 전문 기업이 고안한 것이다. 오길비 앤 매더는 기후와 관련한 논의에서 석유와 가스 산업에 쏠리는 부정적 시선을 다른 곳으로 돌릴 방법을 찾기 위해 브리티시 페트롤륨British Petroleum이 고용한 광고 회사였다.[13] '탄소발자국 계산기' 덕에 우리는 개인의 행동이 지구온난화에 어떤 식으로 영향을 미치는지 쉽게 이해할 수 있었다. 이 기발한 조처에 설득당한 일부 환경 운동가들은 모든 책임을 소비자에게 전가하기 시작했고, 지구 환경 파괴의 원인을 기업이 아닌 개인의 문제로 돌리고 말았다.

하지만 대기 중에 축적되는 탄소는 질병의 상태를 확인하는 유용한 지표일 뿐이다. 지난 수십만 년 중 대부분의 기간 동안 대기 중의 이산화탄소 농도는 200~300ppm을 오갔다. 산업화 이전에는 약 280ppm을 유지했는데, 일부 환경 과학자들은 280ppm이 적어도 인간의 생활을 위해서는 '최적의 수치'라고 주장하기도 했다. 이 수치는 현대인이 심리적으로 가장 편안하게 느끼는 대기 온도를 조성하는 수치이기 때문이다.[14] 하지만 '거대한 가속'이 일어난 기간 동안, 이산화탄소 배출량은 고작 72년 만에 300ppm에서 현재의 수치인 415ppm까지 치솟았다.[15] 2016년, 세계 전역의 환경 과학자들은 이산화탄소 농도를 430ppm 이하로 유지한다면 파리협정(Paris Agreement)의 기준도 충족시키고 지구의 평균 온도도 1.5도 이상 오르지 않도록 막을 수 있을 것이라 주장했다.[16] 하지만 이대로 간다면 대기 중의 이산화탄소 농도는 10년 내로 430ppm을 가뿐히 넘어설 것이다.

환경 과학자와 환경 운동가들은 전적으로 데이터에만 초점을 맞춰왔다. 하지만 이런 수치는 여러 질병의 상태를 식별하도록 도울 뿐, 적절한 치료법을 제시하지는 못한다. 제대로 된 치료를 위해서는 광범위한 영역에 걸친 복합적인 연구와 해석, 의사결정 과정을 거쳐야 한다. 최근에는 환경 착취 과정에서 자본주의가 담당하는 역할에 관한 논의가 크게 늘어나면서 환경 운동의 추세가 다소 변하기 시작했다.[17] 분명 자본주의는 우리가 경험하는 전신 질환을 초래한 가장 위험한 동반 질환(Co-morbidities) 가운데 하나일 것이다.

자본주의는 이윤 추구를 위해 천연 자원을 상품화하고, 인간이 아닌 존재들을 체계적으로 착취하면서 인류 역사상 가장 광범위하고 파괴적인 이념적 패러다임을 완성했다. 하지만 자본주의가 초래한 미혹과 어마어마한 손상에도 사람들은(심지어 자본주의를 비판하는 사람들조차) 종종 자본주의를 바로잡을 방법이나 대안 같은 것은 애초에 존재하지 않는다고 단정한다.

질병을 통해 다가온 기회

지난 30여 년간 정치계에서는 명백히 반동적인 성격을 띤 보수주의가 힘을 얻었다. '기후 프로파간다'가 자본주의 유럽과 미국 사회의 기틀을 약화시킬 목적으로 쓰일지도 모른다는 두려움을 토대로 한 것이었다. 민간 부문 사업자들은 산업 규제의 기미만 보여도 개인의 자유를 침해한다며 반발했다. 이들은 인간이 자연의 제약을 넘어선 존재라는 사실을 강조하기 위해, '신이 인간을 위해 지구를 창조했다면 인류의 번영이 지구 파괴를 초래하도록 그냥 내버려둘 리가 없다'라는 식의 인간 중심적인 신화를 즐겨 인용했다. 우리가 이 사실을 인정하든 인정하지 않든, 인류는 이 단순한 신화를 '환경 위기에 대응하지 않아도 괜찮다고 여길 구실'로 활용했다.

사회적, 경제적 교란에 대한 두려움에는 분명 나름의 근거가 있다. 지구온난화와 대멸종의 진전을 막으려면 실제로 산업과 소비, 자원의 전용 및 분배 등에 대한 접근법을 혁신해야 한다.[18] 하지만 이 사실을 기꺼이 인정하는 정치인은 극히 드물다. '대안이 없다'라는 마거릿 대처 시대의 만트라가 우리의 의식 속에 너무나 은밀하게 뿌리내린 나머지, 자본주의를 비난하는 비평가들조차 지금과 전혀 다른 세상을 상상하는 데에 어려움을 겪는다. 하지만 인간은 여전히 유연하고 창조적인 존재이다. 스스로를 위해 새로운 현실을 창조하는 것에 관해서는 우리는 정말이지 마술사나 다름없다. 본질적으로 자애롭거나 악의적인 것은 아니지만, 자신의 기교에 감탄하는 그런 마술사들 말이다.

가짜 뉴스와 음모론, 과학에 대한 혐오가 횡행하는 상황에서 기후 변화를 완화하기 위한 데이터 기반 접근법이 제대로 된 효과를 낼 가능성은 그리 크지 않다. 기업에게 책임을 지우고 야심찬 기후 관련 법안을 지지하는 것도 중요하지만, 이제는 보다 전체론적인 접근법을 채택해야 한다. 산업과 경제, 정치에 대한 새로운 접근법뿐만 아니라, 우리가 당면한 위기를 이해하는 새로운 접근법까지 함께 받아들여야 한다. 지구를 바라보는 기존의 방식과 그 안에서 우리가 차지하는 지위를 해체하는 과정이 두렵고 혼란스럽게 느껴질지 모르지만, 이것은 사실 창조와 실험, 혁신을 위한 놀라운 기회이다.

인류세가 당면한 이 질병은 인간을 진정으로 고귀하고 현명한 종으로 부각할 수 있는 기회를 제공할 것이다. 우리는 다른 생명체 위에 군림하려는 욕망을 내려놓고, 인간은 예외라는 망상을 포기하고, 자연 세계에 대한 소속감을 회복하는 것을 통해서만 호모 사피엔스, 즉 '현명한 유인원'이라는 명칭에 어울리는 존재가 될 수 있을 것이다.

'이야기'의 엄청난 힘

질병을 치료할 때는 항상 환자의 수용 상태를 진지하게 고려해야 한다. 가장 효과적인 치료법조차 환자가 잘 받아들이지 못한다면 무용지물이 되고 말기 때문이다. 세상에는 인류가 스스로를 위한 최선의 행동을 하도록 동기를 부여하는 기술이 존재하는데, 안타깝게도 이 기술은 분열을 조장하는 목적으로도 쉽게 악용할 수 있다. 하지만 이것이 동기를 부여하든 나쁜 목적으로 악용되든, 이 기술을 사용하기 위한 도구는 동일하다. 그것은 바로 '이야기'이다. 우리의 가슴을 울리는 가장 큰 호소력을 가진 매체는 데이터나 기술이 아닌 이야기이다. 가장 설득력 있는 과학 이론이라 할지라도 이야기가 동반되지 않는다면 쉽게 기억에서 사라지고 말 것이다.

인간의 실존적 위기와 관련해서 우리는 단순히 데이터를 해석하는 일뿐만 아니라 데이터를 인간 정신의 언어로 번역하는 일에도 관심을 기울여야 한다. 권력을 손에 쥔 사람들은 이미 이 사실을 잘 알고 있다. 예컨대, 스마트폰이나 유명 디자이너가 만든 신발을 제품 하나만 보고 구입하는 것이 아니라, '브랜드'라는 신화적 세계 속에서 만들어진 경험과 정체성을 고려해 구매하는 것을 예로 들 수 있다. 우리는 돈을 지불하는 소비 행위를 통해 이 영혼 없는 신화의 존재를 매번 확인하지만, 시간이 지남에 따라 이런 이야기를 주도하는 것이 누구인지 완전히 망각해 버리고 만다. 다른 모든 강력한 치료법이 그렇듯, 신화는 약이 될 수도 독이 될 수도 있다. 우리는 거짓으로 날조된 유독한 신화의 영향을 받아 계속 스스로를 해칠 수도 있고, 우리가 이 자연 세계에 근본적으로 소속된 존재라는 사실을 일깨우는 진실한 신화들을 통해 스스로를 치유할 수도 있다.

그렇지만 신화를 고려 대상으로 삼는다고 해서 데이터의 진실성이나 경험 과학의 중요성까지 깎아내릴 필요는 없다. 우리에게는 당연히 과학이 필요하다. 하지만 우리에게는 제반 과학과 인문학 사이, 특히 생태학과 예술 사이에 이뤄지는 보다 완전한 공동 작업이 필요하다. 우리에겐 데이터를 이해하도록 돕는 새로운 이야기들이 필요하며, 데이터는 또다시 새로운 이야기에 영감을 불어넣을 것이다. 이 과정은 계속해서

지겹도록 이어질 것이다.

우리는 결코 이야기를 포기하지 않을 것이다. 하지만 우리는 이 지구 상에서 가장 가치 있는 삶을 지지하는 이야기를 장려하고, 우리를 억압하고 속이기 위한 이야기들을 의식적으로 내려놓을 수 있다. 이 치료법을 불쾌하게 받아들일 필요는 없다. 단순히 우위를 점하고자 하는 욕망을 내려놓는 것만으로 인간의 번영이 끝나지는 않을 것이기 때문이다. 사실 이런 태도가 우리의 주관적인 삶의 질을 엄청나게 개선할 것이라고 믿을 만한 충분한 이유가 있다. 인간중심주의의 중독에서 벗어나려면 개인적이거나 집단적인 성찰의 과정을 거쳐야겠지만, 그 결과는 생각보다 매우 황홀할 것이다.

우리 시대를 위한 치료법

'주술화(Enchantment)'란 무엇일까? '인챈트Enchant'란 동사는 '노래로 마법을 걸다'라는 뜻의 라틴어인 '인칸타레Incantare'에서 왔다. 하지만 영어를 비롯한 유럽 언어에서는 주술화란 표현이 보다 광범위한 의미를 띤다. 이것은 끌림과 향유, 영감을 의미하기도 하지만 어리둥절함을 의미하기도 하며, 때로는 긍정적이거나 부정적인 의미의 '홀림(Bewitchment)'을 의미하기도 한다. 본질적으로 이 말은 관계 속에서 벌어지는 경험을 나타낸다. 우리는 그것이 인간이든 짐승이든 아니면 또 다른 무엇이든 간에 누군가의 주문에 빠진다. 이런 점에서 프랑스 사람들이 누군가와 처음 친분을 맺을 때 '앙샹떼enchante('처음 뵙겠습니다'라는 뜻─옮긴이)'라고 말하는 것은 너무나 적절하다고 생각한다.

이 기본적인 '마음의 만남'이 바로 주술화의 씨앗이며, 우리가 자연 세계의 충만함을 받아들일 수 있도록 마음을 열 때 주술화의 경험은 다양한 다른 존재들과 공감하도록 우리를 자극할 것이다. 따라서 인간과 인간 아닌 존재들 사이에 이뤄지는 대화가 세계 전역의 수많은 신화와 우화의 핵심이라고 해도 지나치지 않을 것이다. 인간 아닌 존재들과 의미 있는 방식으로 교감하고, 언젠가 톨킨이 말했듯이 '새와 짐승, 나무의 언어를 이해'[19]하고 싶은 것은 인간의 근본적인 욕망이기 때문이다. 우리는 인간 아닌 존재들과 관계를 맺는 능력을 타고났다. 단지 인위적으로 조성한 철학적 근시안 때문에 이제껏 그 능력을 발휘하지 못한 것뿐이다. 우리는 자연과 교감하는 자연의 일부이며, 이 단순한 인식 속에서 깊고 심오한 영감의 원천을 찾을 수 있다.

그렇지만 '이성'의 문화권에서는 '주술화'라는 단어를 다소 부정적으로 여기며, 종종 거짓이나 환상과 동급으로 취급하기도 한다. 하지만 종교와 문화적인 현상을 연구하는 학자 제이슨 조셉슨 스톰Jason Josephson-Storm은 《탈주술의 신화(The Myth of Disenchantment)》라는 책에서, 유럽과 미국 사회가 주술화에 대한 애호 성향을 완전히 포기한 적이 없다고 주장한다. 그는 탁월한 과학자들조차 이런 성향을 보인다고 말한다.[20] 실제로 갈릴레오나 뉴턴, 마리 퀴리 같은 혁신적인 연구자들은 하나같이 과학적인 과정에 냉철하게 몰두하면서도, '마술적'인 기법과 '초자연적'인 신념에도 진지한 관심을 보였다. 과학자들이 인류를 '주술화한 원시 상태'에서 완전히 떼어 놓았다고 생각할지 모르지만, 그들은 자신이 한 일을 이런 관점으로 바라보지 않았을 것이다.

체코의 철학자 어니스트 겔너Ernest Gellner는 '주술화에서 벗어나는 것이 근대성을 위한 필요조건이었는지는 몰라도, 인간은 근본적으로 주술화에서 벗어난 세상 속에서 살아가는 것을 견딜 수 없어 한다'고 주장했다.[21] 우리의 치료법은 근본적으로 경이로운 땅으로 되돌아가는 해체(Deconstruction)와 재주술화(Re-enchantment)의 과정일 수밖에 없을 것이다. 하지만 그렇다고 해서 진실을 포기하거나 초자연적인 것들 속으로 매몰될 필요는 없다. 실제로는 그와 완전히 반대이다. 즉, 주술화한 자연은 자연 자체에 대한 더 넓고 역동적인 관점을 받아들이고, 우주에서 일어나는 경험의 다양성을 인정하도록 우리를 이끌 것이다.

주술화한 자연 속에서 우리는 단지 자연 세계가 연주하는 장엄한 교향곡을 향해 우리의 감각을 열어젖히면 된다. 우주의 경이를 바라보며 황홀함을 만끽할 수 있는데, 왜 그보다 못한 것에 만족해야 하는가? 만일 우리가 보이지 않는 존재들을 비롯한 타자의 삶과 경험을 향해 진정으로 마음의 문을 연다면, 이 기본적인 주술화의 감각은 편견과 냉소주의, 인간 중심성을 치유하는 강력한 해독제가 될 수 있을 것이다.

2장

자연을 인식하기
'인간이 아닌 이웃들'을 기억하라

자연은 하나의 장소가 아니다. 그런데도 우리는 종종 자연이(사실 '거대한 이 지구 자체'[1]가) 일종의 무대나 영화 세트장이라도 되는 것처럼 행동한다. 이곳에서 인간은 주연 배우이고 동물은 소품이며, 초목으로 채워진 풍경은 그저 배경일 뿐이다. 하지만 지구가 우리의 집이라고 해도 이곳이 단지 예쁜 꽃과 나뭇잎이 있는 주거지에 불과한 것은 아니다. 지구는 상호 연결된 존재들로 꽉 찬 하나의 공동체이다. 이 공동체 안에서 보이거나 보이지 않는 모든 존재는 자신에게 주어진 삶에 몰두하며 살아간다. 우리는 그들 세계의 지배자가 아니며, 그들 역시 우리 세계의 지배자가 아니다. 그들은 우리의 친척이고 이웃이며, 때로는 우리의 적이기도 하다. 우리와 이웃들은 이 광대한 생명의 그물을 구성하는 마디마디이다.

우리를 둘러싼 환경과 더 건강한 관계를 맺고 싶다면, 먼저 주변 환경을 자연 상태 그대로 이해해야 한다. 그래야 신중하게 앞으로 나아가면서도 공감 어린 방식으로 자연에 참여할 수 있기 때문이다. 우리는 우리가 자연 세계를 방해하지 않도록 다른 존재들의 삶과 거리를 둬야 하는 유일한 생명체라고 생각해서도 안 된다.[2] 이런 생각은 인간과 자연을 더욱 분리시킬 뿐이다. 우리는 그들의 영역에서 스스로를 인위적으로 떼어내는 대신, 그동안 귀 기울이지 못했던 목소리를 듣기 위해 마음을 열어야 한다.

티베트 의학에서는 심리적인 균형 상태를 '질병이 없는 자연 상태'라는 의미에서 '타멜 느 므Tamel ne-me'라고 한다. 이런 상태에 있을 때 우리의 몸과 마음, 에너지는 변화하는 환경에 유연하게 대응할 수 있도록 균형 속에서 기능하기 시작한다. 우리가 질병에 걸릴 조건들을 야기하는 불균형 상태로 내몰리는 것은 오직 다양한 요인들로 '타멜 느 므' 상태 밖으로 굴러 떨어질 때뿐이다. 환경을 이해하면서 우리는 살아 있다는 것이 무엇을 의미하는지 깨달을 뿐만 아니라, 우리가 경험하는 실존적 질병의 특성에 관한 중요한 지혜도 얻을 수 있다.

지적인 생명체는 모든 곳에 있다

지구에서 이뤄지는 생물학적 삶의 태피스트리는 놀라울 정도로 넓고 광대하다. 푸르른 지구의 거의 모든 구석과 틈새는 살아 있는 존재들로 가득하며, 우리는 이런 생명체들을 통해 지구의 다양한 측면을 발견할 수 있다. '생명'은 대략 '성장과 섭취, 신진대사, 배설, 생식 과정에 참여하면서 외부 자극에 반응하고 적응하는 통합되고 조직화된 체계나 과정'3으로 정의할 수 있다. 하지만 생물학자들조차 이 기본적인 정의에 항상 동의하는 것은 아니다. 일부 존재들(예를 들어, 바이러스 같은)이 살아 있거나 살아 있지 않은 유기체를 정의하는 패러다임에 정면으로 도전하기 때문이다. 우주 생물학자들이 우리와 완전히 다를지도 모를 외계 생명체의 징후를 적극적으로 찾아다니긴 하지만, 지금까지 지구에서 관찰할 수 있었던 모든 생명체는 엄밀히 말하자면 우리 종족의 일원과도 같다. 우리 모두(노래기, 점균류, 박테리아, 인간 등)는 서로 연결되어 있으며, 우리의 관계는 결국 '생물학적인 상호관계'로 정의할 수 있다.

'인간 아닌 존재들에게도 주관적인 인식 능력이 있는가?'란 질문은 수천 년 동안 뜨거운 논쟁거리였다. 이제는 일부 인간 아닌 존재들의 지각 능력을 인정하지만, 동물의 '본능'과 인간의 '자유 의지' 사이에 존재하는 이분법은 우리가 '인간만이 영혼을 지닌 자율적 생명체이며, 인간을 제외한 동물들은 본능으로 움직이는 자동 기계일 뿐'이라고 생각하게 했다. 물론 반려동물과 함께 생활하는 사람들은 인간 아닌 존재들의 지각 능력을 직접적으로 경험하지만, 종 차별주의 쪽으로 기우는 인류의 성향으로 많은 이가 개와 고양이를 동물 중에서도 다소 독특한 존재로 여길 뿐이다. 우리는 몇몇 동물이 다른 동물보다 더 의식적인 존재라고 생각하기를, 그리고 이를 통해 가축이나 야생동물보다 반려동물을 더 우대하는 우리의 태도를 정당화하기를 좋아한다.

물론 이런 관점에 반기를 든 사람들도 있고, 모든 동물을 지각 있고 의식적인 존재로 완전히 인정한 전통도 존재한다. 하지만 식물에 대해서라면 이야기가 완전히 달라진다. 식물은 인간 중심적인 세계에 속한

'보이지 않는 존재들'의 가장 전형적인 예이다. 그들이 보이지 않는 것은 실제로 눈에 보이지 않거나 초자연적인 존재여서가 아니라, 우리가 그들을 정면으로 응시할 때조차 그들이 우리를 바라보는 느낌을 전혀 알아채지 못하기 때문이다. 지난 수천 년 동안 가장 포용적이고 생명을 중시했던 철학적 전통조차 식물의 경험을 모르는 척했다. 물론 이것이 전 세계적인 현상이었던 것은 아니다. 식물을 살아 있는 개체로 취급한 토착 사회도 여럿 존재한다. 하지만 식물의 목소리가 수 세기에 걸친 식민주의와 유럽중심주의적 편견으로 무시당한 것만은 사실이다.[4]

21세기에 이르기까지 사람들은 일반적으로 식물의 지각 능력에 관한 과학적 근거가 아무것도 없다고 생각했다. 하지만 이제는 흐름이 변하기 시작했다. 과학은 얼마 전까지만 해도 동물 두뇌의 고유한 기능으로 생각했던 '지성'을 사실은 가장 원시적인 형태의 생명체들에게서도 발견할 수 있다는 사실을 증명했다. 심지어는 황색막사점균(Physarum Polycephalum) 같은 단세포 생물조차 배우고, 기억하고, 간단한 문제를 해결하는 능력이 있음을 입증했다.[5] 이들의 경우 신경조직의 흔적이 전혀 없는 것은 물론, 세포의 수조차 극히 적은데도 말이다.

지적인 생명체는 세상 모든 곳에 있다. 그렇다면 우리는 어떻게 해야 그들과 관계를 맺을 수 있을까? 다른 생명체의 내면을 이해하길 진정으로 바란다면 어떻게 해야 할까? 우리가 점균류나 나무의 의사결정 과정을 파악할 수 있을까? 그들에게 '지성'이나 '자각'과 같은 의인화한 성질을 부여하는 것을 피해야 하지 않을까? 철학자 마이클 마더Michael Marder는 식물 같은 존재에게 인간적인 특성을 투사하는 것은 그 자체로 '인간의 자아도취적 자기 인식의 표현'일 뿐이라고 주장했다.[6] 그의 말처럼 인간 아닌 존재들도 우리와 같은 특성을 가질 거라 생각하는 것이 정말로 인간중심주의적인 사고방식일까?

우리가 어쩔 수 없이 우리의 개인적인 경험 밖의 모든 현상을 이해하기는 어렵다고 해도, 의인화에 대한 경고는 보통 인간과 동물, 식물 사이의 기본적 연속성에 대한 인식에서 관심을 돌리고 싶을 때 사용한다.[7] 우리가 스스로의 내면으로부터 진정으로 깨달을 수 있는 인지의 양식은 오직 하나, '경험'뿐이다. 하지만 우리는 다른 모든 유형의 생물과 같은 과정을 거치며 진화한 생물종인 만큼, '외부의 목격자'가 아닌 같은 경험을 공유한 동족으로 스스로를 인식해야 할 것이다.

동물 사회의 협력과 보살핌

사실 인간도 동물이다. 우리는 마치 우리의 '동물적 본성'이 어떤 결함이나 단점과 연관된 것처럼 이야기하지만, '동물적 본성'은 사실 우리 존재 전체를 아우르는 특성이다. 인간이 생리적, 인지적으로 복잡한 이유는 동물이 생리적, 인지적으로 복잡하기 때문이며, 이런 특성은 그 자체로 모든 생명이 지닌 복잡성을 드러낸다. 우리는 이제 막 인간 아닌 존재들이 지닌 지성의 깊이를 과학적으로 받아들이기 시작한 상태이며, 엄청나게 영리한 동물들을 찾아내기 위해 그리 멀리까지 갈 필요가 없다는 사실도 이미 잘 알고 있다.

예를 들어, 까마귀는 어느 모로 보나 침팬지만큼이나 지적이다. 그들도 도구를 사용하고, 문제를 해결하고, 다른 동물의 마음을 이해하는 능력을 보여준다.[8] 하지만 종종 도심 속의 '날개 달린 쥐'로 취급당하는 비둘기들조차 그들 나름의 지성을 지닌다. 우리는 적어도 3천여 년 동안 비둘기를 활용해 편지를 전달했고, 1990년대에는 일부 연구자들이 피카소와 모네의 그림을 구분하도록 비둘기들을 훈련시키는 데에 성공하기도 했다. 두 종류의 그림은 매우 비슷한 양식으로 그린 것이고, 이 새들은 전에 그 그림을 본 적이 없는데도 말이다.[9]

동물의 왕국에 관한 논의는 마치 그들의 세계가 오직 투쟁과 경쟁으로 지배되는 것처럼, 종종 '정글의 법칙'과 '적자생존'이란 용어 주위를 맴돈다. 하지만 다양한 생명의 왕국에 가장 큰 진화론적 이점을 제공하는 것은 사실 동물들 간의 '협력'이다. 협력과 상호 간의 보살핌은 이 세상에 존재하기 위해 꼭 필요한 요소이다. 따라서 자연 세계와 그 안에서 우리가 차지하는 위치를 더 잘 이해하고자 한다면, 공동체의 위력을 고려하는 데에서부터 시작하는 것이 도움이 될 것이다.

꿀벌을 예로 들어 보자. 다행스럽게도 최근 몇 년 동안 인류는 벌을 비롯한 여러 곤충에게 애정 어린 관심을 기울였다. 이 관심은 그들이 우리의 삶을 지탱하는 복잡한 유기체 네트워크의 필수 불가결한 부분이라는 깨달음 때문이었다. 하지만 벌은 작물을 가루받이하는 시끄러운 벌레에 불과한 존재가 아니다. 그들은 매우 지적이고 사회적인 존재이다. 그들의 사회성은 진화론적으로 피할 수 없었는데, 벌 군집은 최대 5만 마리에 이르는 엄청난 개체 수를 자랑하기 때문이다. 약 5천 년 전까지만 해도 인간은 이 정도 규모의 공동체를 이루는 실험을 시작조차 못한 상태였고, 이런 실험을 위해서는 중요한 기술적, 사회적 진보가 먼저였다.

벌들의 사회는 매우 복잡하면서도 협동적이다. 분명 여왕벌이 수행원 벌들의 도움으로 모든 욕구를 충족하면서 왕족처럼 대접받긴 하지만, 벌들은 중요한 결정을 내릴 때 여왕의 칙령이 아닌 민주적인 절차를 따른다. 예를 들면, 한 군집이 너무 커졌을 때는 수천 마리의 벌들로 이뤄진 집단이 따로 나와 새로운 군집을 형성한다. 하지만 이 지적이고 자기주장이 강한 곤충들에게는 새로운 거주지를 어디에 마련해야 할지 결정하는 것 또한 간단한 일이 아니다.

합리적인 집단적 의사 결정에 도달하기 위해 그들은 임시 캠프를 세운 뒤 정찰대를 먼저 보내 주변 지역을 탐색한다. 정찰대는 집으로 돌아오자마자 상징적 의미를 지닌 춤이란 언어를 활용해 경험한 것을 묘사한다. 그 후에는 다른 벌들이 가장 설득력 있는 춤을 춘 정찰대와 함께 현지답사를 나가는데, 그들은 다시 돌아와서 아직 결정을 내리지 못한 벌들을 위해 춤으로 의사를 표시한다. 여러 차례에 걸친 투표가 이뤄진 후, 가장 많은 벌의 지지를 얻은 장소를 새로운 군집을 마련할 부지로 선정한다.[10]

사실 협동적인 의사 결정 과정은 자연 곳곳에서 발견할 수 있는 특징이다. 이 과정은 식물의 뿌리와 곤충의 군집, 늑대 무리들 사이에서 발견할 수 있으며, 심지어는 인간 두뇌의 신경 회로 속에서도 확인할 수 있다. 다세포 생물들은 그 자체만으로도 협동의 위력을 입증하는 증거나 다름없다. 친구를 사귀고, 다른 이들에게 영향을 미치고, 집단적으로 결정을 내리는 능력은 단순히 인간이 되는 것을 너머 우리를 생생하게 살아 있게 한다.

인간의 '평생 친구'가 된 동물

벌 군집 같은 동질적인 공동체 내부에서 일어나는 협동은 어쩌면 그리 놀랄 만한 일이 아니겠지만, 자연 세계는 각각의 종들 사이에서 일어나는 협력의 사례 또한 풍부하게 보여준다. 이런 관계들 중 다수는 다양한 생명의 왕국을 '동물과 식물, 진균류가 공공의 선을 위해 함께 일하는 공동체'로 연결하기까지 한다. 인간이 진화하는 동안에도 인간 아닌 존재들은 종종 공동체의 핵심적인 역할을 담당했다. 식물과 동물이 항상 우리의 식량이나 소유물로만 존재했던 것은 아니다. 그들은 우리의 멘토이자 동료였으며, 심지어는 선조 역할까지 도맡았다.

인간의 삶에 미친 심오한 영향력을 절대 과소평가해서는 안 되는 아주 특별한 존재가 하나 있다. 우리의 선조들은 여러 세대 동안 그들을 먼 곳에서 바라보기만 했지만, 그들은 약 2만에서 4만 년 전에 인류의 삶 속으로 당당히 걸어 들어왔다.[11] 그들은 전설적인 짐승의 후손으로서 한때는 흉포한 힘으로 광대한 땅을 다스리던 무시무시한 사냥꾼이었다. 그들은 다양한 신화와 전설 속에서 죽음을 넘어선 지하 세계의 수호자이자, 모든 존재의 영역을 잇는 핵심적인 중재자로 모습을 드러냈다. 말을 길들이고, 소의 젖을 짜고, 땅에 씨를 뿌리는 법을 배우기도 전에 인류는 늑대의 후손인 개와 친구가 되었다.[12]

개들은 적어도 가장 가까운 빙하기가 절정에 달한 이후(약 2만에서 2만 7년 전)부터 우리와 함께 생활했을 것이다. 그들은 회색 늑대(카니스 루푸스Canis Lupus)와 개(카니스 루푸스 파밀리아리스Canis Lupus Familiaris)의 공동 조상인 '홍적세의 늑대들(Pleistocene Wolves)'이 진화한 존재이다. 인간과 늑대는 마지막 최대 빙하기의 가혹한 조건을 견디는 동안 서로에게 점차 이끌렸던 것으로 보인다. 공동의 먹잇감을 노리면서 양자의 노선이 점점 더 빈번히 교차하자, 서로의 전리품을 나누는 작은 행위로 시작한 관계가 두 포식자 사이의 보기 드문 유대로까지 이어진 것이다. 그들은 인간 야영지의 따뜻함에 이끌렸고, 결국 우리의 침대 아래쪽 바닥을 아주 편안하게 느꼈을 것이다. 그들은 이 위험하고 거친 세상 속에서 우리를 보호하고, 천연 도난 경보기 역할을 담당했고, 우리는 그들에게 따뜻한 거주처와 음식, 정서적 만족감 등을 제공했다.[13]

개의 지성에 관한 여러 연구는 개가 높은 수준의 기억력과 사회 인지 능력, 추론적 학습 능력은 물론 인간의 언어에 대한 이해력까지 겸비한 존재라는 사실을 반복해서 입증했다.[14] 하지만 우리는 그들의 뛰어난 지성보다 그들이 우리의 진화 여정에 행사한 실질적인 영향력에 더 큰 관심을 기울여야 한다. 자기보다 약한 동물을 먹이로 삼는 포식자들과는 달리, 늑대들은 잘 조직된 무리를 이뤄 거대한 포유동물이 지쳐 쓰러질 때까지 쫓아가는 끈질긴 사냥꾼으로 크게 성공했다. 영역 동물이기도 한 그들은 복잡하게 얽힌 사회집단 내부에서 명백히 목가적인 생활양식을 유지하면서 자기 무리가 차지한 영역을 지켜내기 위해 애쓰기도 했다. 이런 생활양식은 초기 인류나 다른 유인원들에게는 완전히 낯설었지만, 우리 선조들은 마침내 유라시아의 황야 지역에 완전히 자리를 잡은 뒤, 점차 영토를 중시하는 '무리 사냥꾼'으로 변모했다.

연구자들은 인간의 이 새로운 행동 양식이 부분적으로는 개와 맺은 친밀한 관계에 영향을 받았다고 주장한다. 개들이 우리를 자신들의 세계로 안내하여 사냥 기술을 가르쳤을 뿐만 아니라, 적들로부터 우리의 주거지를 보호해 마음의 평화까지 제공했다는 것이다. 사실 '개의 가축화'는 인간의 완전한 발달을 이끈 핵심적인 요소 가운데 하나로, 이후 수천 년 동안 인류가 세계 전체와 맺는 관계에도 큰 영향력을 행사했다.[15]

'길들여진 개'에 관한 초기의 고고학적 증거로는 약 1만 4천 년 전 인간의 시체 두 구 사이에 의례적으로 매장한 것으로 보이는 본 오버카셀 Bonn-Oberkassel의 개를 들 수 있다.[16] 개의 시체를 비롯한 무덤 속의 모든 유해는 붉은 황토색으로 뒤덮인 상태였는데, 이 색소는 세계 전역에서 의례용으로 널리 사용한 것이다. 인간과 개가 함께 묻힌 이 특별한 무덤은 인간이 거주하는 모든 대륙에서 발견된 많은 무덤처럼 인간과 개 사이에 맺어진 가족적인 관계를 암시한다.

하지만 무덤이야 그렇다 치더라도 개를 의례적으로 매장했다는 사실은 특별한 흥미를 끈다. 의례적인 매장, 특히 공물을 포함한 매장은 사후 세계 개념이 있었음을 나타내는 핵심적인 표식이기 때문이다. 9천여 년 전 커다란 숟가락과 함께 묻힌 시베리아 개의 경우에서 볼 수 있듯이, 우리 조상들은 종종 부장품과 함께 개를 매장하곤 했다.[17] 이 무덤은 개가 사후에도 부장품과 관련한 욕구를 지닐 것이란 점과 사후 세계에서도 숟가락을 사용할 줄 아는 존재들이 그 개를 보살필 것이란 믿음을 암시한다. 선사시대의 인간은 인간과 개의 사후 생활을 완전히 같다고 취급했을 가능성이 매우 높다.

인간과 자연 세계를 잇는 중재자

인류와 개는 심리적, 생리적, 사회적 차원의 관계를 맺었다. 양쪽 모두 교감을 나누는 동안 포옹 호르몬인 옥시토신이 분비되는 경험에 적응했고, 그 결과 인간과 개의 관계는 사회적이고 육체적인 차원에까지 그 흔적을 남겼다. 특히 개들은 질병이나 괴로움을 암시하는 후각 신호와 얼굴 표정 등을 비롯한 인간의 다양한 신체 언어에 익숙해졌다.[18] 우리가 힘든 상황에 부닥쳤을 때 개들이 종종 애정과 염려, 친밀감을 드러내 보인다는 사실은 그들이 우리의 고통을 인지할 뿐만 아니라, 우리를 돌보고 이해하려 한다는 사실까지 암시한다.

개들이 우리의 가장 오래된 신화적 전통 속에서도 중요한 역할을 담당했다는 것은 결코 놀라운 일이 아니다. 세계 여러 지역에서는 그들을 머리가 세 개 달린 하데스Hades의 사냥개인 케르베로스Kerberos, 웨일스 지역의 컴 안눈Cwn Annwn처럼 저승사자나 지하 세계의 수호자로 묘사했다.[19] 개들은 오랫동안 인간과 인간 아닌 존재들을 잇는 중요한 중재자 역할을 담당했지만, 내세와의 연관성이 항상 그렇게 무시무시하기만 했던 것은 아니다. 고대 그리스의 치유의 사원 내부에서는 환자들의 상처를 돌보고 인간을 돕는 개들의 모습을 종종 찾아볼 수 있다. 보이지 않는 존재들을 질병의 주요 원인으로 생각한 고대 사회에서는 인간 세계를 넘어설 수 있는 개들의 능력을 엄청난 마술적(따라서 의학적이기도 한) 자산으로 여겼다.

우리는 개들과 맺는 관계에서 세상에 관해 많은 것을 배울 수 있다. 이것은 개들의 특성 자체 때문이기도 하지만, 그들이 우리와 의미 있는 관계를 맺은 명백한 타자이기 때문이기도 하다. 개와 인간이 함께 생활하기 시작했을 무렵, 인간의 종교는 주로 애니미즘적인 세계관과 샤머니즘적인 관계 양식에 토대를 두고 있었다. 악명 높은 포식자와 친구가 되는 것은 분명 엄청난 영적 업적인 만큼, 당시에는 아마도 부족의 샤먼들이 먼저 늑대들과 상호작용하며 관계를 만들어가는 일을 도맡았을 것이다.

시간이 지나면서 영적이고 내세적인 의미가 다소 줄긴 했지만, 개들은 여전히 인간 사회에서 매우 중요한 역할을 담당한다. 그들은 우리의 건강 상태를 살피고, 우리를 정서적으로 지지하고 도우며, 때로는 냄새로 위험을 탐지하기도 한다. 또한 개는 우주 공간을 모험한 최초의 지구 생명체이기도 하다. 많은 시간이 흐른 뒤에도 개들이 인간과 자연 세계를 잇는 중재자 역할을 담당할 것이라는 사실은 변하지 않을 것이다.

20세기를 대표하는 인류학자이자 야생 생물학자 제인 구달Jane Goodall 같은 선구적인 연구자들은 인간이 아닌 동물도 기쁨과 고통을 경험할 수 있는 정서적이고, 의식적이고, 감각적인 존재라는 사실(그들도 우리와 마찬가지로 살아 있는 존재라는 사실)을 입증해 보였다. 이런 주장은 동물을 윤리적으로 대하는 문제에 관해 질문하게 했고, 호주의 윤리학자인 피터 싱어Peter Singer는 1975년 출간한 《동물 해방(Animal Liberation)》에서 이 질문에 관해 상세히 다루었다.

식물 신경생물학의 놀라운 발견

그렇다면 식물은 어떨까? 그동안 우리는 너무나도 쉽게 식물을 스스로 살아 있는 개체가 아닌 우리를 둘러싼 배경의 일부로 생각해 왔다. 하지만 그들 역시 우리의 먼 친척이다. 이쯤에서 잠시 당신과 당신의 고양이, 정원에 핀 꽃들이 유전적으로 서로 긴밀히 연관되어 있다는 사실에 충격을 받아 보는 것도 그리 나쁘지 않을 것이다.

지난 20여 년에 걸쳐 식물 신경생물학(Plant Neurobiology)과 같은 새로운 과학 분야가 발달한 덕분에 식물의 특성에 관한 우리의 추정 가운데 상당수가 광범위한 도전을 받았다. 우리는 식물 또한 동물의 왕국에서 발견할 수 있는 것과 크게 다를 바 없는 감각 및 인지 기능을 갖춘 복잡한 정보 처리 유기체란 사실을 인정하기 시작했다. 식물은 뇌가 없이도 어떻게 영양분을 섭취할지, 어떻게 몸 안의 분자들을 배치할지, 언제 꽃이나 열매 같은 새로운 조직을 만들거나 생산할지, 어떻게 외부의 공격에 대비해 스스로를 보호할지, 화학 신호를 활용해 이웃들에게 어떤 신호를 보내야 할지 등에 관해 적극적으로 결정을 내린다.[20] 이런 결정을 내리기 위해 식물은 주변의 날씨와 온도, 습도, 양분의 존재 유무, 곤충의 존재 여부 및 종류 등과 같은 수많은 조건을 끊임없이 고려해야 한다.[21] 또한 식물은 우리와 마찬가지로 과거의 경험에서 비롯한 '기억'에 의존해서 세상과 어떤 식으로 관계를 맺을지 합리적으로 결정을 내리기도 한다.

비록 요즘에는 추세가 빠르게 변하지만, 식물 신경생물학은 여전히 다소 논란의 여지가 있는 학문 분야이기도 하다. 식물 신경생물학에 관한 고질적인 불만의 다수는 뉴런이 없는 생명체를 다루는 학문에 '신경생물학'이라는 용어를 붙이는 것이 적절한지에 관한 의문이다. 뉴런은 동물이 자기 몸속에 있는 세포 간의 의사소통을 촉진하기 위해 사용하는 신경 세포를 지칭하는 용어인데, 이 신경 회로망은 오래전부터 복잡한 인식 및 행동을 위해 없어서는 안 되는 것으로 널리 알려졌다.[22] 하지만 식물 신경생물학의 발견은 이런 가정에 정면으로 도전한다. 뉴런은 분명 동물이 세포 간의 의사소통을 촉진하기 위해 활용하는 수단이지만, 동물 아닌 존재도 그와 같은 목적을 달성하기 위해 자신만의 방법을 찾아냈다는 것이다. 하지만 그 전체 과정은 물론, 이 과정이 '의식'이나 '자각'과 어떤 관계를 맺는가에 관한 이해는 아직 초기 단계에 머물러 있을 뿐이다.[23]

인간의 생존과 식물의 연관성

식물의 뿌리 부분, 특히 뿌리의 끝부분 및 관(Vascular)의 목질부와 체관부 사이에서 발견할 수 있는 뿌리의 분열 조직은 식물 신경생물학자들의 주된 관심 영역 중 하나이다.[24] 식물은 하나의 커다란 두뇌 대신 수천 개의 '두뇌 유닛들(Brain Units)'을 가진 것으로 볼 수 있는데, 이 유닛들은 뚜렷한 '신경원 체계(Neuronal System)'를 통해 옥신 호르몬 같은 신호 분자와 전기 신호를 전달하는 관다발로 서로 연결된다.[25] 식물의 행동 원리에 관한 인간의 이해는 이제야 비로소 명확해지기 시작했지만, 한 가지 사실만큼은 분명하다. 식물이 무의식적인 자동 기계가 아니라는 사실이다. 식물은 자각 능력이 있고, 지능적이고, 물리적 형체를 지닌 존재로서 인간과 수많은 공통점이 있다.[26]

환경에 관한 대부분의 논의에서 우리는 식물의 안녕에 관심을 갖기보다는 식물의 유용성이나 생태학적 중요성만 이야기한다. 곤충이나 숲의 죽음에 대해 한탄할 때조차 우리는 거의 항상 생명의 상실 자체를 비극으로 받아들이기보다는, 손실이 우리의 작물이나 대기의 질에 미칠 잠재적 영향에만 초점을 맞춘다. 어쩌면 이것을 인류의 합리적인 자기 보존 본능으로 여길지도 모르지만, 사실 이런 태도는 충분히 의미 있는 변화를 일으킬 수도 있는 우리의 능력을 완전히 소멸시켜 버린다. 이런 태도는 기후 변화로 가장 직접적인 영향을 받는 존재인 식물과 공감하는 관계를 맺는 능력까지 크게 떨어뜨린다.

식물은 인간이 만드는 드라마의 배경을 이루는 세트 조각이 아니라, 분명한 경험과 욕구를 지닌 개체이다. 식물도 우리와 마찬가지로 애정과 두려움, 고통 등을 느낄 수 있다. 설령 우리가 식물이 경험하는 일들의 윤리적인 중요성을 무시할 수 있다 하더라도, 식물이 아예 존재조차 하지 않는 것처럼 가정하는 것은 매우 위험한 형태의 무시 행위이다. 지금까지 기후 변화를 완화하기 위해 우리가 취했던 차갑고 실용적인 접근법은 대체로 별로 효과적이지 않았다. 진정한 변화를 일으키려면 식물을 우리의 번영을 위한 도구로 보는 대신, 본질적인 가치와 지각 능력을 지닌 개별적인 존재로 바라보는 법을 배워야 한다. 우리의 안녕은 식물의 안녕에 깊이 의존하는데, 이 사실을 제대로 이해하려면 그들 역시 우리와 같은 자연의 한 개체라는 사실부터 자각해야 한다. 그들도 우리와 마찬가지로 깨끗한 물과 비옥한 토양, 맑은 대기를 누릴 권리가 있다. 기후 변화를 윤리적 차원에서 고려할 때, 반드시 이 점부터 기억해야 할 것이다.

식물의 놀라운 학습 능력

우리와 식물 사이의 친족 관계가 명백하다 하더라도, 식물이 활용하는 생존 전략 중 다수는 동물이 취하는 접근법과 완전히 반대로 보일 것이다. 이와 관련해서 이탈리아의 식물학자이자 현대 식물 신경생물학 분야의 선구자인 스테파노 만쿠소Stefano Mancuso는 이렇게 말했다.

> 동물은 움직이지만 식물은 움직이지 않는다. 동물은 빠르지만 식물은 느리다. 동물은 소비하지만 식물은 생산한다. 동물은 이산화탄소를 만들지만 식물은 이산화탄소를 사용한다. 하지만 양자 사이의 가장 결정적인 차이점은 잘 알려져 있지 않다. 바로 집중과 분산 사이의 대비이다. 동물 내부의 특수한 기관에 집중된 모든 기능이 식물의 경우에는 몸 전체에 퍼져 있다. 식물이 우리와 달라 보이는 것은 이런 근본적인 구조상의 차이점 때문일 것이다.[27]

동물과 차이는 있지만, 식물 역시 일종의 감응 능력을 보여준다. 흔히 '감각 식물(The Sensitive Plant)'로 잘 알려진 미모사(Mimosa Pudica)는 식물 왕국의 감응 능력과 운동 능력을 증명하는 훌륭한 사례이다. 그들이 인간의 눈으로 쉽게 감지할 수 있는 속도로 움직이기 때문이다. 미모사는 외부의 모든 물리적인 교란에 반응해 잎을 빠르게 접는데, 이 현상을 목격하는 사람들은 놀라지 않을 수 없다. 이 과정의 역동성을 설명하는 다양한 이론이 존재하지만, 미모사의 근본적인 행동 체계는 여전히 수수께끼이다.

미모사를 대상으로 한 과학적 연구는 18세기 말부터 시작되었다. 당시 프랑스의 식물학자 르네 데퐁탠Rene Desfontaines은 한 학생에게 마차에 미모사 화분 8개를 싣고 자갈이 깔린 파리의 거리를 가로질러 오도록 지시했다. 데퐁탠이 예상했던 대로 미모사는 마차가 처음으로 덜거덕거린 순간 즉시 잎을 닫아 버렸고, 그 후에도 일정 기간 동안 방어적인 상태를 유지했다. 그러다 서서히 잎을 다시 펼쳤고, 이후 마차가 크게 덜거덕거린 순간 다시 잎을 닫았다. 하지만 여행이 끝나갈 때쯤 데퐁탠의 지시를 받은 학생은 미모사가 더 이상 반응하지 않는다는 사실을 알아차렸다. 그는 자신의 연구 노트에 이렇게 적었다. '식물이 마차의 덜거덕거림에 익숙해졌다.'[28]

이 관찰은 어마어마한 함의가 있었지만, 감각 식물의 행동에 대한 연구는 서서히 사람들의 관심 범위 밖으로 밀려났다. 하지만 21세기에 이르러 진화 생태학자 모니카 갈리아노Monica Gagliano 박사는 데퐁탠의 연구에서 자극을 받아 자신만의 실험을 설계하기로 결심했다. 그녀는 15센티미터 높이에서 5초 간격으로 60차례에 걸쳐 급강하하는 기계 장치를 준비하고, 여기에 화분 56개를 실었다. 예상대로 갑작스러운 움직임에 놀란 식물은 200여 년 전 파리의 거리에서처럼 즉시 잎을 닫아 버렸다. 하지만 몇 차례 하강이 계속되자, 식물 중 일부는 더 이상 잎을 오므리지 않았는데, 이것은 일종의 습관화를 암시하는 행동이었다. 미모사가 움직임에 익숙해진 것일까? 아니면 그저 탈진의 결과에 불과한 것일까? 한동안 휴식한 뒤에는 식물이 다시 본능적인 행동을 회복하지 않을까? 이것을 시험해 보기 위해 연구자들은 좌우로 흔드는 것과 같은 완전히 다른 종류의 감각 자극을 활용해 식물을 교란했다. 이후 식물이 평소와 같이 잎을 오므리는 능력을 어느 정도는 다시 발휘한다는 사실을 관찰할 수 있었다.[29]

일주일 뒤에 식물을 다시 시험하기 위해 돌아왔을 때, 연구자들은 식물이 이제는 예측 가능한 하강 운동에 동요하지 않고 잎을 그대로 열어 둔다는 사실을 발견하고 깜짝 놀랐다. 이것은 식물이 어떤 식으로든 과거의 교훈을 잊지 않았다는 사실을 암시하는 결과였기 때문이다. 연구자들은 한 달 뒤(식물이 재충전하기에 충분한 시간) 같은 실험을 반복했지만, 결과는 전과 같았다. 특정한 자극이 더는 위협이 되지 않는다는 사실을 학습한 식물이 그에 맞게 행동한 것이다.

갈리아노의 동료들은 식물의 '행동'이나 '학습'에 관해 이야기하는 그녀에게 당혹스러움을 표시하면서, 그런 용어는 신경계를 갖춘 동물에게나 사용하는 것이라고 주장했다. 하지만 식물의 정교한 행동 양식을 지지하는 증거들이 자꾸 늘어남에 따라, 인류는 뉴런 이외의 세포도 지능적인 행동을 일으킬 수 있다는 사실을 받아들여야 할 상황에 놓였다.[30] 아무래도 지능은 소수의 종들만 갖출 수 있는 복잡한 진화론적 산물이라기보다는 유기적인 생명체 자체의 근본적인 특성인 듯하다. 그럼에도 과학계 내부에서는 이에 대해 지속적으로 반발했는데, 더 이상 불충분한 데이터 때문이 아니라 근거 없는 편견 때문이라고 봐야 할 것이다.

2022년 출간한 《생각하는 식물(Planta Sapiens)》에서 철학자 파코 칼보

Paco Calvo는 미모사의 또 다른 놀라운 특성 하나를 묘사했다. 그는 동물 마취제에 적신 솜을 미모사와 함께 병 속에 넣는 단순한 조처만으로 '식물을 잠들게 하는 것'이 가능하다는 사실을 입증했다. 마취제에 노출된 지한 시간이 지난 후, 미모사는 외부 자극에 대해 반응하지 않았고, 미모사의 잎은 마취제가 모두 사라질 때까지 미동도 하지 않았다.[31] 또한 칼보는 파리지옥풀(Venus Flytrap)로도 같은 실험을 반복한 뒤, 이 식물 역시 마취제의 영향으로 움직이는 기능을 상실한다는 사실을 발견했다. 이와 더불어 그는 '깨어 있는 상태'에서 식물이 생산하는 전기 신호가 마취 상태에서는 완전히 중단된다는 사실도 함께 입증했다. 그런데 이런 현상은 고도의 운동성을 보이는 식물에만 국한된 현상이 아니었다. 그는 이렇게 썼다.

> 미모사나 파리지옥풀만 마취제의 영향으로 운동 능력을 상실하는 것은 아니다. 마취제에 노출된 모든 식물은 잎의 방향을 바꾸는 것이나 줄기를 구부리는 것, 광합성을 하는 것 등 평소의 행동 양식을 더는 보이지 않는다. 심지어 씨앗은 발아 과정을 멈추기까지 한다. 마취제는 주변 환경에 반응하는 식물의 일상적인 움직임을 완전히 마비시켜 버린다.[32]

식물을 무의식적인 상태로 만드는 것이 가능하다면, 이것은 그들이 의식적인 상태를 지닐 수 있다는 말이나 다름없다. 식물이 화학 물질에 영향을 받는다는 것은 전혀 놀랍지 않은데, 식물의 몸체는 우리 몸과 마찬가지로 여러 화학 물질에 의존하기 때문이다. 여러 가지 면에서 식물은 개별적인 필요에 맞게 특별한 화학 약품을 생산하는 조제 약국처럼 기능한다. 상처를 입거나 스트레스를 받으면 식물은 이런 불편함을 해결하기 위해 에틸렌과 같은 자신만의 마취약을 생산한다. 그 외의 화학적 반응은 영양 공급 체계를 활성화하거나 생물학적 방어 능력을 강화하는 데에 도움이 된다.[33]

식물의 다감각적 지능

식물의 다감각적 지능을 보여주는 또 하나의 놀라운 사례는 '보퀼라'라는 식물에서 찾을 수 있다. 칠레와 아르헨티나의 온대강우림 지역에 서식하는 보퀼라 트리폴리올라타Boquila Trifoliolata는 언뜻 보기에는 별 특색 없는 평범한 덩굴식물에 불과하다. 이 식물의 작은 흰색 꽃은 독특함과는 거리가 멀고, 크기도 별 두각을 드러내지 못한다. 하지만 식물학자 어네스토 지아놀리Ernesto Gianoli는 2013년에 극도로 기이한 현상을 목격했다. 남부 칠레의 숲속을 산책하던 그는 예전에 이미 본 적 있는 관목 하나를 우연히 발견했다. 이 식물을 자세히 관찰하는 동안 그는 식물의 일부 잎이 평소 모습과 약간 달라 보인다는 점을 알아챘다. 그는 이 독특한 잎이 사실 그 관목에 달린 것이 아니라, 옆에 있던 보퀼라가 변장한 모습이라는 사실을 깨달았다.[34]

　보퀼라는 자기 주변에 있는 식물의 외관을 매우 유사하게 모방할 수 있다. 원래 이런 유형의 모방은 포식자로부터 스스로를 보호하기 위해 수 세대에 걸쳐 집단적인 규모로(아마도 자연 선택을 통해) 나타난다. 하지만 지아놀리는 이 보퀼라라는 식물이 복잡한 상황 속에서도 '실시간'으로 반응한다는 사실을 발견했다. 예컨대 보퀼라는 자신의 잎을 일그러뜨려 단 몇 분 만에 다수의 이웃을 동시에 모방할 수 있다. 게다가 이런 모방 행위는 보퀼라와 보퀼라의 모방 대상이 된 식물 사이에 아무런 물리적 접촉이 없는 경우에도 일어날 수 있다. 이 식물은 어떻게 이웃 식물의 겉모습을 모방할 수 있을까?[35] 믿기 어려울지도 모르겠지만, 그 이유는 단순히 '보퀼라가 주변 식물을 볼 수 있기 때문'일 것이다.

식물 표피의 렌즈 같은 문양과 무척추동물의 홑눈(Ocelli) 사이의 유사성은 한 세기쯤 전에 처음으로 과학자들의 관심을 끌었다. 이런 조직은 식물이 외부의 시각적 현상을 경험하고 여기에 반응할 수 있도록 시야 감각을 제공하는 것으로 추측할 수 있다.[36] 물론 식물이 광합성을 위해 태양 빛에 의존한다는 사실을 감안하면, 빛에 대한 감각적 인지 능력은 식물의 진화를 위해 없어서는 안 될 필수 요소일 것이다.

너도밤나무는 따뜻한 봄 동안 미리 급성장하는 것을 피하려고 적어도 13시간 동안 햇볕을 쬔 뒤에야 본격적으로 생장주기에 돌입한다.[37] 이 현상 또한 부분적으로는 빛에 대한 감각적 지각을 기반으로 한다는 사실을 짐작할 수 있다. 하지만 다른 식물을 흉내 내는 보퀼라의 특별한 능력을 뒷받침하는 것이 정말로 시각이라면, 이 시각 기제는 우리가 인식하는 것보다 훨씬 더 복잡하고 섬세하다는 사실을 짐작할 수 있다.

식물이 주변과 의사소통하는 방식

인간과 마찬가지로 식물은 공동체를 형성한 후 전기 신호와 화학 신호 등을 비롯한 다양한 방식으로 주변과 의사소통한다. 이들은 다른 식물에게 다가가기 위해 광범위한 어휘 체계를 사용하는 '의사소통 전문가'라 할 수 있다. 비록 정도의 차이는 있지만, 식물과 동물은 모두 화학 신호를 이해할 수 있다. 개의 코에는 3억 개나 되는 후각 수용체가 있는 반면, 인간의 후각 수용체는 고작 6백만 개 정도에 불과하다. 인간도 상대적으로 강한 냄새는 지각할 수 있지만, 동물 및 식물 이웃들이 감지할 수 있는 광대한 양의 감각 정보에는 비할 바가 못 된다.[38]

화학적 의사소통에 관한 한, 그 흔한 강낭콩조차 언어학 분야의 석학이나 다름없을 것이다. 잎응애와 같은 배고픈 곤충에게 공격을 당하면, 강낭콩은 인간의 '미각'에 상응하는 일련의 감각 과정을 통해 곤충의 침을 분석한다. 일단 공격자의 정확한 정체를 파악하고 나면, 그들은 잎응애의 천적을 끌어들이기 위해 맞춤형으로 제작한 페로몬을 분비한 다음, 잎 기공으로 이 메시지를 '방송'한다. 잎응애의 천적들에게 이 신호가 닿으면 그들은 바로 출동하여 잎응애를 먹어 치움으로써 강낭콩의 짐을 덜어준다.[39]

강낭콩이 잎응애의 침을 감각적으로 맛보는 활동과 화학 신호를 생산하는 활동 사이에는 이전에 습득한 지식을 토대로 한 명백하고 정밀한 분석 과정이 포함된다. 실제로 식물은 그들의 선조로부터 교훈을 얻으며, 이후에는 다시 동일한 화학적 언어를 활용해 자신의 후손에게도 지혜를 전한다.[40]

식물은 소리에도 민감하다. 연구자들은 싹이 난 곡물의 뿌리 부분이 220헤르츠의 낮은 진동수로 끊임없이 '따닥거린다'는 사실을 밝혀냈다. 그들은 다른 식물이 이 따닥거리는 소리에 노출될 경우, 뿌리 쪽으로 몸을 구부린다는 사실을 발견하고 충격을 받기도 했다.[41] 또 다른 연구자들은 꽃잎을 통해 벌들의 윙윙거리는 소리를 감지한 식물이 그로부터 몇 분 내에 꿀 생산량을 빠르게(평균적으로 20퍼센트 정도) 증가시킨다는 사실도 관찰했다.[42] 식물이 소리의 파동으로 수많은 중요한 정보를 전달하도록 진화했다는 점을 떠올려 보면 이런 현상은 그리 놀랍지도 않을 것이다. 하지만 우리는 이런 사실과 너무 동떨어진 나머지, 아직까지도 '듣는 사람이 아무도 없을 때도 쓰러지는 나무가 소리를 내는지' 의문을 제기한다.

최근 몇 년간 캐나다 출신의 숲 생태학자 수잔 시마드Suzanne Simard 박사를 비롯한 과학자들은 사람들을 '균근균(Mycorrhizal Fungi)'의 신비 속으로 안내했다.[43] 균근균은 비록 그 자체로 식물이라고 볼 수는 없지만, 이 진취적인 존재는 숲속에 복잡한 내부 전산망을 구축하기 위해 다른 식물과 꾸준히 협력해 왔다. 뿌리를 통해 식물과 식물을 연결해 다양한 유기체 사이의 의사소통과 물물교환을 촉진하는 것이다. 모든 식물 종의 약 90퍼센트 이상이 생존을 위해 이 공생적 협력 관계에 의존하는 만큼, 균근균은 식물을 식물답게 만드는 핵심적인 요인 가운데 하나라고 볼 수 있다.

어머니 나무의 기능

우리는 식물을 뿌리가 있는 존재로 생각하지만, 사실 뿌리는 진화론적으로 뒤늦게 추가된 부분일 뿐이다. 식물이 독자적으로 성장을 시작하기 전까지 그들은 5천만 년 이상의 긴 시간 동안 뿌리의 역할을 대신하는 균류에게 의존해 왔다.[44] 마치 실처럼 생긴 이 균사체는 식물군이 땅속으로 수 킬로미터까지 뻗어나가면서 화학 신호와 영양분, 치료용 화합물 등을 멀리 떨어진 곳으로 전달할 수 있도록 돕는다.[45] 예를 들어, 나무 공동체에 속한 한 그루의 나무가 병들면 주변의 나무들은 병든 나무가 영양분을 보충하고 질병에서 회복할 수 있도록 여러 재원을 전달한다. 이처럼 나무는 자기 이웃의 안녕을 도모할 줄 아는데, 이웃 나무가 자신과는 완전히 다른 종일 때조차도 마찬가지이다.

이 이야기가 약간 환상적으로 들릴지도 모르지만, 이것은 사실 우리 지구가 선사하는 마법의 일부일 것이다. 노숙림(Old-growth Forest)처럼 고도로 안정된 식물 공동체 내부에서는 가장 나이가 많고 견실하게 자리 잡은 나무가 가장 많은 균사체를 거느리는데, 이 나무는 직접적이거나 간접적인 형태로 숲속에 있는 모든 나무와 물리적인 연결 상태를 유지한다. 시마드 박사가 '어머니 나무(Mother Tree)'라고 부르는 이런 나무는 정보와 재원의 중심지 역할을 하면서 여분의 질소와 탄소를 더 어리고 약한 묘목과 공유하고 묘목의 생존 능력을 증장시키는 역할을 도맡는다.[46]

식물은 서로 다른 유형의 감각 정보들을 감지할 수 있도록, 그리고 조직적인 의사소통을 통해 그들만의 공동 사회를 형성할 수 있도록 진화를 거듭했다. 식물 공동체는 여러모로 생물학적인 부위들의 단순한 총합 그 이상이다. 이런 형태의 연합은 완전히 새로운 개체를 형성할 수도 있는데, 전생명체{Holobiont, 하나의 생명체를 규정할 때, 한 개체와 그 개체에 같이 공생하는 다른 생명체(주로 미생물)를 함께 묶어서 생각하는 개념-옮긴이}라고도 하는 일종의 합성 유기체가 바로 그것이다.[47] 박테리아 같은 유기체들이 체내 세포의 절반 이상을 차지하는 인간 역시도 엄밀히 말하면 전생명체에 해당한다.[48]

숲속에 있는 모든 나무는 별개의 개체로 볼 수 있지만, 숲 자체도 역동적으로 통합된 섬세한 몸을 가진 특별한 유형의 개체를 이룬다. 이런 관점은 종종 숲의 신이나 강의 여신과 같은 '자연령(Nature Spirit)' 모티브를 뒷받침하는 과학적 근거가 되기도 했다. 사실 스스로를 조직화하는 모든 자연 체계는 이와 비슷한 방식으로 의인화할 수 있을 것이다. 이런 의인화는 우리가 존경과 공감을 바탕으로 자연과 관계를 맺을 수 있도록 돕고, 인간이 자연에 미치는 부정적인 영향력에 자연스럽게 제동을 걸 수 있도록 우리를 효과적으로 자극할 것이다.

인간처럼 의사소통하는 버섯

균류가 없었더라면, 초기의 식물은 5억 년 전에 절대 물 밖으로 벗어날 수 없었을 것이다. 균근균은 수천만 년 동안 식물의 뿌리 역할을 했고, 식물이 스스로 뿌리를 내리는 법을 배운 후에도 계속해서 식물군을 돕는 역할을 도맡아 왔다.[49] 오늘날에도 균사체는 식물 공동체 내의 민감한 미생물 군집을 보호하고, 지구상에 존재하는 모든 생명체의 번영을 돕는다.[50] 하지만 균류가 그저 식물의 보디가드 겸 광대역 통신망을 제공하는 역할만 담당하는 것은 아니다. 동물과 마찬가지로 그들 또한 태양 빛을 활용해 스스로 영양분을 생산할 수 없기 때문에 생존하기 위해서는 다른 유기체에 의존해야 한다. 그리고 다른 모든 유형의 생명체와 마찬가지로 균형 잡힌 환경을 유지하고 생존 가능성을 높이기 위해 다른 존재들과 적극적으로 소통하고 협력해야 한다.

이상하게 들릴지도 모르지만, 균류는 사실 유전학적으로 식물보다는 동물에 더 가깝다. 하지만 그 특수성 덕에 그들은 생명 체계 속에서 그들 자신만의 특별한 왕국을 건설할 수 있었다. 균류가 없었다면 세상은 지금과는 완전히 다른 모습이었을 것이다. 균류는 우리의 내부와 주변부에 두루 퍼진 채, 자연 환경의 거의 모든 측면에서 영향력을 행사한다.

최근의 한 연구에서는 버섯이 전기 신호를 활용해 의사소통한다는 사실을 발견했다. 그들이 일련의 '단어들'과 '문장들'로 최소 50가지 다른 패턴의 어휘를 형성하는 방식은 인간이 언어를 사용하는 방식과 다를 바가 없다.[51] 이 연구는 엄선한 약간의 버섯 표본(동양의 전통 의학에서 활용하는 동충하초도 포함한다)만을 대상으로 한 만큼, 균류의 의사소통 전체를 놓고 본다면 단지 빙산의 일각에 불과할 것이다. 우리는 버섯을 숲속의 매력적인 작은 식물로 간주하지만, 그들은 사실 균류의 자실체 (Fruiting Bodies)일 뿐이다. 즉, 그들은 포자 생성을 위한 생식 기관에 불과하다. 그런데 대부분의 균류는 버섯을 생산하지 않고도 포자를 방출할 수 있기 때문에 버섯은 단지 부수적인 역할만 수행할 때가 많다.

효모균(Yeasts)은 인류의 삶에 엄청난 영향을 미친 또 다른 유형의 균류이다. 효모균이 우리에게 널리 알려진 것은 당분을 알코올로 변화시키는 특별한 능력과 빵을 구울 때 밀가루를 부풀리는 능력 때문일 것이다. 이 두 종류의 혁신은 인간 사회를 급격하게 변화시켰는데, 여러 학자들은 인류가 농업 사회를 확립할 수 있었던 중요한 요인이 바로 맥주와 빵이었을 거라고 추정하기도 한다.

흥미롭게도 파라켈수스Paracelsus와 같은 중세 유럽의 연금술사들은 알코올이 모든 생명, 특히 식물의 생명에 활기를 불어넣는 혼이라고 주장했다. 이런 관점은 우리가 알코올을 '스피릿Spirit'이라 부르는 것과도 연관 있을 것이다. 모든 식물은 물로 덮은 채 발효되도록 일정 시간 방치하기만 하면 약간의 알코올을 생산할 수 있다. 식물의 다른 구성 요소들, 예컨대 에센셜 오일이나 식물성 화학 물질 같은 성분은 식물 종마다 차이가 날 때가 많지만, 알코올만큼은 본질적으로 항상 동일하게 유지된다.[52] 동물의 몸체 역시 분해 과정을 거치는 동안 발효되면서 결국 '스피릿'의 흔적을 남긴다.

영적 스승이 되어주는 식물

균류에 관해 이야기하면서 가장 신비스러운 구성원인 마법의 버섯(Magic Mushrooms, 환각 버섯)을 언급하지 않을 수 없다. 선사시대 이래로 인류는 정신활성 물질을 활용한 실험을 거듭했다. 인류가 수만 년에서 심지어는 수천만 년 전부터 이런 물질을 사용했을 가능성도 있지만, 9천 년 전에 그려진 동굴 벽화들을 보면 신석기시대의 인간이 의도적으로 환각 버섯을 흡입해 왔다는 사실을 알 수 있다.

세계 대부분의 지역에서는 향정신성 물질을 여전히 불법으로 취급하지만, 현대의 여러 연구는 실로시빈 같은 화합물이 실제로는 엄청난 치유 효과가 있다는 사실을 입증했다. 실로시빈Psilocybin과 LSD, DMT 같은 세로토닌성 환각제는 인간의 몸 곳곳에서 발견되는 5-HT2A 수용기에 직접적으로 영향을 미치는데, 이 수용기는 우울증 상태에서 과도한 활동성을 나타내는 경향이 있다. 하지만 앞서 언급한 유형의 약물들은 이러한 신경 과정을 와해시킨 뒤 재조직해 두뇌 신경망의 전반적인 연결성과 통합성을 큰 폭으로 향상한다. 2022년 4월 〈네이처 메디신Nature Medicine〉지에 실린 한 연구에서, 캘리포니아대학교와 임페리얼 칼리지 런던 대학교의 연구자들은 실로시빈이 치료 저항성 우울증에 놀라운 효과가 있다는 사실을 밝혔다. 실로시빈은 뇌를 더 부드럽고 유연하게 만들어 부정적인 사고 패턴을 완화한다고 한다.[53]

두뇌 신경망을 더 건강한 방식으로 연결하는 환각 버섯의 특별한 능력은 균근균이 식물의 세계에서 담당하는 역할을 반영한다. 사실 지구의 자연 초지 대부분은 생태학적 건강을 위해 환각 버섯에 크게 의존해 왔다.[54] 균류의 균사가 식물의 뿌리에 붙어서 생태계 전반에 걸친 영양분 및 정보의 교환을 촉진하는 만큼, 주변의 많은 생명체 역시 이 공생적 관계에 의존한다. 하지만 환각 버섯은 평범한 버섯이 아니며, 따라서 이것이 식물 공동체에 미치는 영향은 동물의 두뇌에 미치는 영향만큼이나 엄청나다고 볼 수 있다. 인간에게 '환각 체험'을 유발하는 것과 같은 종류의 세로토닌성 화합물이 균류로 지탱되는 식물 환경 전체에 퍼진 채 감각 정보의 수용 및 식물 간의 의사소통 과정을 촉진하고, 외부의 혼란

에 적응하고 혁신하는 능력까지 함께 향상하는 것이다.[55]

세로토닌성 환각제가 우리의 뇌를 재조직하여 보다 광범위하게 통합된 신경 체계를 형성하는 것처럼, 환각 버섯은 식물을 자극해 새로운 뿌리를 자라게 하고 그들에게 나타나는 신경 활동의 지평을 크게 확장한다.[56] 주사위환각버섯(Psilocybe Cubensis)이나 자유모자버섯(P. Semilanceata) 같은 환각 버섯을 특히 소와 같은 가축을 지나치게 많이 방목하는 초지 위에서 그토록 자주 발견할 수 있는 것은 이런 이유 때문일 것이다. 초식 동물의 배설물이 있고 풀뿌리들이 양분을 섭취할 수 있는 여건의 땅이 버섯의 가장 이상적인 서식지로 자리 잡은 것이다. 하지만 이런 환경은 분명 다른 식물에도 유익하며, 따라서 식물에 의존하는 동물과 비옥한 흙에 의존하는 다양한 유형의 생명체에도 매우 유익할 것이다.

향정신성 약물의 고유한 장점에 관한 증거가 수년간 축적되었지만, 이런 연구는 안타깝게도 환각 물질과 관련한 공공 정책에 별다른 영향력을 행사하지 못했다. 만일 이런 특별한 장점을 인식한다면, 이 약물의 상용화 및 의료화는 틀림없이 천연 마약의 광범위한 수용이 아닌, 종합 약학의 대대적인 발달로 이어질 것이다. 당연히 이런 일은 훈련받은 전문가들의 섬세한 안내를 따를 때 가장 잘 수행할 수 있겠지만, 수천 년 동안 이런 물질을 실제로 사용한 토착 사회의 전문가들에게 묻는 것이 가장 현명한 방법일 것이다. 하지만 현실에서는 토착 사회 전문가나 식물과 균류의 독특한 작용에 관심을 갖는 사람이 드물다.

분명 우리가 흡입하는 향정신성 물질에 버섯 하나만 있는 것은 아닐 것이다. 우리는 우리의 감각 지각을 깨우거나 변형시키기 위해 다양한 종류의 식물과 균류, 동물성 식품 등을 정기적으로 섭취하거나 흡입한다. 이런 물질 중 일부는 찻잎이나 커피콩처럼 상대적으로 자극이 적지만, 사루비아 디비노럼(Salvia Divinorum)이나 페요테 선인장(Peyote Cactus)과 같은 몇몇 식물은 우리를 완전히 다른 세상으로 몰아갈 수 있다. 하지만 버섯은 어느 모로 봐도 매우 특별하다고 판단할 수 있다. 민속학자 겸 유명한 내면 항해사(Psychonaut, 환각제나 명상 등을 이용해 자기 내면을 탐색하는 사람-옮긴이) 테렌스 맥케나Terence McKenna는 환각 버섯이 인류의 진화 선상에서 일어난 '인지 혁명'에 직접적인 영향을 미쳤을 것이라고 주장했다. 이 이론은 상당 부분 추측에 근거했지만, 환각 버섯을 세계 곳곳에서 쉽게 발견할 수 있다는 점과 인간이 호기심 많은 존재라는 사실에는 의심의 여지가 없다. 아마도 인류는 가끔 환각제에 손을 댔을 것이고, 이런 물질과의 우연한 접촉이 뇌리에 강한 인상을 남겼을 가능성도 상당히 높다.

미생물 세계 속에서의 삶

동물과 식물, 균류 생명체 외에 자연의 배경 속에 눈에 띄지 않게 파묻힌 다른 이웃으로는 어떤 것이 있을까? 동물과 식물, 균류가 나타나기 전부터 지구에는 미생물이 존재했다. 미생물은 너무 오래전부터 존재한데에다, 지구 전역에 광범위하게 퍼져 있어서 그 개체수가 얼마나 되는지 가늠하는 것조차 불가능할 정도이다. 지구상에는 은하계에 존재하는 별들보다 더 많은 수의 미생물 종이 존재한다. 티스푼 하나 만큼의 비옥한 토양 속에는 최대 십억 마리의 미생물과 몇 킬로미터나 되는 균근 가닥이 들어 있을 수도 있다.[57] 몇몇 과학자들은 약 1조 개가 넘는 미생물 종이 지구상에 존재할 것이라고 추정하는데, 동물 같은 대형 유기체는 이에 비하면 정말이지 아무것도 아닐 것이다.[58]

1972년, 역사가 겸 지리학자 알프레드 크로스비Alfred Crosby는 《콜럼버스가 바꾼 세계(The Columbian Exchange)》라는 제목의 기념비적 저서를 출간했다. 이 책은 '낡은 세계'인 유라시아 대륙과 '신세계'인 아메리카 대륙 사이에서 벌어진 식물과 동물, 병원 미생물의 대이동을 탐색한 책이다.[59] 15세기 무렵, 미국의 원주민들은 아직 면역력이 발달하지 않은 상태에서 외국 전염병의 위험천만한 공격에 노출되었다. 그 결과 무수한 토착민이 유럽의 식민 지배에서 비롯한 천연두와 백일해, 말라리아, 성홍열, 황열 등으로 목숨을 잃었다.[60] 이 '콜럼버스의 교환'은 인류 역사상 가장 재앙적인 전염병 참사였지만, 절대 독립된 하나의 사건만은 아닐 것이다. 1만 년 이상의 시간 동안 인간 사회는 전염병 창궐의 위협으로부터 심각한 영향을 받았으며, 이 위협은 오늘날까지도 그대로 이어진다.

현 시대가 미생물 감염을 이해하는 근거가 19세기에 등장한 '세균 유래설(Germ Theory)'이더라도, 우리는 이 의학적 발견이 전례 없는 것은 아니라는 사실을 인식해야 한다. 보이지 않는 유기체가 전염병을 일으킨다는 개념은 이븐 시나Ibn Sina나 지롤라모 프라카스토로Girolamo Fracastoro와 같은 근대 이전 과학자들의 연구까지 최소 1천 년 이상 그 기원을 거슬러 올라갈 수 있다. 중세 유럽에서 이 이론은 과학자들 사이에서 뜨거운 논쟁의 대상이 되었는데, 이 개념이 '나쁜 공기(미아즈마Miasma)'가 전염병의 원인이라는 '갈레노스Galenos 파'의 개념을 정면으로 반박했기 때문이다. 갈레노스 모델은 약 1천5백 년 동안 유라시아 대륙의 의학적 통설을 지배하다시피 했지만, 전염병에 관한 대안적 이론도 상당히 널리 성행했다. 어떤 이들은 전염병을 '보이지 않는 영들이 일으킨 병원성 공격'으로 개념화하기도 했다. 사람들은 이 영들을 비록 보이지는 않지만, 의학적이거나 의례적인 개입을 통해 간접적으로 관찰하고 회유할 수 있는 존재로 취급했다. 하지만 대부분의 유럽 의사들은 17세기 후반까지도 보이지 않는 존재들을 질병의 원인으로 보는 이론을 일종의 미신쯤으로 치부했다.

현미경 기술의 발달과 함께 우리는 이 세상이 보이지 않는 미생물로 가득 차 있다는 사실을 깨달았다. 이제 우리는 인간의 몸속 박테리아 세포의 수가 인간의 세포 수보다 많다는 사실도 이해한다. 사람은 무려 39조 마리에 이르는 미생물과 함께 살아간다.[61] 미생물은 생물학적 개체인 동시에 보이지 않는 존재이기도 하다. 이들은 맨눈으로는 절대 볼 수 없기 때문에 흔히 지각력이나 존재성과 관련한 대화에서 쉽게 배제된다. 하지만 식물과 균류, 동물과 마찬가지로 미생물 역시 자극을 감지하고, 주변 환경에 반응하고, 서로 의사소통하고, 경험을 토대로 결정을 내리는 능력을 입증해 보였다. 하지만 과학자들은 미생물이 지능을 가질 가능성을 묵살해 버리곤 했다. 그들은 수천 년 동안 균류와 식물은 물론, 수많은 인간 아닌 동물마저 이런 식으로 취급해 왔다. 이론가들이 제한적이고 부적절한 인간 중심적 모델에 계속해서 집착하는 한, 우리는 유기체 세계에서 발현하는 의식의 전체 범위를 제대로 파악할 수 없을 것이다.

독특한 방식으로 기능하는 바이러스

1918년 스페인 독감이 발발했을 당시만 해도, 사람들은 이 병을 적절한 치료법을 즉시 찾을 수 있는 또 다른 박테리아 감염에 불과한 것으로 보았다. 의사들은 바이러스란 말을 이제 막 접한 상태였던 만큼, 바이러스의 정체를 제대로 이해하지 못했다. '바이러스Virus'라는 현대어는 '비자Visa'라는 산스크리트어의 동족어에 해당하는 라틴어 '비루스Virus'에서 왔는데, 이 두 단어는 모두 '독'이라는 뜻이다. 다소 부정적인 뜻의 이름이지만, 우리가 바이러스를 나쁜 독소로 생각한다고 해서 누군가에게 비난받을 일은 없을 것이다. 바이러스는 스페인 독감과 에이즈, 코로나 등을 비롯해 인류의 가장 끔찍한 유행병을 초래했기 때문이다. 비록 우리가 정교한 기술을 통해 바이러스를 격리하고 관찰할 수 있다 하더라도, 우리는 여전히 바이러스에 관해 모르는 것이 너무 많다.

우선 과학자들은 바이러스가 '살아 있는지' 여부에 관해 합의조차 하지 못했다. 바이러스는 때때로 '생명의 끝자락에 위치한 존재'로 묘사되는데, 이는 바이러스가 생명체의 특징인 기본적인 세포 구조도 없이 생식을 위해 외부 존재에 전적으로 의존하기 때문이다.[62] 비록 전통적인 의미에서는 살아 있지 않다 하더라도, 그들은 여전히 매우 독특한 방식으로 기능한다. 그래서인지 몇몇 과학자들은 바이러스를 '비생물학적 존재'라고 표현하기도 한다.

박테리아처럼 바이러스는 경이로울 정도로 세계 곳곳에 퍼져 있다. 만약 지구상의 모든 바이러스를 나란히 일렬로 세운다면, 지구에서 무려 1억 광년이나 떨어진 기린자리(Camelopardalis)에까지 닿을 것이다.[63]

사실 지구상에는 다른 유형의 모든 생명체를 합친 것보다 더 많은 수의 바이러스가 존재한다. 이 '보이지 않는 존재'야말로 우주에 가장 광범위하게 퍼져 있는 개체일 것이다.

바이러스는 생명의 기원을 포함한 수많은 궁금증에 도전장을 내민다. 세상에는 바이러스가 어떻게 생겨났는지 설명하는 다양한 이론이 존재한다. 몇몇 과학자들은 그들이 세포 사이를 이동하는 법을 습득한 길 잃은 유전물질 조각에서 형성된 것이라고 말한다. 그리고 다른 과학자들은 바이러스가 한때 자율적이었던 생명체의 후손이었지만, 시간이 지나면서 기생적인 삶의 방식을 선택했을 것이라고 주장한다. 또 다른 과학자들은 바이러스가 우리의 선조이며, 우리 모두가 바이러스와 같은 조상의 피를 이어받았다고 주장하기까지 한다.[64]

유감스럽게도 바이러스는 고고학적인 흔적을 남기지 않는 단백질 가닥들만으로 이루어져 있으므로, '바이러스 화석'을 연구하는 것은 사실상 불가능하다. 하지만 다행히도 바이러스의 흔적은 다른 생명체의 '게놈Genomes' 속에서 발견할 수 있다. 연구자들은 광범위한 유기체의 유전물질 속에서 바이러스의 흔적을 탐구했다. 이 흔적은 인간 게놈 속에서도 발견할 수 있는데, 우리 DNA의 약 8퍼센트 정도(10만 조각)는 바이러스 같은 성질을 띤다.[65]

인간의 자만심을 공격하는 바이러스

과학자들은 바이러스성 유전자가 우리에게 어떤 영향을 미치는지 여전혀 연구 중이다. 옥스퍼드의 바이러스 학자 아리스 카츠라키스Aris Katzourakis는 '바이러스가 좋은지 나쁜지 딱 잘라 말할 수는 없다. 문제는 그보다 훨씬 더 복잡하다'라고 했다.[66] 바이러스성 유전자 일부는 우리를 질병에서 보호할 수 있는 반면, 다른 일부는 우리를 더 큰 위험에 노출할 수 있다. 이들 중 다수가 레트로바이러스Retroviruse의 형태를 띠는데, 이 유형의 바이러스는 생식 세포를 감염시킨 뒤 그 안에 은밀히 숨어서 다음 세대로 유전될 수 있다. 레트로바이러스는 시간이 지남에 따라 변형되거나 진화하며 점차 감염 능력을 잃고 만다. 우리의 몸은 그들에게 적응하는데, 과학자들은 이런 평형 상태가 깨지는 것이 종양을 유발하는 주된 요인이라고 주장하기도 했다.[67] 하지만 바이러스는 최소 4억 5천만 년 동안 우리 몸속에서 계속 활동했고, 심지어는 바닷속에 사는 우리의 먼 조상들에게까지 그 영향력을 행사했다. 사실 지구가 처음 생겨날 때부터 바이러스는 우리의 생물학적 족보 주변을 끊임없이 맴돌았던 것이다.

'세균 유래설'의 발달 덕분에 우리는 미생물 유기체들이 수많은 질병과 연관이 있다는 사실을 알 수 있었다. 하지만 미생물이 질병의 진행 과정에서 담당하는 역할을 지나치게 단순화해서는 안 된다고 경고한 사람들도 있다. 예컨대 조지 버나드 쇼George Bernard Shaw는 '특정 질병에서 발견할 수 있는 미생물은 그 질병의 원인이 아닌 증후일지도 모른다'라고 주장했다.[68] 전염병학은 '한 세균 당 한 질병'이라는 공식보다 훨씬 복잡하다. 코로나 같은 유행병은 삼림파괴와 야생생물 교역, 농업, 여행, 도시화, 의료에 대한 접근성 문제 등과 같은 수많은 환경적, 사회적, 제도적 요인들이 복합적으로 얽혀 발생하는 것이다. 만일 숙주의 역할을 한

박쥐들이 인간과 접촉하도록 내몰리지만 않았더라면, 우리는 사스SARS 같은 바이러스에 결코 노출되지 않았을 것이다.

바이러스는 그들 자신의 생태계를 절대 파괴하지 않는다. 바이러스의 입장에서는 일단 특정한 생물학적 숙주에게 적응하고 난 뒤, 숙주의 생명을 유지하면서 최대한 오래 머무르는 것이 진화론적으로 가장 유리하기 때문이다. 사람들은 에볼라Ebola 바이러스가 과일 박쥐에서 왔다고 믿지만, 박쥐 표본에서 살아 있는 에볼라 바이러스를 발견한 적은 단 한 번도 없다. 우리가 발견한 것은 항체뿐인데, 이 항체는 박쥐가 생식하여 주변의 다른 박쥐를 감염시키기에 충분한 시간이 흐른 뒤 바이러스를 박쥐의 몸 밖으로 몰아낸다. 이런 식으로 바이러스는 자신의 '먹잇감'에게 실제로 피해를 입히지 않는 선에서 그들을 먹어 치우면서 동물 개체들 사이를 이리저리 옮겨 다닐 수 있다.[69]

하지만 목장 주인이 자신의 양떼에게 너무 가까이 접근하는 늑대를 총으로 쏠 수 있는 것처럼, 바이러스는 경쟁 관계에 있는 포식자들과 직면했을 때, 매우 불안정한 상태로 변할 수도 있다. 일단 안정적인 관계를 확립하면 바이러스는 다른 침입자들을 병들게 함으로써 자신의 숙주 무리를 보호한다. 이와 관련한 훌륭한 사례는 B바이러스(포진 바이러스 Herpesvirus Saimiri)에서 찾을 수 있다. 이 바이러스는 자신의 자연 숙주에게는 아무런 문제도 일으키지 않지만, 자연 면역이 갖춰지지 않은 다른 원숭이들에게는 치명적인 급성 림프암을 유발한다.[70] 하지만 숙주인 원숭이들에게는 이 바이러스가 사실상 보호자나 다름없다. 적절한 조건 아래에서는 바이러스도 우리에게 엄청난 도움을 주는 협력자가 될 수 있다. 심지어 우리는 살균 바이러스(Bacteriophage)를 사용해 세균 감염에 대처할 때처럼 일부 바이러스를 치료의 목적으로 활용할 수도 있다.[71] 하지만 환경 문제에서만은 다르다. 우리가 자연 체계의 경계를 침범한 다면 바이러스 역시 우리의 자만심을 계속해서 공격할 것이다.

자연의 이웃들과 관계 맺는 법

세상에는 우리가 발을 들이지 말아야 할 장소가 분명히 존재한다. 그럼 에도 그곳에 발을 들여놓기로 결정한다면, 우리는 그 결과로 발생할 문 제들과 직면할 준비를 해야 한다. 영국의 전염병 관련 저널리스트이자 저술가 마크 호닉스바움Mark Honigsbaum은 《대유행병의 시대(The Pandemic Century)》에 이렇게 썼다. '우리가 새로운 병원체의 출현 및 확산을 지배 하는 생태학적, 면역학적, 행동학적 요소들을 고려할 때까지는 미생물 이 질병과 맺는 관계에 대한 우리의 지식 또한 매우 부분적이고 불완전 할 수밖에 없을 것이다.'[72]

코로나 같은 유행병에 대처하기 위해서는 바이러스 자체를 반드시 깊이 이해해야 하지만, 우리는 그런 위기의 다른 원인들도 알아야 하고, 특히 인간과 자연 사이의 관계 단절에도 반드시 주목해야 한다. 유행병 은 여러 면에서 인간과 인간 사이, 인간과 인간 아닌 존재들 사이의 무 너진 관계를 암시하는 하나의 징후라고 볼 수 있기 때문이다.

미생물 군집(Microbiome)과 바이러스 군집(Virosphere)의 특성을 이해 한다면 자연계 전체를 매우 민감하고, 의식으로 가득 찬 곳으로 인식할 수 있을 것이다. 그동안 우리가 이런 시선을 가질 수 없었던 이유는 식물과 균류, 아메바, 박테리아 등이 대다수 동물의 인지 과정에서 대단히 중요한 역할을 담당하는 신경 구조체 없이도 잘 살아왔기 때문일 것이다. 하지만 척추동물과 점균류, 버섯류가 현실을 경험하는 방식에 큰 차이가 있다 하더라도, 우리에게는 경험 자체가 오직 일부 생명체에게만 국한된 것이라고 믿을 아무런 이유도 없다. 오히려 지금까지 발견된 증거는 그와 정반대의 사실을 보여준다. 주관적인 자각은 우리 주변 곳곳에, 가장 있을 법하지 않은 장소까지 포함한 모든 곳에 있다. 인간의 내면에 자리 잡은 생존 본능은 이로운 것을 추구하고, 해로운 것을 피하도록 우리를 이끌 것이다. 그 무엇보다 중요한 것은 우리가 이와 같은 지식을 활용하는 방식이다. 제대로 소화할 수만 있다면, 이것은 다른 생명체를 대하는 우리의 태도를 급진적으로 변화시킬 중요한 것은 열쇠가될 것이다.

인간중심주의라는 필터를 빼고 바라보면, 자연 세계 속에서 우리의 가치를 알아차리기가 수월할 것이다. 그 이유는 매우 단순하게도 우리또한 자연 세계에 속한 일부이기 때문이다. 자연은 무수히 다양한 형태로 그 모습을 드러낸다. 우리는 절대 자연의 영향력을 피할 수 없으며, 자연을 정복할 수도 없다. 수천 년에 걸쳐 우리 중 다수가 잘못된 방향으로 질문했을 뿐이다. 이제 우리는 자연을 지배하고 자연에 대한 우위를 주장할 방법을 찾으려 애쓰는 대신, 모든 생명체의 집단적인 변영을 도모하기 위해 자연 속의 이웃들과 윤리적이고 의미 있는 방식으로 관계 맺는 법을 탐색해야 할 것이다.

3장

실수를 인정하기
인간중심주의의 한계를 인식하라

인류 역사 대부분의 기간 동안 우리 선조들은 인간 이외의 존재들로 구성된 세계에서 벌어지는 일들에 깊은 관심을 기울여 왔다. 그들은 스스로를 자연과 분리된 존재로 보지 않았다. 따라서 인간 아닌 존재들과 친구나 적으로 관계를 맺는 것은 '인간으로 존재하는 것'의 중요한 부분을 차지했다. 자연 세계에 대한 이런 '관계 지향적 접근법'을 학자들은 '애니미즘Animism'이라고 부른다. 애니미즘은 종교나 신념 체계라기보다는 하나의 관계 패러다임에 가깝다. 세계 전역의 수렵 및 채집 사회를 하나로 엮는 애니미즘의 편재성과 종교(신에 대한 관념과 조상 숭배, 사후 세계 개념 등을 포함하는)가 발생하기 이전으로까지 거슬러 올라가는 유구한 역사성을 감안하면, 애니미즘을 '진화론적 적응'의 산물로도 생각할 수 있을 것이다.[1] 또한 애니미즘을 인간의 가장 자연적인 상태로 볼 수도 있다.

애니미즘은 인간과 인간 아닌 개체들이 자연 세계 곳곳에 스며든 채 하나의 세계를 함께 구성한다는 사실을 급진적으로 인정하는 패러다임이다. 이것은 인간중심주의와는 완전히 반대되는 입장이다. 이런 시선으로 세상을 바라보면, 자연에 대한 착취가 단순히 자원을 온전히 사용하는 문제를 넘어 무수한 생명체에 가하는 조직적인 폭력 행위의 모습으로 본성을 드러낼 것이다. 물론 어느 정도의 폭력은 동물적인 삶의 자연스럽고 고유한 일부이지만, 애니미즘은 불편한 마음을 덜기 위해 이런 사실을 외면하거나 숨기지 않도록 우리를 일깨우는 역할을 할 것이다. 만일 착취 행위의 반대쪽 끝에 다른 생명체들이 존재한다는 사실을 기억한다면, 우리는 어쩔 수 없이 그들의 욕구와 경험을 고려할 수밖에 없을 것이다. 결국 인간의 행동을 가장 의미 있게 변화시킬 수 있는 것은 규칙이나 규제가 아닌, 공감을 바탕으로 한 경험일 것이다.

애니미즘은 '원시적'이지 않다

애니미즘은 영국의 인류학자 에드워드 타일러Edward Tylor의 글을 시작으로, 19세기에 처음 학문적 논의의 대상으로 떠올랐다. 그는 '생명력과 자율성은 동물적 현상과 비동물적 현상 모두에 있다'라는 개념을 토대로, 애니미즘을 '영혼 및 영적 존재들 전반에 관한 가르침'이라고 정의했다.[2] 타일러와 동료들은 이 신념 체계 자체를 인간 사고의 합리적인 오류로 보았다. 그들은 애니미즘이 종교가 생겨나기 위한 필수적인 사전 단계였을 것이라고 주장했는데, 이 패러다임이 영적인 존재나 초자연적 존재들에 관해 생각하도록 우리를 일깨웠기 때문이다. 프랑스의 사회학자이자 철학자 브루노 라투르Bruno Latour는 이렇게 말했다.

생명화(Animation)는 핵심적인 현상인 반면, 탈생명화(Deanimation)는 피상적이고, 부수적이고, 논쟁적이고, 종종 방어적인 현상이다. 서양 역사의 가장 큰 수수께끼 중 하나는 '아직도 애니미즘을 믿는 순진한 사람들이 있다'라는 사실이 아니라, 아직까지도 많은 사람들이 탈생명화한 '물질적 세계'를 순진하게 신뢰한다는 사실이다.3

현대의 연구는 애니미즘의 태고성에 관한 테일러의 이론이 대체로 진실하다는 것을 입증했지만4, 그의 추가적인 결론 중 다수는 근거가 없는 데에다 다소 위험하기까지 하다.5 테일러 자신은 애니미즘을 믿는 토착민들을 되도록 판단하지 않으려 했지만,6 이런 문화가 원시적이라는 그의 암시는 즉시 토착 사회를 굴복시키고 식민화하는 것을 정당화하는 정치적 도구로 쓰였다. 식민주의의 옹호자들은 '개체(Person)'와 '사물(Thing)'의 차이를 인지할 수 없는 사람들은 본질적으로 진화하지 못했으며 따라서 사회적, 정치적 활동을 감당할 능력도 없을 것이라고 주장했다. 애니미즘은 좋게 보면 순진한 원시 사회의 이국적인 문물이지만, 나쁘게 보면 강제로 문명화해야 할 위험한 망상에 불과했다.

점차 쇠약해지는 군주국에 새로운 땅과 재원을 조달하기 위해 유럽의 식민주의자들은 수억 명에 이르는 인간을 죽이고, 노예화하고, 강간하면서 세계 전역의 무수한 토착 사회를 말살하고 침탈했다. 하지만 이 과정을 학살로 정의하는 학자는 극히 드물다. 그런데 이런 파괴 행위는 인간에게만 국한된 것이 아니었다. 무수한 세대를 거쳐 전해진 토착 사회의 지혜와 환경에 대한 지식, 이야기, 의례, 세상을 살아가는 방식 등이 일시에 소멸되고 말았다. 그리고 목숨을 부지한 사람들은 강압적인 개종 및 동화의 과정을 거치며 그들의 땅과 전통, 그리고 인간 이외의 존재들로 이루어진 공동체를 완전히 빼앗기고 말았다.

인간중심주의와 자연을 무시하는 태도가 세계를 지배하게 된 것은 자연스러운 보급이 아니라 프로파간다와 폭력, 강제적인 세뇌, 식민화의 과정을 통해서였다. 토착 사회를 문명화하는 작업이 기대만큼 엄청난 해방을 가져다주지 못한다는 사실을 깨달은 이후부터 서구 사람들은 토착 문화를 말살하는 대신 착취와 침탈에만 열을 올렸다. 그리고 머지않아 그들은 자신들이 말살한 문화의 '영적 수행 과정'을 그들 자신의 훼손된 문화적 전통의 균열을 메우는 수단으로 이용하기 시작했다.

인류의 시작과 이동

우리는 인류가 머나먼 과거에 갑작스럽게 지구상으로 툭 하고 떨어진 존재가 아니라는 사실을 기억해야 한다. 사람들은 호모 사피엔스가 약 30만 년 전 아프리카 지역에서 나타났다고 믿지만, 우리 선조들은 이미 여러 형태로 40억 년 이상 지구상에 존재했다. 애니미즘은 이 사실을 인정하는 매우 역동적인 관점이다. 10만여 년 전, 한 무리의 호모 사피엔스들이 고향땅을 벗어나 아프리카 북쪽으로 모험을 떠나기로 결심했다.

그들이 이주를 선택한 이유는 부분적으로는 환경적인 요인일 가능성이 높다. 그로부터 약 4만 년 후, 두 번째 대이동이 일어났는데 이것 역시 환경의 압력 때문인 것으로 추정할 수 있다. 초기 인류는 이번에는 유라시아 대륙에 성공적으로 자리를 잡았고, 결국 아메리카 대륙과 오세아니아 지역으로까지 뻗어 나갔다.[7]

이 무렵 인류의 원시 종교는 인간과 인간 아닌 존재 간의 상호작용을 촉진하는 샤먼의 등장 및 사후 세계에 대한 신념과 같은 종교적 특징을 뚜렷하게 나타내기 시작했다.[8] 수렵 및 채집 사회에서는 샤먼의 역할이 극도로 중요했다. 샤먼은 대지의 영들과의 협상을 이끌었고, 공동 의례를 통해 사회의 결속을 다졌으며, 의학 지식 및 죽은 사람의 영혼과 통하는 능력을 활용해 구성원들을 치료하기도 했다. 그들은 아마도 거칠고 이질적인 환경에서 삶의 불확실성에 직면할 때마다 구성원들을 치유하고 정서적으로 지지하면서 초기 인류의 이주 과정에서도 중추적인 역할을 담당했을 것이다.

아프리카와 유라시아 지역에는 이미 수많은 유인원 종족들이 거주했던 만큼, 다른 유인원들과 관계를 형성하는 일은 샤먼의 주된 업무 중 하나였을 것이다. 네안데르탈인Neanderthal은 호모 사피엔스가 유럽 지역에 정착하기 30만 년 전부터 그 지역에서 생활했다. 네안데르탈인은 여러모로 호모 사피엔스와 상당히 닮았다. 그들은 예술 작품을 창작했고, 죽은 이들을 매장했으며, 자신들만의 고유한 의례 활동에 참여했다.[9] 초기 인류 종족들은 대부분 특정한 형태의 구두 언어로 의사소통했는데, 그 중 호모 에렉투스Homo Erectus는 크레타 섬과 플로레스 섬에 정착하기 위해 항해용 선박까지 만들었다.[10]

비록 우리의 선조들이 다른 유인원 종족들이 지구에서 완전히 사라지는 데에 일정한 역할을 했더라도, 우리는 그들에게 실제로 무슨 일이 일어났는지 분명히 알 수는 없다. 하지만 우리가 한동안 다른 종족들과 함께 생활하면서 그들의 자손도 낳았을 것이라는 사실 하나만큼은 쉽게 짐작할 수 있다.[11] 우리는 적어도 한동안은 그들을 친족처럼 대했을 것이다. 그들이 사라지지만 않았다면 인간 세계는 아마도 지금과 완전히 다른 모습이었을 것이다. 오늘날까지도 이 초기 유인원들 중 일부는 우리 몸속에 실제로 살아 있다. 현대인 대부분이 네안데르탈인과 데니소바인Denisovans, 호모 하빌리스Homo habilis, 호모 에렉투스 같은 종들의 유전자를 부분적으로나마 지니고 있기 때문이다.[12]

인류가 신화에 의존하는 이유

고대의 호모 사피엔스가 아프리카와 그 외의 지역에서 번영을 누린 이유는 다양한데 그중에서도 특히 '공동체 형성 능력'이 중요한 비중을 차지한다. 다른 많은 동물처럼 인간은 긴밀한 사회적 관계망을 형성하는 경향이 있다. 그리고 역시 다른 동물처럼 인간 공동체에서도 유지할 수 있는 관계망의 상한선이 존재한다. 이런 상한선은 보통 한 개인이 부담 없이 유지할 수 있는 직접적인 인간관계의 수와 연관이 있다. 실제로 이 방인이 공동체 속으로 스며들기 시작하면 사회 내부에서는 크고 작은 갈등이 일어나며, 이는 종종 공동체의 분열로 이어진다.

우리가 맺을 수 있는 의미 있는 인간관계의 범위는 보통 150명 정도로 제한되는데, 이 규모는 선사시대 초기 동안 인간 공동체가 유지했던 일반적인 인구 상한선과 그럭저럭 맞아떨어진다.[13] 그렇다면 이 한계를 넘어 수백만의(심지어는 수십억의) 구성원으로 이뤄진 사회를 형성할 수 있도록 우리를 이끈 것은 대체 무엇일까? 이 모든 것은 결국 '신화의 위력'이라는 결말로 향한다.[14] 여기서 말하는 신화란 상상의 공간 속에서만 존재하는 현실, 즉 '픽션'을 의미한다. 국가와 경제, 기업, 종교 등과 같은 개념들은 결국 사회적으로 발생한 의례와 이야기, 집단적인 믿음이 뒷받침하는 신화들이다.[15] 대개 이런 신화들은 우리를 양육하고 지탱하는 역할을 하지만, 반대로 우리를 망상과 자기 파괴로 이끌 수도 있다. 모든 종류의 신화는 어지러울 정도로 드넓고 복잡한 공동체 속에서 살아가는 우리들에게 어느 정도의 질서 감각을 제공하면서 인간의 발달 과정에서 핵심적인 역할을 담당했다. 우리가 십억 명의 이방인들과 신뢰 있는 관계를 구축할 수는 없다 하더라도, 그들과 공유한 신화는 근본적인 '연대감'을 확립하는 데에 매우 중요한 역할을 했을 것이다.

약 3만 3천여 년 전, 빙하 작용이 북반부 전역으로 점점 증가하면서 쾌적하던 인류의 새 영토는 황량하게 뒤바뀌고 말았다. 2만 4천 년 전쯤에는 빙하가 유럽과 북아메리카의 많은 부분을 집어삼켰고, 심지어는 탄자니아의 킬리만자로산마저도 얼음에 완전히 뒤덮이고 말았다. 인류의 생존은 그 어느 때보다도 위태로워졌고, 우리는 협력과 독창성으로 이 도전을 이겨 내야 했다. 이 시기에 우리는 교체할 수 있는 창끝과 바늘 등을 비롯해 여러 가지 새로운 도구와 무기를 개발했고, 사냥 및 채집 기술은 훨씬 더 계획적이고 조직화된 형태로 발전했다. 인간 아닌 존재들과 맺는 관계도 급격히 변화했는데, 여기에는 우리가 늑대의 후손들과 새롭게 맺은 동맹 관계도 포함된다. 이런 변화와 도전을 이해하기 위해 우리는 신화의 힘에 크게 의존해야 했다.[16]

애니미즘의 핵심 개념

애니미즘이란 개념은 주로 영혼(Souls)이나 정령(Spirits), 또는 혼령(Anima)에 대한 믿음과 연결된다. 하지만 이런 개념은 엄청난 문화적 편견이 있는 만큼, 이 개념의 현대적인 의미는 애니미즘의 전통적인 세계관과 별다른 연관성이 없다. 어빙 할로웰Irving Hallowell, 뉴리트 버드 데이비드Nurit Bird-David, 테리 스미스Terri Smith, 그레이엄 하비Graham Harvey와 같은 문화인류학자들은 애니미즘에 관한 오랜 편견에서 벗어날 수 있도록 대중들을 이끌어 왔다. 때때로 '새로운 애니미즘(New Animism)'이라 불리는 이 관점은 애니미즘을 하나의 신념 체계가 아닌, 자연 세계와 맺는 일종의 관계 패러다임으로 취급한다. 하비는 자신의 저서에 이렇게 썼다.

> 애니미스트들은 세계가 다양한 개체로 가득 차 있으며, 인간은 오직 그 일부일 뿐이라는 사실을 인식하는 사람들이다. 그리고 항상 다른 존재들과의 관계 속에서만 삶을 영위할 수 있다는 사실 또한 인식하는 사람들이다. 그들은 애니미즘을 다양한 방식으로 실행하는데, 이 모든 방식의 핵심은 다른 개체들을 존중하는 법을 배우는 것이다. 지구의 모든 인간 아닌 존재는 사물이 아니라, 다른 개체들과 상호작용하며 관계를 맺는(항상 사교적인 것은 아니라 할지

라도) 존재들이다. 애니미즘은 우리들 각자가 훌륭한 개체가 되어 다른 개체들과 존중하는 관계를 맺는 법에 관심을 가질 때 더 정확히 이해할 수 있다.[17]

여기서 가장 중요한 것은 애니미즘이 종교가 아니라는 사실이다. 분명 철학적이거나 종교적인 개념들을 위한 기반이 될 수는 있지만, 애니미즘은 자유로운 자연 관찰의 영역에만 머물 수도 있다. 애니미즘에는 고정된 도그마가 없으며, 또한 애니미즘은 특별히 초자연적인 개념도 아니다. 게다가 애니미즘은 인류가 사후 세계에 대한 관념을 떠올리기 수 세기 전부터 이미 등장했다. 애니미즘은 우리를 망상으로 이끈 '원초적 오류'라기보다는 자연 상태에 관한 사색의 산물에 가깝다. 애니미즘은 주변의 다양한 존재와 공감하는 방식으로 관계를 맺을 수 있도록 우리를 자극하는데, 이것은 경쟁으로 가득 찬 세상 속에서 살아남기 위해 꼭 갖춰야 할 핵심 기술이다. 애니미즘은 인간의 존재론적 질병을 불러온 원흉이기는커녕, 도리어 인간의 건재함을 나타내는 하나의 표식이었다.

애니미즘의 관점에서 보면 자연계 전체가 인식과 자각의 능력을 잠재적으로 갖춘 것으로 볼 수 있다. 애니미스트마다 이와 같은 애니미즘의 특성을 받아들이는 수준이 다를 것이다. 몇몇 애니미스트들은 모든 바위와 모래알을 '살아 있는 것'으로 인식하지만, 또 다른 이들은 지각 있는 존재를 정의할 때 매우 보수적으로 접근하기도 한다. 몇몇 전통은 이 체계 안에서 특정한 신이나 영혼을 설정하지만, 개체의 신격화는 애니미즘적 세계관에 필수 요소는 아니었다. 물론 특정한 식물이나 동물 또는 영혼들과의 특별한 관계가 교감하면서 자연스럽게 형성될 수도 있지만, 어떤 존재가 부족의 신이나 인류의 수호신 역할로 존재한다는 개념은 애니미즘적 윤리학과 다소 상반된다. 인류는 '영혼이 있는(자각하는) 우주' 속에서 살아가는 '영혼이 있는(자각하는) 존재들'이고, 우리 모두가 다른 존재와 관계를 맺는 것이 애니미즘의 핵심 개념일 것이다.

요정을 믿는 사람들

서양 사람들 대부분은 애니미즘이라고 하면 나뭇잎 치마를 입은 채 정글 속을 돌아다니는 원시 부족의 이미지를 떠올릴 것이다. 또한 애니미즘을 토착성에서 비롯한 다소 엉뚱한 개념으로 여기기도 한다. 하지만 애니미즘은 원시적인 생활방식을 고수하는 부족이나 고대 수렵인만의 전유물이 아니다. 유럽 지역에도 애니미즘에 뿌리를 둔 많은 이야기와 의례, 기념행사, 민간 풍속이 존재한다. 토착민들의 고유한 문화적 전통을 존중하고, 그것이 유럽 및 아메리카 사회의 전통과 어떻게 다른지 인식하는 것도 중요하지만, 이런 중요한 교차점들을 간과해 '우리'와 '그들' 사이의 인지적 분열을 심화하지 않는 것 또한 매우 중요하다.

예를 들어, 아이슬란드에서는 인구의 약 절반가량이 요정(알파Alfar)과 신비스러운 사람들(Hidden Folk)이 숲속에 산다는 전통적인 신념을 오늘날까지도 유지한 채 살아간다. 이런 신념은 환경주의가 전 세계적으로 부상하면서 최근 몇 년간 더 크게 주목받았지만, 지난 수 세기 동안 아이슬란드 사람들은 이것을 삶의 한 부분으로 자연스럽게 받아들였다. 2013년, 아이슬란드의 시위대는 요정들의 거주처가 위협받지 않도록, 수도 레이캬비크Reykjavik 인근에 새로운 도로가 들어서는 것을 저지하는 활동을 했는데[18], 이 작은 섬나라에서는 흔한 일이다. 21세기인 지금까지도 요정들은 아이슬란드의 법과 정치에 무시할 수 없는 영향력을 행사하고 있는 셈이다.

비록 기독교가 지배한 11세기에 들어서야 문헌상의 증거들이 나타나기 시작했지만, 아이슬란드 요정 설화의 시작은 초기의 토속 신앙으로까지 거슬러 올라간다. 기독교 시대에 들어 요정이 릴리트Lilith의 자손이거나, 아담Adam과 이브Eve의 버려진 아이라고 믿는 사람들도 있었다. 아이슬란드에서 널리 알려진 한 전설에 따르면 이브가 자신의 아이들을 숨기려 하자, 신이 그 처벌로 아이들을 눈에 보이지 않게 만들었다고 한다. 하지만 사실 아이슬란드는 유럽에서 가장 비종교적인 국가 중 하나로, 이곳에서는 요정에 대한 신념을 기독교와는 완전히 무관하게 여길 때가 많다.

요정들은 아이슬란드의 자연 지형과 긴밀히 연결된다. 2019년 방영한 '더 시어 앤 더 언씬The Seer and the Unseen'이라는 다큐멘터리에서 아이슬란드인 할머니 래거 욘스도티르Ragga Jonsdottir는 요정들의 거주지인 용암 대지를 보호하기 위해 투쟁을 벌인다. 자신을 신비스러운 사람들과 교감하는 능력을 가진 예지자로 소개하는 래거 할머니는 점점 파괴되어 가는 용암 대지를 위해 진심 어린 해결책을 찾으려 한다. 래거 할머니의 사례처럼 많은 아이슬란드인은 요정은 물론 자연 지형 자체와도 깊은 정서적 관계를 맺은 채 살아간다.

'신비스러운 사람들'에 대한 신념은 한때 지구상에 존재하는 모든 사회에서 일반적이었지만, 시간이 지나면서 점차 인간중심주의적인 형태로 왜곡되었고, 종종 유일신 사상을 공고히 하기 위해 노골적으로 무시당하기도 했다. 기독교 이전 유럽 사회의 신념에 관한 믿을 만한 자료를 구하기 힘든 이유도 집필이라는 행위 자체가 처음부터 기독교의 영향을 받았기 때문이다. 베오울프Beowulf와 마비노기온Mabinogion, 북유럽 신화(Eddas) 등과 같은 작품들 또한 기독교인이 문서화한 만큼, 기껏해야 이교적인 전통과 연관된 고대 신화의 작은 조각 몇 개 정도만을 제공할 따름이다.

기독교가 전래되기 전부터 지중해 사람들은 수세기 동안 자신들의 생각과 신념을 글로 남겼지만, 이교적인 작품들은 파괴되거나 유실되는 경우가 많았다. 따라서 기독교가 유입되기 이전 유럽의 전통에 관한 문서는 현재까지 남은 것이 거의 없다고 볼 수 있다. 그렇다고 해서 고대의 전통이 완전히 자취를 감춰버렸다고 생각해서는 안 될 것이다.

예를 들어, 앵글로색슨인들은 요정을 동화나 동요 속에나 등장하는 존재로 강등시켰지만, 기독교가 전래된 이후에도 몇 세기 동안 요정에 관한 신념을 고수했다. 심지어 기독교 성직자들이 의도적으로 요정을 비롯한 다른 신비스러운 존재들과의 교감을 추구했다는 이야기도 드물지 않게 발견할 수 있다. 스코틀랜드의 로크 로몬드 호수 동쪽에 있는 애버포일이라는 마을에서 1692년까지 지방 관료로 재직한 로버트 커크Robert Kirk 목사는 교구 뒤쪽에 있는 언덕에 너무 몰두하는 바람에 '요정 목사님'이라는 별명을 얻었다. 그는 성서를 스코틀랜드어로 번역하는 작업에 기여한 유명한 게일어 학자 겸 신학자였지만, 자신이 언덕에서 살아가는 요정 공동체와 교감할 수 있는 '두 번째 눈'을 가진 존재라고 주장한 괴짜이기도 했다. 그는 삶의 후반부를 요정 연구에 바쳤다.[19]

커크의 죽음은 그 자체로 신비스러웠다. 그는 자신이 너무나 사랑한 언덕을 산책하던 도중 갑작스럽게 세상을 떠났는데, 사람들은 그가 요정들에게 납치되어 인간계와 요정계를 잇는 중재자 역할을 맡았을 것이라고 믿었다. 오늘날까지도 이곳 사람들은 그의 영혼이 언덕 꼭대기에서 홀로 자라는 유럽 적송 나무속에 깃들어 있다고 믿는다. 또한 이곳을 찾는 방문객들은 이 요정 목사님이 지역의 요정들에게 좋은 말을 전해 주길 기원하며 의례용 리본과 공물을 남겨두곤 한다.[20]

계몽주의가 세계 곳곳의 수많은 전통을 뿌리 뽑았음에도, 19세기에는 오히려 요정 설화에 대한 관심이 유럽 전역에서 광범위하게 되살아났다. 특히 민속학자들은 산업주의에 점점 잠식당하는 세상을 이전의 모습으로 되돌리기 위해 애썼다.[21] 하지만 이런 운동은 나중에 우리가 다시 주목할 만한 몇 가지 예외만 남겨둔 채, 20세기 중반으로 접어들면서 대부분 흐지부지 사라지고 말았다.

초자연적인 현상은 우리 주변에 있다

비록 우리가 우주의 물리적 구조와 운동에 관해 많은 것을 알게 되었다 하더라도, 세상에는 여전히 무수한 수수께끼들이 남아 있다. 우리가 가장 좋아하는 현대의 신화는 이제 '미확인 대기 현상(UAPs)'이라고 부르기 시작한 미확인 비행 물체, 즉 UFO 현상이다. 이것은 지금과 같은 과학 기술 시대에도 영적인 현상을 인식하려는 나름의 노력이라 할 수 있다. 만일 빛나는 낯선 구체가 습지대 위를 맴도는 광경을 목격한다면,

당신은 그것을 외계에서 온 우주선이라고 결론 내리겠지만, 앵글로색슨인 농부라면 아마도 그것을 요정이나 정령의 마술 같은 현상으로 생각할 것이다.

대부분의 초자연적인 경험은 희미한 빛줄기와 출처를 알 수 없는 목소리, 빛나는 구체, 날아다니는 원반, 어슴푸레한 형체 등과 같이 감각적이고 모호한 형태를 띤다. 주목할 만한 몇 가지 예외를 제외하면, 우리의 경험은 이런 현상의 본질을 설명하기 위한 정보를 거의 제공하지 못한다. 따라서 우리의 해석은 우리 자신의 인지적 편견에 영향받을 수밖에 없다. 21세기 들어 우리는 기술지배적 인간중심주의에서 온 편견으로 '우주선 안에서 과학 실험을 벌이는 인간 형상의 외계인들'이라는 그럴듯한 초자연적 프레임을 만들었다. 하지만 사실 이것은 우리 자신을 중심으로 창조한 하나의 이야기일 뿐이다.

설명할 수 없는 것들은 때때로 거부하기 힘들 정도로 매혹적이지만, 우리는 또 다른 초월적 현실도피의 패러다임을 위해 우리 주변의 존재들을 희생시키지 않도록 주의해야 한다. 지구는 여전히 황홀한 것들로 가득 차 있고, 신비스러운 많은 것이 여전히 자신을 드러낼 수 있기를 기다리기 때문이다. '인간 아닌 지적 생명체들'의 신호를 발견하고자 한다면, 지구 밖에서 답을 찾으려 할 것이 아니라 단지 우리 주변을 둘러보기만 하면 될 것이다.

인간 아닌 생명체를 포용하려는 움직임

2018년 '비인간 권리 프로젝트(Nonhuman Rights Project)'라는 동물 보호 단체는 관습법인 '인신 보호 영장(Writ of Habeas Corpus, 피의자나 피고인이 다른 사람을 위협하거나 협박할 가능성이 있을 때 그들을 보호하기 위해 발부하는 영장–옮긴이)'을 코끼리에게도 적용해야 한다는 내용의 청원서를 제출했다. 이것은 브롱크스 동물원에 사는 마흔 살 코끼리 '해피'를 우리 밖으로 꺼내 적절한 야생동물 보호 지역으로 이송시키기 위한 조처였다. 그들은 해피가 하나의 인격체로서 법적으로 보호받을 자격이 있다고 주장했다. 해피는 '인간에 버금가는 고급 분석 능력을 가진, 놀라울 정도로 지적이고 자율적인 존재'였기 때문이다.[22] 하지만 안타깝게도 뉴욕 고등법원은 이 청원을 기각하고 말았다.[23] 세계 전역에서 열렬히 성원했지만 해피는 아직까지 억류된 '사물'로 남아 있다.

'인간 아닌 인격체(Non-human Personhood)'라는 말은 인간 아닌 동물들의 권리를 확립하고 보호하기 위한 목적으로 법적인 맥락에서 종종 사용하는 개념이다. 이것은 굉장히 유용하지만, 일단 종 차별주의가 스며든 후에는 제대로 적용하기 힘든 경향이 있다. 비인간 권리 프로젝트는 특별히 동물 인격체들에게만, 그중에서도 특히 '침팬지와 코끼리들'의 권리에만 전적으로 초점을 맞춘다. 비록 다른 잠재적 고객 명단에 오랑우탄과 고릴라, 보노보, 돌고래, 고래 등을 포함시켰지만 그것만으로는 부족하다.[24] 그렇다면 왜 이 동물들만 특별하게 생각한 것일까? 비인간 권리 프로젝트에 따르면, 가장 중요한 조건은 '자기 자각'과 '자율성'을 가졌다는 과학적 증거라고 한다. 여기서 자기 자각은 '스스로를 환경 및 다른 개체들과 분리된 하나의 개체로 인식하는 능력'이며, 자율성은 '하루를 어떻게 보내고, 어떤 삶을 살지 선택하는 능력'으로 정의한다.[25]

이 단체의 의도는 고결하지만, 자기 자각에 대한 이런 정의는 다분히 인간 중심적일 뿐만 아니라 자기 민족 중심적(Ethnocentric)이기도 하다. 또한 애니미즘을 멸시하는 식민주의자의 주장과도 무관하지 않다. 인류의 미래가 우리 자신을 환경의 한 부분으로 인식하는 능력에 달려 있다는 점을 감안하면, 이것은 그 자체로 엄청난 딜레마인 셈이다. 게다가 극소수의 동물만 자신의 삶을 주도적으로 결정할 수 있다는 생각은 너무나 놀랍다. 인간을 포함한 지구상의 모든 유기체는 유전적, 생물학적, 환경적 요인을 토대로 스스로 결정을 내릴 수 있기 때문이다.

코끼리 해피의 사례를 생각하면 아직도 갈 길이 멀다고 느껴지지만, 다행스럽게도 세계 곳곳에서 희망의 징후를 포착할 수 있다. 예컨대, 몇몇 지역에서는 특별한 강과 나무가 법적인 차원의 인격성을 일정 부분 인정받기도 했다. 인도의 갠지스강과 야무나강이 대표적인 예이다. 이 같은 특수성을 부여한 것은 주로 환경오염이란 문제와 싸우기 위해서였지만, 이런 노력이 단순한 상징의 차원을 넘어설 수 있다면 결국 환경 윤리를 에워싼 인류의 의식 또한 서서히 바뀔 수 있을 것이다. 자연 보호를 '인류를 보호하기 위한 수단'으로만 홍보한다면, 우리가 목표에 도달할 가능성은 희박해질 것이다. 따라서 우리는 먼저 식물과 동물, 자연 생태계 모두를 고유한 인격체로 받아들여야 한다. 그리고 인간 아닌 존재들을 무시하는 대신, 서로를 수용하는 것에서 발생한 윤리적 문제들과 솔직하게 대면해야 할 것이다.

유감스럽게도 우리는 동물 취급에 관한 도덕적 패러다임을 이제 막

받아들이기 시작했으며, 식물의 권리를 고려하기까지는 아직 갈 길이 멀다. 식물을 함부로 대하는 사람들에게 문제를 제기할 수만 있다면, 우리는 자연을 보호하고 종의 멸종 속도를 늦추기 위한 보다 견실한 법적 체계를 만들 수 있을 것이다.[26] 하지만 이때 '생물학적 유기체'라는 개념에 과도하게 사로잡히지 않도록 주의해야 한다. 하나의 존재가 항상 개별적인 유기체의 몸체로만 국한되는 것은 아니기 때문이다. 숲은 하나의 공동체인 동시에 일종의 개체이기도 하다. 다른 생태계와 마찬가지로, 숲 전체의 안녕이 각 개체들의 안녕에 필수인 만큼, 숲을 구성하는 각각의 존재들은 숲 전체와 긴밀하게 연결된다.

최근 들어 생태 중심적(Eco-centric)인 접근법을 중시하는 환경 운동이 점차 자리를 잡아가는 추세이다. 비록 직접적으로 '인격체'라는 분류 체계를 사용하지는 않지만, 미국의 비영리 단체인 '환경보호기금(CELDF)'과 같은 몇몇 단체는 '자연 공동체와 생태계를 인간의 소유물로 보는 대신, 각자의 권리를 지닌 개체들로 인식하도록 돕는 새로운 법률을 제정하고 채택하기 위해' 아시아와 아프리카, 오세아니아, 아메리카 대륙의 파트너들과 협력 중이다.[27] 이런 움직임을 통해서 모든 자연 공동체들은 '존재하고, 번성하고, 자연적으로 진화할 기본적인 권리'를 인정받을 수 있을 것이다.[28]

2008년, 환경보호기금은 법적인 수단을 활용해 애니미즘 전통의 한 부분이었던 가치들을 부각했고, 이런 접근법을 채택한 최초의 국가로 남아메리카 대륙의 에콰도르를 선정했다. 새로 비준한 에콰도르의 법률 '파챠마마Pachamama'는 의인화한 자연에 근본적이고 양도 불가능한 권리를 부여했다. 여기에는 존재하고, 보호받고, 회복할 수 있는 권리가 들어 있다. 자연의 권리가 침해당할 때를 대비해서 이 나라에서는 범법자들에게 책임을 묻고, 자연 환경을 원상태로 복구하는 절차는 물론, 사적인 이윤 추구 행위로부터 자연을 보호하기 위한 일련의 절차도 마련했다. 여기서 더욱 중요한 것은 시민들이 생태계를 대신해 진정서를 제출할 수 있도록 법적인 합의가 이뤄졌다는 사실이다. 자연이 인간의 범법행위에 대해 스스로 소송을 제기한다는 것은 사실상 불가능하기 때문이다.[29] 이런 프로젝트가 개발도상국에만 한정되어서는 안 될 것이다.

영국에서는 스코틀랜드의 법정 변호사였던 폴리 히긴스Polly Higgins가 '에코사이드Ecocide'(환경에 장기적으로 혹은 광범위한 피해를 끼칠 수 있다는 사실을 알면서도 저지른 불법적이거나 악의적인 행위–옮긴이)를 국제 범죄로 부각하기 위해 10년 동안 꾸준히 캠페인을 벌이기도 했다. 2015년, 그녀는 국제법으로 에코사이드를 처벌할 수 있도록 국제형사재판소(International Criminal Court, ICC)에 관한 규정을 수정해야 한다고 주장하면서 이런 글을 남겼다.[30]

인간 세계의 규칙은 법률이며, 법률은 변경할 수 있다. 법률은 제한할 수도 허용할 수도 있는데, 이때 가장 중요한 것은 이 법률이 무엇에 기여하느냐이다. 인간 세계의 법률 중 다수는 사유 재산을 지키는 일에 기여한다. 이런 법은 기본적으로 소유권에 토대를 둔다. 하지만 인간과 지구를 최우선으로 생각하는 보다 높은 도덕적 권위를 지닌 법안을 상상해 보라. 먼저, '해를 끼치지 말라'에서부터 시작되는 법안, 이 위험한 게임을 끝내고 우리를 안전한 장소로 데려가 주는 그런 법안을 상상해 보라.[31]

우리는 인간 아닌 존재들을 자율적인 개체로 바라보기 위해 분투해야 한다. 하지만 그렇다고 해서 우리가 모든 개체를 완전히 똑같이 대해야 한다는 의미는 아니다. 모든 생명체가 각각 다른 것들을 원하고, 필요한 것도 다르다는 것은 그 자체로 분명한 사실이다. 하지만 이런 것들은 인간 아닌 존재들도 도덕적 고려의 대상이 되는, 자율적인 존재들이라는 사실을 일단 받아들인 후에 다뤄야 할 미묘한 세부 사항일 뿐이다. 모든 존재는 서로 다른 욕구를 가지며, 특정한 상황에서는 어쩔 수 없이 몇몇 존재의 욕구가 다른 존재의 욕구를 능가할 것이다. 하지만 그렇다고 해서 오직 인간의 욕구만 중요하다거나, 인간만이 기본적인 권리를 지닌다는 말은 절대 아니다. 세상은 인간만을 위해 창조된 것이 아니며, 우리가 이곳에서 살아가는 유일한 개체도 아니기 때문이다.

먼저 실수를 인정해야 한다

까마득한 과거에는 인간 아닌 존재들의 생명력과 자율성을 인정하는 태도가 당연했지만, 이런 태도는 도시국가와 관료 체제, 유럽 종교의 확립을 통해 점차 사라지고 말았다. 17세기 영국의 철학자 토머스 홉스Thomas Hobbes의 《리바이어던Leviathan》은 서양인들의 정신 속에 이런 서사를 확립했을 뿐만 아니라, 현대 유럽의 정치 체제를 위한 기반을 마련하기도 했다.[32]

홉스는 자신의 사상을 '인류의 자연 상태', 즉 문명이 발흥하기 이전 인류의 상태 위에 두었다. 그의 관점에 따르면, 우리의 원초적인 상태는 폭력과 혼란으로 얼룩진 '만인에 대한 만인의 투쟁'이었다.[33] 초기 인류는 겁에 질리고, 굶주리고, 야수 같고, 교양 없고, 수명도 짧은 무식쟁이들에 불과한 존재로 누군가를 돕거나 협동하는 능력마저 완전히 결여된 상태였다.[34]

거시적인 관점에서 역사를 바라보는 현대의 흐름은 홉스의 모델을 따르거나, 아니면 장 자크 루소Jean-Jacques Rousseau의 '인간 불평등 기원론'으로 대표되는 반대 모델을 따른다. 루소의 대안적인 관점은 훨씬 더 이상주의적인데, 이 관점에서는 원시적인 수렵인을 종족 보존을 위해 꼭 필요할 때만 폭력을 행사하며, 조화롭고 평등 지향적인 삶을 영위하는 부족민으로 묘사한다.[35] 루소에 따르면, 우리가 이런 자연스러운 평화 상태와 멀어진 것은 문명을 이루고 사유 재산이라는 개념을 도입한 탓이다. 홉스는 인류가 끊임없이 진보한다고 상상한 반면, 루소는 인류가 끊임없이 퇴보를 거듭한다고 믿었다.

하지만 미국의 인류학자 데이비드 그레이버David Graeber와 데이비드 웬그로David Wengrow가 《모든 것의 새벽(The Dawn of Everything)》에서 말한 것처럼, 역사를 바라보는 이 두 가지 관점 모두는 본질적으로 인간 사회의 복잡한 진화 과정을 극도로 단순화한 신화들일 뿐이다.[36] 우리는 항상 사회를 조직하는 과정에서 고도로 실험적이고 융통성 있는 태도를 취해온 만큼, 미리 역사의 윤곽 같은 것을 식별하는 것은 사실상 불가능하다. 우리의 이야기는 지금도 여전히 진행 중이며, 오늘날에 이르러서도 '열린 결말을 향한 모험'으로서의 성격을 잃지 않기 때문이다.

그런데 유감스럽게도, 그레이버와 웬그로는 여전히 역사를 인간들만의 이야기로 제시한다. 마치 인간의 의사 결정만이 광대한 체계 속에서 의미를 지니기라도 하는 것처럼 말이다. 하지만 이것 역시 새로운 미래를 상상하는 우리의 능력을 심각하게 제한하는 부자연스러운 철학적 관점에 불과하다. 우리는 지구에서 우위를 점하고자 하는 열망을 가장 먼저 포기해야 한다. 우리는 한 걸음 물러서서 다른 개체들과 다른 종류의 지식에 귀 기울이는 법을 배울 필요가 있다. 인간 아닌 존재들과 자연을 사물화하는 유럽 식민주의자들의 관점이 잘못되었다는 것은 분명한 사실이다.

우리는 오래전부터 토착 사회의 세계관이 터무니없다는 가정을 토대로 깎아내리려 했지만, 실제로는 그 반대가 진실이다. 이것은 마치 인간 아닌 개체들을 인정하는 태도가 기발한 문화적 관행이라도 되는 양, 그저 '다른 문화를 존중하는 문제'로 그치는 것이 아니다. 토착적인 전통의 소멸은 인류에게서 문화뿐 아니라 다양한 지혜도 앗아갔는데, 이것은 지금과 같은 위기 상황에 가장 필요한 유형의 지혜일 것이다.

그렇다면 이제 어떻게 해야 할까? 우리는 그저 양심상 지금의 상황을 한탄하면 그만일까? 우리는 지금까지 남아 있는 토착 전통에서 지혜를 배울 수 있고, 또 마땅히 그래야 한다. 하지만 진정한 변화를 일으키려면 먼저 우리의 전통과 세계관 중에서도 특히 환경과의 관계에 관한 것들을 비판적으로 성찰해 볼 필요가 있다. 이것은 우리 모두에게 열린 길이다. 자연과 맺은 관계를 공고히 하기 위해 화려한 옷을 입거나 새로운 이름을 얻을 필요는 없다. 이와 관련해, 자연주의자이자 수필가인 존 버로우즈John Burroughs는 '자연이란 교회에는 이단이 존재하지 않는다. 모두가 신자이며, 모두가 거룩한 예식에 참여하는 자이다'라고 말했다.[37]

아마도 언젠가는 우리와 이 세계를 공유하는 식물과 동물, 강, 바다,

그리고 다른 보이지 않는 많은 존재가 정당하게 대우받을 날이 올 것이다. 하지만 자신도 모르는 사이에 '지배의 프로젝트' 속으로 휘말려 들어간 인간들 또한 정당한 대우를 받아 마땅하다. 인간 세상에 자연의 동맹군이 아주 없었던 것도 아니고, 인간이 애초부터 지배하고 착취하는 성향을 타고난 것도 아니다. 하지만 지구와 가장 가까운 관계를 맺었다고 주장한 사람들이 종종 '진보'의 제단 위에서 제일 먼저 희생당하곤 했다. 이것은 오늘날도 마찬가지이다. 세계 전역의 토착민들은 종종 환경 운동의 최전선에 서서 '인간 이외의 존재들로 이뤄진 세계의 주체성'을 옹호하기 위해 기꺼이 위험을 무릅쓰곤 한다.

많은 학자가 유럽 식민주의 시대가 우리를 인간중심주의 속으로 내동댕이쳤다고 주장했다. 그런 변화가 인간 사회에 입힌 피해를 제외하더라도, 이 과정에서 자연 환경과 동물, 식물, 생태계 등 모든 것이 변하고 말았다. 하지만 이런 폭력의 시대가 정말로 우리가 당면한 기후 위기의 '근본 원인'일까? 아마도 그렇지 않을 것이다. 하지만 우리가 건강한 자연 상태로부터 어떻게 벗어났는지 좀 더 분명히 이해할 수 있다면, 애초에 어디서부터 잘못되기 시작했는지 파악하기가 한결 쉬울지도 모른다. 이런 인식은 인류를 구할 치료법에 관한 몇 가지 중요한 단서들을 제공해 줄 것이다.

2부

위기의 근원을 찾아서

4장

철학적 원인
철학적 진보와 생태학적 위기

사물의 자연 상태가 어떤지에 대해서는 어느 정도 익숙해졌으니, 진정으로 생태학적 위기를 해결하고자 한다면 우리가 처한 상황의 병인학(Etiology)과 발병 기전(Pathogenesis)을 진지하게 따져봐야 할 것이다. 우리가 자연과 맺는 관계는 사회적, 문화적, 지정학적 변화가 우리가 환경을 인식하고 취급하는 방식에 어떤 영향을 미치는지에 따라 서서히 진화를 거듭해 왔다. 많은 이가 인간 중심적인 신념을 뿌리내리게 만든 원인으로 종교를 지목하지만, 자연을 무시하는 우리의 태도를 오직 종교적인 신념 탓으로만 돌릴 수는 없을 것이다. 자연 과학 영역에서는 대부분 인간중심주의를 합리적인 신념으로 취급하는데, 이런 편견은 우리를 지배하는 주요 종교보다 수백 년이나 앞선다.

17세기 근대 철학의 아버지인 데카르트Descartes는 인간중심주의를 주도한 핵심 인물로 지금까지도 엄청난 비난의 대상이 되곤 한다. 그는 몸과 마음이 근본적으로 분리되어 있다는 개념을 구체화하기 위해 인간의 정신 현상을 물질의 영역 너머로까지 끌어올렸다. 또한 데카르트는 인간이 아닌 모든 생명체는 주관적인 자각이나 영혼이 없는 '자동 기계(Automata)'에 불과하다고 주장했다. 하지만 이런 데카르트적 분열이 일어나기 전에도 '무시의 뿌리'는 이미 수천 년 동안 우리의 집단적 신념 속으로 슬금슬금 기어들어 오고 있었다.[1]

인간 아닌 존재들을 무시하는 태도는 오랜 세월에 걸쳐 많은 사람이 주조한 하나의 공동 산물과도 같다. 데카르트는 다른 계몽주의 사상가들과 마찬가지로, 고대 세계의 위대한 지성들로부터 깊은 영향을 받았다. 종종 기독교의 도그마에 맞춰 그들의 사상에 도전하기도 했지만, 인간 아닌 생명체를 무시하는 태도는 근본적으로 고대 그리스로까지 거슬러 올라가는 오랜 망상을 무비판적으로 받아들인 데에서 비롯했다.

농업의 확산과 새로운 사회의 시작

선사시대를 좀 더 깊이 들여다보면, 우리와 다른 생명체의 관계가 농업혁명 기간 동안 더욱 극적으로 변했다는 사실을 분명히 알 수 있다. 다른 많은 혁명처럼, 농업혁명은 길고 복잡한 과정을 거치며 오래 전개되었다. 인류는 세계 전역에 식물을 경작하고 동물 무리를 이주시키는 실험을 수만 년 동안 거듭했다. 우리는 농업 및 목축 사회가 발흥하기 오래전부터 인간 아닌 존재들과 어떤 식으로든 관계를 맺어 왔다. 수렵과 채집 생활을 하던 우리 선조들은 환경에 관한 실용적인 지식을 대다수의 현대인보다 훨씬 많이 보유했는데, 생존하기 위해서는 반드시 자연에 의존해야 했기 때문이다. 수렵이나 채집 생활을 하던 우리 선조들의 두뇌가 오늘날 우리의 두뇌보다 더 크고 어쩌면 더 강력하게 기능했을지도 모른다는 수많은 증거가 존재한다.[2]

고대인들이 약 2만 년 전 절정에 달했던 마지막 최대 빙하기에서 벗어나면서 지상에서의 삶은 세대가 지날수록 점점 더 수월해졌다. 서아시아 지역의 가혹한 기후 조건이 서서히 더 따뜻하고 습윤한 기후로 바뀌자, 나투피안Natufians을 비롯한 여러 집단이 지중해와 유프라테스강 유역의 무성한 삼림 지대에 공동체를 설립했다.[3] 약 1만 5천 년 전 무렵, 레반트 지역의 사람들은 곡물을 경작하고 빵을 만드는 실험을 했고, 1만 3천여 년 전에는 오늘날의 이스라엘 지역에서 맥주를 양조하는 데에 성공했다.[4] 이와 같은 기술적 발전 과정에서 신념과 사회 구조의 변화도 이어졌다. 이 시대의 무덤들은 고도로 복잡해졌고, 시체의 약 4분의 1가량은 동물의 뼈와 조개껍질로 만든 정교한 머리 장식과 보석으로 꾸며졌다. 아마도 죽은 자의 부나 사회적 지위 등을 나타내기 위해서였을 것이다. 또한 그들은 이미 매장한 유해를 사후 의례 행사를 위해 주기적으로 다시 파내거나 묻기를 반복했다.[5]

하지만 이런 생활양식이 영원히 지속되지는 못했고, 모든 것은 신드라이아스기(Younger Dryas Period)라고 알려진 기간 동안 극적으로 변했다. 약 1천 년 동안 지속된 이 급격한 기후 변화는 혜성 충돌을 원인으로 추정할 수 있다.[6] 이 기간 동안 북반구 전역의 생활 조건은 전보다 훨씬 더 춥고 건조해졌으며, 5백 년 정도가 지나자 상황은 마지막 최대 빙하기 때와 별반 다를 바가 없었다.[7] 나투피안인들은 빵과 맥주를 포기하고, 다른 많은 부족과 마찬가지로 다시 예전의 힘든 생활양식으로 돌아갈 수밖에 없었다. 이 짧은 빙하기가 마침내 누그러들기 시작했을 때, 서아시아 지역의 공동체들은 본격적으로 식물을 경작하고 동물을 길들이기 시작했다. 몇몇은 곡물을 재배하는 일에 초점을 맞췄고, 다른 몇몇은 가축을 기르는 일에 전념했다. 이와 같은 생활양식은 농업에만 전적으로 초점을 맞춘 새로운 사회의 시작을 알리는 것이었다.[8]

사원 복합체에 담긴 의미

신드라이아스기가 끝난 뒤 약 한 세기쯤 지났을 무렵, 튀르키예에서는 세계에서 가장 오래되고 놀라운 선사시대 건축물 중 하나인 '괴베클리 테페Gobekli Tepe'를 건설하기 시작했다. 현대적 의미의 사원보다는 그 용도가 훨씬 광범위했지만, 어떤 사람들은 이 놀라운 거석 복합체를 기원전 9천5백 년에서 8천 년 무렵까지 사용한 세계 최초의 사원으로 추측한다. 괴베클리 테페는 이 시대에 건설된 많은 거석 유적지 중 하나인데, 이 모든 유적지는 종교적인 축제를 위해 건축하고 사용한 다음, 의례적으로 땅속에 다시 매장하곤 했다.[9] 하지만 이 놀라운 사원들은 신석기시대의 도시 한가운데에 위치한 상징물만은 아니었다. 괴베클리 테페는 유목 생활을 하던 수렵인들이 건설하고 활용한 건축물이었다. 이 사실은 역사가들에게 큰 충격을 안겼는데, 그들은 오래전부터 이러한 건축적 업적은 오직 복잡한 농업 사회에서만 일어날 수 있으며, 이런 기념비적인 종교 건축물은 오직 문화적 토대가 확립된 후에야 지을 수 있다고 추정했기 때문이다. 하지만 고고학자 클라우스 슈미트Klaus Schmidt가 말한 것처럼, '사원이 먼저이고, 도시는 그다음'이었다.[10]

지금까지 발견된 증거들은 우리가 재배하는 밀 가운데 적어도 한 종류 이상이 괴베클리 테페에서 약 30킬로미터 떨어진 부지에서 발견된 것이라는 사실을 보여준다. 따라서 몇몇 역사가들은 이 사원 복합체가 농업적인 생활양식을 모색하는 시작점이 되었을 것이라고 주장한다.[11] 하지만 다른 역사가들은 이 복합체를 그 지역 수렵인들이 조직화한 '최후 저항의 산물'이라며 다른 주장을 펼친다. 이상하게 들릴지도 모르지만, 이 거석 복합체가 빠르게 변하는 세상에 단호히 저항하고, '오래된 방식들'을 기리기 위한 목적으로 건설한 기념비라는 것이다.

하지만 괴베클리 테페는 단순한 기념비가 아니라, 실질적 목적으로 활용한 하나의 의례 공간이었다. 이 건물군은 신드라이아스 사건이 일어난 얼마 후에 행한 의례에서 건설하고 매장한 것으로 보인다. 에든버러 대학의 연구자들은 괴베클리 테페의 미술 양식에 이 짧은 빙하기의 환경을 황폐화한 혜성 충돌에 관한 이야기기 담겨 있다고 주장한다.[12] 이런 결론에 동의하지 않는 연구자들도 있지만 괴베클리 테페가 인간 창조성의 자발적인 발현이 아닌, 환경 변화에 대한 반작용 때문이었다는 생각만은 매우 흥미롭다.

괴베클리 테페 같은 의례 공간을 신들을 위한 것이었다고 생각하는 것은 큰 실수일 것이다. 오히려 이 공간을 지하 세계나 자연 영역에 바쳤을 가능성이 크다. 이 부지에 우뚝 솟은 T형 기둥에 묘사된 대부분의 조각은 전갈과 곰, 거미, 뱀 등과 같은 야생동물의 형상인데, 이 동물들은 생계유지 수단으로는 가치가 덜하지만, 다수의 문화권에서 영적 존재를 대변한 동물들이다. 분명 신석기시대 초기의 수렵인들에게는 이 동물들이 단순한 재원이나 상징이 아니라, 생명력과 영혼을 의미하는 존재들이었을 것이다.

가축화가 몰고 온 변화

극적인 기후 변화는 고대인들의 행동을 광범위하게 바꿔 놓았다. 농업 혁명은 전 세계에 가축화의 바람을 몰고 왔고, 그 결과 인류는 수렵과 채집 생활에 의존하는 대신 식량의 원천을 통제하고 조종할 수 있게 되었다. 개들이 인간을 보호하고, 심지어는 가축 사육을 보조하면서 이 과정을 촉진하는 데에 한 몫을 톡톡히 담당하기도 했다. 하지만 시간이 지나면서 말과 황소, 양, 젖소, 곡물, 닭, 고양이 또한 인간 세계의 필수적인 한 부분으로 자리를 잡았고, 이들은 각각 식량과 일꾼, 일용품, 반려동물 등으로 인간의 필요와 욕구에 점차 적응해 갔다.

가축화 바람을 이야기하며 말을 간과해서는 안 되는데, 우리가 말과 맺은 유대는 그 자체로 엄청나게 보기 드문 것이기 때문이다. 늑대와 인간 모두 최상위 포식자이지만, 말과 인간은 서로 완전히 다른 존재이다. 말의 몸과 두뇌는 실존하는 수많은 위험으로부터 그들을 보호하기 위해 진화해 온 반면, 인간의 몸과 두뇌는 포식 행위를 위해 미리 프로그램된 것이었다. 말과 인간의 결합은 한마디로 '신경생물학적인 기적'으로 묘사할 수 있다. 두 동물이 상대방과 피드백의 고리를 형성하도록 자신의 신경계를 기능적으로 연장함으로써, 고도로 복잡하면서도 조화로운 패

턴을 창조해 냈기 때문이다.[13]

인류는 말을 동료로 채택한 뒤에도 오랫동안 그들을 계속해서 식량처럼 취급했다. 하지만 '말의 가축화'는 적어도 부분적으로는 단순한 착취가 아닌 관계 형성의 산물이었다고 볼 수 있을 것이다. 특히 승마 기술은 수천 년 동안 서로 떨어져 있던 말과 인간이 상호 신뢰에 기반한 협동적인 관계를 맺은 증거로 생각할 수 있다.

농업 및 가축 사육으로 얻은 혜택은 동물과 식물을 대하는 우리의 태도를 바꿔 놓았을 뿐 아니라, 세상을 바꾼 수많은 결과를 불러왔다. 농업은 완전히 새로운 형태의 보이지 않는 존재들과 마주하도록 우리를 몰아세우기도 했는데, 이 부분은 나중에 다시 다룰 것이다. 우리가 점차 '지상의 지배자'로 두각을 드러낼 수 있었던 것도 결국은 농업이 급격히 확산한 덕분이었다.

새로운 저술 체계로의 전환

청동기와 철기시대에 이르러서조차 대부분의 유라시아 지역 농경 사회들은 여전히 애니미즘적인 모습을 유지했다. 서구 신화의 가장 초기 작품으로 볼 수 있는 《일리아드Iliad》와 《오디세이Odyssey》에서 전설적인 '위대한 신들'은 대체로 자연과 잘 구분할 수 없는 형상으로 나타난다. '섬들을 전율케 하는 푸른 갈기가 달린 신'인 포세이돈Poseidon은 부서지는 파도의 모습으로 나타났고, '장미처럼 펼쳐진 손끝'을 가진 새벽의 여신은 떠오르는 태양의 모습을 하고 있었다.[14] 하지만 이런 원형적인 신들 외에도 신화 속에는 드리아드Dryads나 님프Nymphs 같은 작은 정령들이 수없이 등장한다. 그들은 종종 자연 풍경의 요소나 의인화한 모습으로 존재감을 드러낸다. 미국의 생태철학자이자 작가인 데이비드 에이브럼David Abram은 고대 그리스의 광대한 환경을 '모든 곳이 살아 있고 깨어 있는 이 땅, 변덕스럽지만 고집 있는 다수의 힘으로 움직이며, 때로는 복수심에 불타고 또 다른 때에는 부드럽지만, 항상 어떤 식으로든 인간의 상황에 반응하는 땅'이라고 묘사했다.[15]《일리아드》와 같은 서사시 역시 자연세계의 힘을 인간 드라마를 장식하는 수동적 배경이 아닌 독립적인 인격의 형태로 묘사했다.

우리는 호메로스(Homer)에 관해 아는 바가 거의 없고, 그가《일리아드》와《오디세이》를 저술했다는 믿음도 사실은 하나의 신화에 불과할지도 모른다. 대다수의 현대 학자들은 이 두 작품을 기원전 9세기에서 8세기 사이에 그 이전의 전통에서 영향을 받은 여러 작가가 함께 쓴 것이라고 믿는다.[16] 이 이야기가 구전이 아닌 기록의 형태로 전해졌을 무렵, 이 작품들은 이미 다양한 출처에서 많은 영향을 받은 상태였을 것이다. 따라서 이것을 아무런 비판 없이 '역사적인 기록'으로 받아들이는 것은 부적절할 것이다. 고대 그리스인들도 이 사실을 매우 민감하게 의식했다.[17] 이런 형태의 신화들은 객관적인 사실을 연대기 순으로 제시하기 위해서가 아니라, 주술화한 세계 속에서 살아간 과거의 영웅들을 기리기 위해 창작한 것이었다.

과거의 영웅들을 기념하는 것은 '역사의 아버지'라 불리는 헤로도토스Herodotus를 비롯한 그리스 역사가들의 주된 목적이기도 했다. 헤로도토스는 지중해 세계에서 최초로 비신화적인 연대기들을 기록했는데, 페르시아 전쟁에 관한 헤로도토스의 서술은 지금까지도 그의 가장 유명한 작품으로 남아 있다. 역사가들은 종종 호메로스식 신화에서 헤로도토스식 역사로의 전환을 역사적 사실에 대한 인식을 혁신한 핵심적인 순간으로 생각한다. 신화적인 호메로스의 서사시들이 애니미즘의 세계에 뿌리를 내린 데에 반해, 헤로도토스는 과거에 대한 자신의 호기심을 이성에 대한 관심과 조화시켜 역사를 탈신비화하기 시작했다. 이런 움직임은 투키디데스Thucydides의 후기 작품들에서 완전히 실현되었는데, 투키디데스는 역사를 창조적인 예술 활동이 아닌 합리적 탐구의 과정으로 간주하는 관점을 상당 부분 확립한 인물이다.[18]

이런 전환에서 저술 활동은 핵심적인 역할을 담당했다. 기원전 9세기에서 8세기 무렵, 그리스 세계는 페니키아Phoenician 문헌들에서 온 표음식 알파벳을 채택했다.[19] 복잡하고 포괄적인 상형문자 대신 간결한 표음문자를 도입한 그들의 선택은 공동체 전체의 문맹률을 낮추는 데에 크게 기여했다. 기원전 4세기 말 무렵에는 유클리드 알파벳을 아는 모든 사람이 그리스 세계 전역에 퍼져 있던 문헌들을 읽을 수 있었다. 하지만 이것은 하룻밤 사이에 일어난 일이 아니며, 그리스는 헤로도토스와 플라톤의 시대에 이르러서야 비로소 글을 읽고 쓸 줄 아는 문화로 널리 알려질 수 있었다.[20]

그리스 세계에 속했던 모두가 이렇게 새로운 저술 체계로 전환한 것을 반기지는 않았는데, 특히 이 시대에 활동했던 음유시인들의 반발이 심했다. 음유시인들이 구전으로 전해온 역사는 그들에게 '그리스 사회의 지식 보존자'라는 지위를 부여했기 때문이다.[21] 하지만 이렇게 전환된 이후 한 세기 동안, 이전과는 다른 참신한 작품들이 쏟아져 나오며 새로운 지식 보존자 계층을 위한 토대가 마련되기 시작했다. 밀레투스의 탈레스(Thales of Miletus)와 같은 소크라테스 이전의 철학자들은 여전히 아주 생생하게 살아 있는 세계를 묘사하며, '모든 것이 신들로 가득 차 있다'는 유명한 말을 남기기도 했다.[22] 하지만 기원전 4세기 무렵, 그리스인들은 살아 있는 세계의 마법에서 점점 멀리 떨어져 나오기 시작했다.

플라톤 철학의 인간 중심성

플라톤은 아마도 역사상 가장 유명한 서양 철학자일 것이다. 그의 철학은 수천 년 동안 종교적 세계관과 세속적 세계관 모두에 영향력을 행사했다. 플라톤은 소크라테스의 제자 중 한 명이었는데, 소크라테스는 그리스의 가장 모범적인 철학자로 손꼽히는 인물이다. 하지만 그는 선조들의 말을 단순히 반복하는 대신, 자신의 대화 상대들에게 '당신들의 관점을 다양한 각도에서 반복하고, 재조직하고, 시험해 보라'고 권했다. 전통의 족쇄에서 벗어나 보다 철저하고 비판적으로 사고할 수 있게 한 것이다.

플라톤의 작품들은 자연과 인간 이성에 관한 고대 그리스인들의 인식을 전환하는 계기가 되었다. 그의 작품들 속에는 여전히 애니미즘적인 사고의 흔적들이 남아 있지만, 그의 가장 영향력 있는 이론들은 지중해 세계 전체를 인간 중심적인 방향으로 일관되게 몰고 갔다. 그의 작품인 《티마이오스Timaeus》에 나오는 '삼중 영혼(Tripartite Soul)'에 관한 최초의 설명은 영혼이 있는 존재들의 자연적 위계를 공식적으로 확립하기 위한 최초의 시도였다. 이것은 또한 인간 아닌 존재들을 대하는 그리스인들의 태도를 바꾸는 데에 엄청난 영향력을 행사했다.[23]

플라톤에 따르면, 모든 살아 있는 존재들(인간, 동물, 식물)은 동일한 원초적 물질로 구성되어 있지만, 이 물질에서 세 유형의 영혼이 파생되었다고 한다. 그중에서 세상의 모든 존재가 지닌 '욕구적 영혼(Appetitive Soul)'은 음식과 번식을 위한 기본적인 욕구를 관장하고, 인간과 동물에게만 있는 '정신적 영혼(Spirited Soul)'은 기쁨이나 분노와 같은 본능적인 정서 경험을 만들어 내며, 셋 중 수준이 가장 높고 오직 인간에게만 있는 '합리적 영혼(Rational Soul)'은 아테네의 자유인들 사이에서 가장 뚜렷하게 모습을 드러낸다는 것이다. 플라톤이 보기에는 합리적 영혼을 갖춘 존재들만이 진정한 자율성과 도덕적 가치를 지닌 유일한 개체들이었다. 생태학자 발 플럼우드는 《페미니즘과 자연의 지배(Feminism and the Mastery of Nature)》에 다음과 같이 썼다.

> 플라톤의 철학은 이성의 영역을 자연의 영역 위에 두는 계층적 이원론을 중심으로 한다. 이런 이원론은 사랑, 아름다움, 지식, 예술, 교육, 존재론 등을 비롯해 사실상 논의할 수 있는 거의 모든 주제를 가로지르는 단층선을 형성한다. 각각의 경우, 낮은 부분은 자연과 인간의 신체 그리고 여성성의 영역과 연관이 있고, 높은 부분은 이성의 영역과 연관이 있다.[24]

사실, 플라톤의 세계관이 엄격하게 인간 중심적인 것은 아니다.[25] 플라톤의 세계관에서 각각의 개인을 중요하게 만든 것은 인간성이 아닌 '합리성'이었다. 모든 인간을 합리적인 존재로 보지는 않았지만, 모든 합리적인 존재는 필연적으로 인간적인 것으로 여겼다. 하지만 플라톤의 관점이 아테네 문화 너머까지 퍼져 나감에 따라, 그의 철학에 내재한 인간 중심성이 훨씬 더 확고해졌다. 인간 중심적인 사고로 생기는 문제들을 모두 플라톤의 탓으로 돌리지 않도록 신중을 기해야 하지만, 남성중심주의와 인간중심주의, 자연의 배경화를 옹호하는 사상들의 뿌리가 대부분 그리스 철학의 이 '위대한 거인'으로까지 거슬러 올라간다는 사실만큼은 분명하다.

자연을 노예화한 아리스토텔레스의 철학

플라톤이 인간 중심적 세계관의 기반을 마련했다면, 이 세계관이 훨씬 더 영속적인 영향을 미치도록 만든 것은 그의 제자인 아리스토텔레스였다. 그는 물리학과 미학, 음악, 정치학, 생물학, 경제학, 언어학 그리고 자연 철학 등의 분야에 막대한 영향력을 행사했다. 광범위한 '자연의 위계'를 확립하는 동안, 아리토텔레스는 플라톤의 삼중 영혼설을 토대로 자신만의 이론을 전개했다.

먼저 영양혼(Nutritive Soul) 또는 생장혼(Vegetative Soul)은 식물을 포함한 모든 생명체가 지니는 것으로, 성장하고 양분을 섭취하고 번식하는 가장 기본적인 능력을 제공한다.[26] 이런 능력은 물리적인 신체에 온전히 의존하는 만큼(몸이 없다면 성장이나 양분의 섭취도 없다), 아리스토텔레스는 이 영양혼이 죽음과 동시에 존재하지 않는다고 결론지었다. 동물혼(Animal Soul)은 인간을 포함한 모든 동물이 가지는 것으로 지각과 욕망, 운동 등을 촉진하는 역할을 한다. 동물혼 역시 물리적인 몸에 의존하는 만큼 사후까지 영속할 수는 없다. 아리스토텔레스에 따르면, 이 영혼에는 주관적 감각이나 인지적 자각이 동반되지 않는다고 한다. 이는 동물들이 본질적으로 자기 삶의 경험에 대해 무의식적이라는 뜻이다. 이성혼(Rational Soul)은 오직 인간들만 지니는 것으로 이성과 주관적 자각이라는 명료한 지적 기능을 촉진한다. 이성혼은 몸이나 기관에 한정되지 않는 만큼, 아리스토텔레스는 이 영혼이 불멸의 성격을 가진다고 생각했다. 그는 이성혼이 사후에도 계속되는 개인의 인격이 아니라, 본질적으로 신성한 지성이라는 점을 분명히 했다.[27]

아리스토텔레스는 '도덕적 행위는 절제의 실천과 이론적 지식, 과학, 실용적 지식 같은 지적인 덕목의 계발을 토대로 이뤄져야 한다'고 가르쳤다. 이런 점에서 아리스토텔레스의 윤리학은 환경 파괴가 과도한 욕심에 뿌리를 둔 비윤리적 행위라는 합리적 결론으로 우리를 이끌 수 있다. 하지만 사실 이런 결론을 도출하는 것은 환경 파괴가 인간에게 부정적인 영향을 미칠 때뿐이다. 설령 동물과 식물이 부정적인 영향을 받는다고 해도, 아리스토텔레스의 존재론적 위계 체계는 인간이 경로를 변경할 필요를 크게 느끼지 못할 것이다. 본질적으로 아리스토텔레스적인 세계관에서는 오직 인간만이 유일한 도덕적 주체이다. 그는 자신의 책 《정치학(Politics)》에 이렇게 썼다.

우리는 식물이 동물을 위해 존재하며, 동물은 인간을 위해 존재한다고 추론할 수 있다. 길들여진 동물은 노동력 확보 및 식량 마련을 위해, 야생동물은 대다수는 그렇지 않다 하더라도, 식량 마련 및 의복과 같은 다양한 도구를 제작하기 위해 존재하는 셈이다.[28]

이와 같은 위계 구조는 삼중 영혼의 위계 구조와 불가분적으로 이어진 채, 동물과 식물을 도구화하는 태도를 철학적으로 정당화한다. 그가 보기에 동물과 식물은 인류의 욕망을 위해 자유롭게 착취해도 되는 존재에 불과했다. 또한 아리스토텔레스는 '여성이나 노예 같은 인간은 형이상학적으로 남성보다 열등하며, 합리적 인간이기보다는 동물에 가깝다'라는 플라톤의 개념을 영속화했다. 자연을 합리적으로 노예화한 아리스토텔레스의 철학이 궁극적으로는 인간을 노예화하는 것까지 함께 정당화한 셈이다. 노예가 된 사람을 이론적인 근거를 토대로 비인간화할 수 있는 한계 내에서 말이다.[29]

고대 문헌들이 사라진 이유

지금까지 전해지는 책은 30여 권 뿐이지만, 아리스토텔레스는 살아 있는 동안 수백 권의 책을 집필하고 출간했다.[30] 유라시아 전역에서 그의 지적 유산을 매우 중요하게 취급했고, 그의 사상은 특히 자연 과학의 발달에 엄청난 영향력을 행사했다.

고대의 문헌들에서는 특별한 형태의 마법을 발견할 수 있다. 오래전에 죽은 사람들의 글을 읽는 행위는 마치 다른 세계를 흘깃 엿보는 것처럼 우리에게 설렘과 신비감을 안겨준다. 우리는 고대 저자들의 유머와 기지에 경탄하기도 하고, 그들의 실수에 놀라며 고개를 가로젓기도 한다. 많은 이가 고대의 문헌들을 그 존재 자체만으로도 세계 전역의 종교와 문화적 전통을 정당화하는 절대적인 권위의 원천으로 생각한다.

하지만 우리가 고대 문헌들을 탐독하는 데에 들이는 시간에 비해 이 문헌들이 애초에 왜 살아남았는지 의문을 제기하는 데에 시간을 쏟는 사람은 거의 없을 것이다. 고대에 기록된 문서들 대다수는 오래전에 소실되고 말았다. 라틴 문학만 보더라도 전체 문헌의 약 99퍼센트 정도는 서력기원(Common Era) 초기에 이단의 흔적을 체계적으로 지워 없애고자 한 종교적 열성분자들의 손에 전부 파괴된 것으로 추정한다.[31] 지금까지 남아 있는 문헌들은 사실 살아남도록 허용한 것들일 뿐이다. 우리가 지금까지도 플라톤이나 아리스토텔레스의 작품들과 기독교의 성서를 읽을 수 있다는 사실은 이런 책들이 여러 세대에 걸쳐 의도적으로 보존되고 복제되면서 전해져 내려왔다는 뜻이다. 여기에 '왜'라고 질문할 수 있다면 우리가 미처 생각하지 못한 실상을 밝히는 데에 큰 도움이 될 것이다.

식물과의 공생에 주목한 테오프라스토스

우리는 아리스토텔레스가 식물을 이해하는 데에 매우 초보적일 뿐만 아니라, 눈에 띄는 오류도 있다는 사실에 주목할 필요가 있다. 사실 아리스토텔레스의 제자였던 테오프라스토스Theophrastus가 훨씬 더 재능 있고 열정적인 학자였는데, 아리스토텔레스는 그에게 경이로운 식물의 세계를 탐구해서 자신의 자연 철학에 존재하는 틈을 메워보라고 당부했던 것 같다. 테오프라스토스는 식물이 여러 면에서 동물과는 근본적으로 다르다는 사실을 입증해 식물 연구에 동물학의 개념을 적용하려는 학자들의 태도를 비판하기도 했다. 그는 식물의 뚜렷한 인지 능력을 언급하면서 식물을 복잡하고 자율적인 독립체로 정의했다. 그는 '식물의 세계는 매우 다양하며, 동물의 세계보다 눈에 띄게 열등한 것은 아니다'[32]라고 말했다.

자신의 스승인 아리스토텔레스와 스승의 스승인 플라톤처럼, 테오프라스토스는 '드 아니마De Anima(영혼에 관하여'란 뜻이다-옮긴이)'라는 제목의 논문을 집필했다. 그런데 안타깝게도 이 논문은 다른 수많은 고대 문헌들처럼 시간이 지나면서 소실되고 말았다. 하지만 흩어져 있는 단편들과 현존하는 다른 작품 속 인용구들을 통해 우리는 테오프라스토스가 '감각적인 지각 능력을 생명 현상 자체의 본질적인 속성으로 간주했다'는 사실을 확인할 수 있다. 그에게 식물은 자율성과 선호 성향, 고통을 느끼는 능력 등을 갖춘 지각 있는 존재였다.[33]

한편 테오프라스토스는 인간의 도덕적 영역으로부터 식물을 분리시키는 것에 반대하는 의견을 펼치기도 했다. 작가 매튜 홀Matthew Hall은 이렇게 말했다. '테오프라스토스는 경작 활동이 식물과 인간의 협동적이고 공생적인 관계를 토대로 한다는 사실을 이해했다. 이런 이해를 통해 그는 보다 존중하는 형태의 농업을 예견했는데, 이 유형의 농업에서는 경작자가 경작물의 자각 능력 및 자율성을 존중하는 태도를 바탕으로 경작물과 동업 관계를 형성한다.'[34]

테오프라스토스는 여전히 고대 식물학의 아버지로 존중받지만, 그의 작품들 중 대다수는 그가 죽은 후 몇 백 년 만에 사라져 버리고 말았다. 따라서 테오프라스토스가 훗날의 그리스와 로마 사상가들에게 미친 영향을 확인하는 작업은 매우 제한적일 수밖에 없다. 서기 1세기 무렵 저술 활동을 한 플리니우스는 나무와 식물을 언급하며 테오프라스토스의 말을 인용했지만, 그는 여전히 아리스토텔레스 철학의 위계를 고수했다.[35] 따라서 아리스토텔레스적인 세계관은 자연에 관한 과학적 탐구를 위한 가장 정교하고 견고한 기반으로 오래도록 명맥을 유지할 수 있었다.

하지만 기독교 이전의 지중해 지역에는 아리스토텔레스적인 세계관과 미묘하게 다른 관점들이 여전히 많이 남아 있었다. 예를 들면, 플리니우스는 탐욕적인 인간들이 지구의 자원을 착취하는 것을 한탄하면서, 지구를 성스럽고 민감한 장소로 묘사하기도 했다.[36] 그는 서기 77년 무렵, 이렇게 말했다.

> 우리는 지구상의 모든 광맥을 파헤친다. 그러고는 가끔씩 지구가 입을 벌리며 몸을 떠는 모습에 경악한다. 이것이 우리의 성스러운 어머니가 분노를 표현하는 방식이라는 사실을 애써 외면하면서. 하지만 그녀가 땅속 깊이 숨겨둔 것들은 우리를 깊은 곳으로 몰아가서는 파멸시켜 버린다. 자원 고갈의 장기적인 효과와 탐욕이 불러올 엄청난 영향력을 생각하노라면 정신이 아찔해진다.[37]

거의 2천 년 전에 쓴 글이지만, 아마도 이런 의견은 그 어느 때보다도 오늘날과 더 잘 어울릴 것이다. 또한 석유 추출이나 프래킹Fracking(화학 약품

_____2부 위기의 근원을 찾아서

과 모래 등을 섞은 물질을 고압으로 분사해서 바위를 파쇄하는 채굴 기법. 지하수 오염 및 지진 발생의 위험이 있다.-옮긴이) 같은 행위에도 거의 그대로 적용할 수 있을 것이다. 이제 우리는 채굴 과정의 장기적인 영향력에 관해 훨씬 많은 것을 알지만, 탐욕의 강박은 여전히 우리의 정신을 아찔하게 만든다.

그리스 철학에 바탕을 둔 기독교

기독교는 그리스의 영향을 받은 로마 지역의 종교 운동인 만큼, 고대 그리스 세계에서 발달한 다양한 철학 사상을 이어받은 상속자나 다름없다. '성체 성사(Eucharist)'와 같은 기독교 의례는 유대교와 조로아스터교에서 영향을 받았을 뿐만 아니라, 그리스와 로마의 종교를 지배했던 신비주의적 제례와도 긴밀한 관계가 있다. 게다가 초기 기독교도들은 신플라톤주의적(Neoplatonic)이고 아리스토텔레스적인 세계관에 깊은 친밀감을 나타냈다. 기독교의 교리는 사실 매우 의도적이고 신중한 과정을 거쳐 표준화된 것으로, 이 과정을 주도한 사람들은 미래의 국가 종교를 위한 결정판을 만들기 위해 다양한 문헌에 의지했다. 하지만 그리스와 로마의 고전적인 판본들 가운데 상당수는 수 세기 동안 유럽 사회의 관심을 끌지 못했고, 오직 중동 지역에서만 그 명맥을 유지할 수 있었다. 아리스토텔레스의 철학을 담은 문헌들 중 대부분은 12~13세기 무렵이 되어서야 비로소 아랍어에서 라틴어로 번역되었다.

아리스토텔레스가 사실상 '불멸의 창조신' 관념에 반대했다는 사실이 밝혀지자, 가톨릭교회의 권위자들은 말썽이 생길 것을 미연에 방지하기 위해 그의 작품들을 질타하기 시작했다. 하지만 신학자인 토마스 아퀴나스Thomas Aquinas는 기독교와 아리스토텔레스의 철학을 더욱 확고하게 융합하려 했다. 그래서 그는 아리스토텔레스의 이성혼 개념에 전적으로 의지해서 인간의 존재론적 우위는 물론, '인간적인 탐색의 과정을 통해 신성한 진리를 발견할 수 있다'라는 개념 모두를 입증하려 했다.[38] 이 두 전통을 하나로 합칠 수 있었던 것도 결국은 인간중심주의라는 공통의 기반 덕분이었다.

아퀴나스에 따르면, 인간은 인간이 아닌 존재들에게 자애롭거나 도덕적인 태도를 취할 신성한 의무는 없다고 한다. 인간이 아닌 존재들은 본질적인 개체가 아니라, 신이 인간을 위한 향유의 대상으로 창조한 재원들이기 때문이다. 그는 동물 학대에 탐닉하지 말라고 사람들에게 경고도 하지만, 그건 그저 동물을 향한 잔인성이 인간을 향한 잔인성으로 이어지지 않도록 하기 위한 조처였다.[39] 아퀴나스에 따르면, 인간이 아닌 존재들에게 행사하는 폭력은 본질적으로 죄가 되지 않았다.

데카르트의 독선적 사고

플라톤과 아리스토텔레스 그리고 기독교 사상이 인간 아닌 존재들을 거부하는 태도가 자리 잡는 기반을 마련했다면, 계몽주의 시대는 유럽인들을 더 밝은 미래로 이끌 수 있는 새로운 철학 체계를 구축하기 위해 노력한 '새로운 유형의 철학자들'을 탄생시켰다. 이 무렵 기독교는 기술적이거나 철학적인 혁신이 일어나는 것을 억누르는 역할을 담당했고, 과학적 진보의 무게 중심은 이미 오래전에 지중해 지역에서 중앙아시아와 동아시아 지역으로 이동한 상태였다. 특히 이슬람의 이론가들은 유럽인들이 옛 황금기의 단편적인 조각들에 목을 매는 동안 천문학과 수학, 의학 영역에서 엄청난 발전을 이뤘다. 하지만 아메리카 대륙의 발견은 쇠퇴해 가던 유럽 군주들에게 새롭게 이용할 땅과 사람, 동물, 식물이라는 기회를 제공했다. 유라시아 지역의 힘의 균형을 서양으로 다시 되돌려 놓은 것은 선형적 진보의 과정이 아닌 필사적인 식민화의 시도였다.

콜럼버스가 푸른 대양을 항해한 지 약 한 세기쯤 후, 프랑스에서는 근대에서 현대에 이르기까지 지배적인 영향력을 행사한 철학자 데카르트René Descartes가 태어났다. 데카르트는 수학과 가톨릭 신앙에서 받아들인 사상을 토대로 현대 합리주의의 기반을 다진 근대 철학의 아버지로 불린다. 그는 세상에 존재하는 모든 것은 수학으로 설명할 수 있지만, 기계적인 작용 그 자체는 전지전능한 기독교의 신이 촉발했다고 주장함으로써, 우주에 대한 기계론적 관점을 기독교 신학 및 아리스토텔레스주의와 결합하려 했다.[40] 인간의 몸이 자연적이라는 점을 인정하면서도 데카르트는 인간의 마음만큼은 인간 존재에게 지각력과 자율성을 부여하는 특별한 비물리적 실체라고 주장했다.

데카르트는 '인간이 아닌 존재들에게는 영혼이 없다'라는 자신의 확신을 입증하기 위해 개와 다른 동물들을 대상으로 공개적인 생체 해부 실험을 벌여 사람들을 충격과 공포로 몰아넣기도 했다. 그와 그의 제자들은 나무판 위에 개의 사지를 펼쳐놓고 발에 못을 박은 뒤 살아 있는 몸을 무자비하게 해부했다. 그러는 동안에도 데카르트는 '고뇌에 휩싸인 생명체의 절규처럼 보이는 이 광경은 사실 자동 기계의 무의식적이고 기계적인 반응일 뿐'이라고 관객들을 안심시켰다.[41] 동물에겐 영혼이 없고, 영혼이 없다면 의식적인 경험도 있을 수 없으니 아무것도 걱정할 필요가 없다는 뜻이었다.

데카르트의 이런 이론은 지난 4백여 년 동안 다양한 각도로 비판의 대상이 되었다. 우리는 여러 면에서 데카르트의 독선적인 사고를 한참 넘어설 수 있었지만, 인간 아닌 존재들에 대한 우리의 인식은 오늘날까지도 여전히 생명체의 가치를 철저히 무시하는 태도에서 벗어나지 못했다. 개를 비롯한 다른 반려동물을 취급하는 기준만큼은 크게 향상되었지만, 아직도 동물이 본질적으로 '신이 만든 기계'일 뿐이라는 생각을 떨치지 못한 사람도 많다.[42]

훗날의 철학자들은 데카르트의 이론 중에서도 특히 지식 확보 과정에서 감각이 차지하는 역할에 관한 견해에 도전했다. 데카르트가 감각을 궁극적으로 기만적이고 신뢰할 수 없다고 본 반면,[43] 존 로크John Locke는 오직 감각적인 경험을 통해서만 객관적 진리를 이해할 수 있다고 주장했다. 하지만 자연 세계에 대한 스콜라 철학의 인식은 그리 쉽게 사라지지 않았다.

로크는 자신의 책 《인간오성론(Essay Concerning Human Understanding)》에서 삼중 영혼에 관한 아리스토텔레스의 모델을 그대로 답습하면서, 식물의 동일성(Identity of Vegetables)과 동물의 동일성(Identity of Animals), 인간의 동일성(Identity of Man)을 이야기했다.[44] 플라톤과 아리스토텔레스, 데카르트와 마찬가지로 로크는 의식이 오직 인간의 영역에만 속한 현상이라고 결론지어 인간을 본질적인 자연권을 가진 유일한 존재로 완성했다.

과학적 진보의 발판을 마련한 뉴턴

로크 같은 경험주의자들이 서양 과학의 철학적인 측면에 막대한 영향을 미쳤다면, 17세기 무렵의 가장 위대한 과학적 돌파구는 로크와 동시대인이었던 아이작 뉴턴Isaac Newton이 만들었다. 운동과 만유인력에 관한 뉴턴의 법칙들은 과학의 패러다임을 근본적으로 뒤바꿔 놓았다. 그는 기본적인 물리 법칙과 수학의 언어를 활용하면 우주의 운동을 이해할 수 있고, 지구상에서 일어나는 모든 일은 천체 현상과 같은 법칙을 따른다고 주장했다. 여기서 중요한 것은 이 모델에는 신성의 주재가 들어설 자리가 없었다는 점인데, 뉴턴은 명목상으로는 기독교인이었지만 실제로는 여러모로 이단적인 인물이었기 때문이다. 물론 그가 직접 이 사실을 알리기 위해 위험을 무릅쓰지는 않았다.[45]

우주에 관한 뉴턴의 모델은 과학적 진보를 위한 발판을 마련했는데, 이것은 생물학의 영역에서도 마찬가지였다. 19세기 무렵, 찰스 다윈Charles Darwin은 이 모델을 창조 과정에 적용해 '모든 생명은 전능한 신의 창조적 권능에서 비롯했다기보다는 자연 법칙이 지배하는 기계적이고 자동적인 과정을 통해 진화한 것'이라고 주장했다. 하지만 그가 비록 식물과 동물이 실제로는 서로 연관되어 있다는 사실을 최초로 입증해 냈다 할지라도, 이것은 '지각력'을 둘러싼 뿌리 깊은 철학적 편견을 없애

기에는 부족했다.[46]

20세기 초가 될 때까지 뉴턴과 다윈주의는 우주의 작용에 신성이 관여한다는 모든 가설을 완전히 몰아냈다. 뉴턴과 다윈주의에 따르면, '실재는 객관적이고, 환원 가능하고, 궁극적으로 결정론적인 것'으로 이해할 수 있다. 하지만 1920년대에 들어 양자 역학을 발견함에 따라 뉴턴식 모델은 점차 무너져 내리기 시작했다. 양자 이론은 '순수하게 객관적인 물리적 현실'이란 개념에 심각한 의문을 제기하면서 우주에 대한 과학적 모델을 다시 한 번 혁신했다.

논리 실증주의의 부상

서양식 사고에서는 객관성과 주관성을 완전히 반대되는 개념으로 본다. 따라서 만일 객관적인 진리가 존재하지 않는다면, 모든 것은 반드시 주관이어야 한다. 오직 이 두 종류의 선택지만 허용되는 이유는 우리가 여전히 주관과 객관, 마음과 물질 사이의 근본적인 분열에 깊이 몰두하고 있기 때문이다.[47] 이러한 과학적 정체성의 위기를 해결하기 위해 1930년대에는 새로운 패러다임이 등장했는데, 이 패러다임은 오늘날까지도 여전히 지배적인 관점으로 남아 있다. 바로 '논리 실증주의(Logical Empiricism)'이다.

논리 실증주의는 논리와 경험적 관찰이라는 두 가지 기본적인 원칙을 기반으로 삼는다. 일단 관찰과 실험을 토대로 명제를 진술하면, 그 결과는 수학의 언어로 번역해서 논리적인 이론들을 세우는 데에 활용할 수 있다. 이후 이 이론들은 다시 더 많은 관찰을 예견하는 데에 사용할 수 있으며, 이 관찰은 추가적인 실험으로 입증하거나 반박할 수 있다. 실제로 적용하는 방식은 매우 다양할 수 있지만, 이 모델이야말로 모든 현대 과학의 기저를 이룬다고 볼 수 있다.[48]

물론 이 모델을 충실히 따른다고 가정해도 외관상 잘 확립된 이론들이 보편적 진실은 아닐 수도 있다. 우리는 백조를 본 다음, '모든 백조는 희다'라고 가설을 세울 수 있다. 그런 다음 엄청난 수의 백조들을 검토해 이 이론을 시험할 수 있고, 만일 검토한 백조가 모두 흰색이라면 우리의 이론을 옳다고 볼 수도 있다. 하지만 이것은 수백만 마리의 백조들을 검토했더라도 성급한 결론일 수 있는데, 세상에는 흰색이 아닌 백조들도 분명 존재하기 때문이다.[49] 이처럼 객관적 실증주의는 옳은 경우보다 틀린 경우를 보여주는 것에 훨씬 효과적이며, 따라서 과학자들은 이런 귀납적 과정으로 형성된 과학 이론이 결정적 사실이 아닌 이론으로 남아야 한다는 데에 대체로 동의한다.

과학자들이 종종 이미 확립된 일부 이론에 도전하는 것을 개의치 않는다 하더라도, 그들은 여전히 많은 이론에 엄청나게 집착한다. 이런 집착은 기존 모델에 어긋나는 이례적인 관찰 결과들을 은연중에 잘 걸러내게 만든다. 식물의 행동에 관한 논의들은 이런 과정을 보여주는 훌륭한 사례들 중 하나일 것이다. 수년에 걸친 연구와 무수한 증거에도 많은 비평가는 여전히 식물의 행동을 연구하는 것이 근본적으로 무의미하다고 주장한다. 단지 이런 연구가 이론적으로 지지받을 수 없다는 이유만으로 말이다. 이런 폐쇄적인 태도는 전통 의학의 치료법(약초 활용과 같은)이 주류 의학계로 통합되지 못하도록 방해했다. 특정한 치료법을 비판하는 이유는 입증할 수 있는 효과 문제가 아니라, 이 치료법이 이미 잘 확립된 이론적 패러다임에 들어맞지 않는다는 단순한 이유 때문인 경우가 대부분이다.

　나는 우리가 과학에 관해서만은 두 마리 토끼를 다 잡고 싶어 한다고 생각한다. 우리는 유연하고, 혁신에 대해 개방적이고, 증거를 토대로 경로를 바꿀 수 있는 과학적 패러다임을 원하면서도 과학이 우리의 틀린 부분을 지적할 때마다 그 사실을 인정하기 두려워한다. 우리는 기존 제도 중에서 얼마나 많은 부분이 여전히 낡은 모델에 뿌리내리고 있는지 직시하기를 괴로워한다. 그것이 경제적인 낙수 효과이든, 전환 치료(동성애나 양성애를 이성애로 전환할 수 있다고 주장하는 치료법-옮긴이)이든, 가축이 실제로 고통을 느끼지 않는다는 개념이든 이미 오류를 증명하는 충분한 증거가 있는데도 기존의 입장을 그대로 고수하려 한다. 특히 돈이 개입된 경우에는 이런 현상이 더욱 심각할 것이다.

　혁명에는 새로운 발견보다 훨씬 많은 것이 필요하다. 혁명을 위해서는 세계관의 변화가 필요하다. 철학과 과학이 이와 관련해 중요한 역할을 하지만, 이 둘만이 우리가 세상을 바라보는 방식에 영향을 미치는 힘은 아닐 것이다. 인간중심주의는 철학적 혁신이 낳은 산물에 불과했던 것이 아니다. 이런 현상에 영향력을 행사한 것은 철학만이 아니다. 종교야말로 가장 큰 영향력을 행사했다고 볼 수 있다.

5장

종교적 원인

종교에도 다원성이 필요한 이유

인류의 긴 역사를 돌아보면 '보이지 않는 존재들'은 신성하거나 악마적인 존재가 아니었고, 심지어는 초자연적인 존재도 아니었다. 인간들과 마찬가지로 그들은 이 살아 있는 세계의 한 마디를 구성하는 필수 요소였다. 또한 그들은 인간을 비롯한 다른 존재들과의 관계에서 상황에 따라 침략자나 동맹군으로 나름의 역할도 수행했다. 이처럼 한때는 인간 아닌 존재들을 도덕적인 애매함과 미묘한 개체성을 두루 지닌 존재로 생각했다. 인류는 비교적 최근에야 인간중심주의적인 세계관을 키워나가기 시작했는데, 종교는 이 과정에서 적지 않은 역할을 담당했다. 시간이 지나면서 신과 악마, 천국과 지옥으로 구성된 세계 속에서 인간이 차지하는 지위를 공고히 하기 위한 움직임이 나타나기 시작했다. 신학적이고 종교적인 차원에서 일어난 이런 진화는 우리의 실존적인 질병을 더욱 악화했다.

종교와 '신'이라는 개념의 결합

3장에서 살펴본 것처럼 수렵과 채집 생활을 하던 우리 선조들의 영적인 삶은 우리가 오늘날 '종교'라고 부르는 것과는 완전히 달랐다. 성서와 사원, 농장이 나타나기 오래전에 영적인 영역은 일상생활의 평범한 활동들과 한데 뒤섞인 경우가 많았고, 애니미즘적인 전통은 인간이 거주하는 모든 대륙에 두루 퍼진 채, 각 지역의 환경적인 특성에 맞게 형태를 바꿔 나갔다. 시간이 지남에 따라 샤먼 및 조상 숭배의 패러다임과 함께 '사후 세계'라는 개념이 나타났고, 이것은 결국 '고귀하고 의도적인 신'이라는 관념을 형성했다. 신이라는 관념은 다른 관념에 비해 상대적으로 뒤늦게 인간의 영적 활동에 추가되었는데, 농업적이고 목가적인 생활양식이 부상하여 사회적 변화를 촉진하면서 점점 더 널리 퍼져 나갔다.

도시와 잘 경작된 밭이 황야를 대체하면서 우리의 영적인 욕구 또한 크게 변했다. 비옥한 땅과 풍성한 수확을 보장하기 위해 농업 사회는 종종 땅이나 강, 날씨 등과 연관된 신에게 의지했는데, 인간은 이때의 신을 종종 모성이나 여성성을 가진 '여신들'로 묘사했다. 하지만 가축 사육을 전문으로 하는 목축 사회는 매우 다른 영적 욕구를 가지고 있었다. 이런 집단들 중 다수는 주로 강력하고 잔인하기까지 한 남성적 신에게 의지했는데, 이런 신들을 이주나 갈등, 정복 등과 같은 사건이 일어나는 동안 인간을 보호하거나 도움을 주는 존재로 여겼기 때문이다.

'신'이라는 단어가 다양한 것들을 의미할 수 있다는 사실을 인식하는 것은 중요하다. 대부분의 맥락에서 대문자로 표기되는 신이라는 단어는 아브라함 계통의 종교 전통에서 발견할 수 있는 전지전능한 하나님을 지칭한다.[1] 하나님은 절대적인 힘과 지식, 매우 상세한 배경 이야기, 인간의 행동과 외관, 신념 등에 대한 강한 선호도를 가진 존재이다. 이와 약간 다른 맥락에서 사람들은 '모든 현상의 형언할 수 없는 원천'이나 '삶의 수수께끼에 대한 신비스러운 해답'을 신이란 단어로 묘사하기도 한다. 또 다른 맥락에서 신이란 표현은 세계 전역의 신화와 종교 전통에서 발견할 수 있는 다수의 강력한 개체를 가리키는 말일 수도 있는데, 이런 신들을 불멸의 창조자나 지배자로 간주하는 경우는 극히 드물다. 하지만 이 세 유형의 신들 사이에서 일어나는 언어학적, 신학적인 형태의 혼합은 결국 인류에게도 엄청난 영향력을 행사하기 시작했다.

신에 대한 신념을 제외한다면, 우리가 종교와 연관 짓는 다양한 형태의 행동들은 대체로 인간 경험의 자연스럽고 보편적인 요소에 해당한다. 우리는 종교적인 관념과 관계 맺는 자연적인 성향을 타고났는데, 이런 관념들이 장기적인 협동과 집단의 결속에 명백한 진화론적 혜택을 제공하기 때문일 것이다.[2] 이런 성향은 호모 사피엔스가 출현하기 이전 시기로까지 거슬러 올라갈 가능성이 높다. 의례 행위의 흔적들은 17만 5천 년 전으로 추정되는 네안데르탈인의 거주지에서뿐만 아니라,[3] 코끼리와 같은 다른 종들의 영역에서도 발견되기 때문이다.[4]

하지만 종교라는 개념 자체는 서양에서 상대적으로 뒤늦게 발달했다. 이 개념은 신화와 의례, 신학, 도덕적 패러다임 등을 포함하는 엄청나게 다양한 세계의 문화적 전통들을 일관되게 분류하기 위해 16세기와 17세기의 유럽 이론가들이 처음 제시한 개념이다.[5] 특히 우리가 종교로 인정하는 대다수의 전통은 대체로 신성한 출처에서 비롯한 성스러운 문헌을 다수 보유하는 만큼, 대단히 문학적이다. 이런 패러다임이 소위 '영적인 세계'에 대한 우리의 인식에 어떻게 영향을 미쳤는지 고려해 보는 것도 상당히 가치 있는 일일 것이다.

우리가 선사시대 사람들의 독특한 신념과 행위를 명확히 알기 힘든 이유는 글로 남겨진 기록이 전무하기 때문이다. 심지어는 오딘Odin이나 토르Thor 같은 신들이 등장하는 북유럽의 유명한 신화들조차 기독교 저자들이 아이슬란드가 개종한 이후 수 세기 뒤에 기록한 단편적 구비 설화들을 통해서만 어느 정도 알 수 있다. 하지만 다행히도 우리가 완전히 어둠 속에 남겨진 것은 아니다. 신화 및 종교의 발달에 관한 우리의 가장 중요한 발견 가운데 상당수는 언어학 연구에서 비롯했기 때문이다.

원시 언어로 확장된 세상

언어학은 언어의 발달과 진화, 구조 및 언어 사이의 관계를 연구하는 학문이다. 언어학은 진화 생물학이 유기체에 접근하는 것과 상당히 비슷한 방식으로 언어에 접근하는 만큼, 각각의 언어는 거대한 언어의 가계도 중 하나의 가지나 잎에 지나지 않는 것으로 여긴다. 초기의 언어학자들은 비교와 분석을 통해 겉으로 보기에는 멀리 떨어진 언어들(예를 들어, 영어와 산스크리트어처럼) 사이의 명확한 '유전적' 관계를 확립할 수 있었고, 더 나아가서는 공동의 조상을 식별할 수 있다고 주장했다. 결국 이 가설은 옳은 것으로 입증되었고, 학자들은 현존하는 모든 주요 언어의 진화론적 혈통을 밝혀내기에 이르렀다.

'인도유럽어족'은 약 450개의 언어를 포함하는 세계에서 가장 큰 어족으로, 오늘날 세계 인구의 약 50퍼센트가 이 어족에 속하는 언어를 사용한다.[6] 인도유럽어족에는 인도 이란어족, 게르만어족, 켈트어족, 그리스어, 이탈리아어족, 발토-슬라브어파, 아르메니아어, 알바니아어 등이 포함된다. 이것은 이 모든 언어가 사실은 공통된 하나의 조상 언어인 원시 인도유럽어(Proto-Indo-European, PIE)에서 왔다는 사실을 나타낸다.[7] 하지만 언어는 단지 언어로만 그치지 않는다. 우리가 세계를 묘사하기 위해 사용하는 단어들은 우리가 사물과 환경을 인식하는 방식에도 극적인 영향을 미친다. 언어는 우리가 말로 전하는 이야기를 통해 형성되며, 이런 이야기가 다시 우리의 언어로 형성되기 때문이다. 언어와 이야기 모두 문화의 확립 과정에서 일정한 역할을 담당하는데, 우리가 원시 인도유럽어족과 같은 '문화 및 언어 집단들'을 살펴볼 수 있는 근거도 바로 이것이다.

원시 인도유럽어는 말 그대로 '원시 언어'이다. 이것은 이 언어가 글로 남겨진 증거가 아닌 언어학적 비교와 복원의 과정을 통해 입증된 언어라는 뜻이다. 언어학자들이 6천 년 전 사용한 원시 인도유럽어의 많은 요소를 복원할 수 있었던 것은 단어와 구절, 개념 사이의 유전적인 유사성 덕분이었다.[8] 언어는 화자의 세계에 관한 중요한 통찰을 제공하는데, 여기에는 문화적이거나 역사적인 발전상 또한 포함된다. '언제 무엇을 포기했고, 무엇을 채택했는가?' '시간이 지나면서 의미가 변한 이유는 무엇이고, 어떻게 변했는가?' 등이다.

이러한 언어학적 과정을 신화에 적용할 때, 우리는 머나먼 선조들의 가장 오래된 이야기들을 해석할 수 있다. 이 과정이 인도유럽 세계로만 한정되는 것은 결코 아니지만, 세계 인구의 50퍼센트 정도가 인도유럽어에 영향을 받은 문화권에 살고 있다는 점을 감안하면, 그들의 유산을 검토하는 일이 왜 중요한지 이해할 수 있을 것이다.

농업혁명이 영성에 대한 우리의 접근법을 크게 바꿔놓는 동안에도, 초기의 인도유럽 문화권은 여러 면에서 여전히 애니미즘적인 성격을 유지했다. 비록 정복의 기풍과 무수히 다양한 형태의 신들이 새로 유입되긴 했지만 말이다. 원시 인도유럽어 사용자들은 여러 차례 이주하면서 문화 및 유전적 구성 역시 다양해진 '폰토스 카스피해 초원 지방'에 거주했다.[9] 이 초원의 다른 많은 거주자처럼, 원시 인도유럽어 사용자들은 대체로 목가적이고 유목민적인 생활양식을 유지했고, 때때로 자신들의 문화와 언어적 환경을 확장시키기 위해 무력을 동원하기도 했다.

비록 이들의 종교에 관한 우리의 이해가 제한적이기는 하지만, 원시 인도유럽의 신들은 우리가 가장 사랑하고 두려워하는 신들을 만들어 내는 원형적 기반이 되었다. 선사시대에 등장한 이 신의 흔적은 우리의 일상생활 속에 놀라울 정도로 생생히 살아 있다. 원시 인도유럽 종교에서 가장 잘 입증한 신 유라시아 초기 신화의 '하나님'에 해당되는 창공의 신 '다이어스 페이터Dyeus Pater'이다. 인도유럽의 문화와 종교가 확산함에 따라, 그는 베다의 신 디아우스피타Dyauspitar와 그리스의 아버지 제우스Zeus Pater, 로마의 주피터Jupiter, 독일의 전쟁신 티르Tyr(고대 노르웨이어)와 티우Tiw(고대 영어) 등으로 변형되었다. 원시 인도유럽의 모든 신은 토착 신들과의 상호작용을 통해 그들만의 고유한 특성을 나타내기 시작했다. 제우스는 그리스 세계에서 인간의 형상을 한 '신들의 왕'이 됨으로써, 최고의 남성 신이 전 세계를 움직인다는 신학 체계의 기틀을 마련했다.

생명체들의 상호성과 공통점

원시 인도유럽 사회에서 창조한 신화는 지구상의 여러 존재들 사이의 친족관계를 잘 드러낸다. 태초에는 지구도 하늘도 형성되지 않은 상태였고, 산과 들, 별과 달, 바다도 전부 마찬가지였다. 이 상태에서 형제인 '마누Manu'와 '예모Yemo'가 모습을 드러냈다. 최초의 인간인 마누는 자신의 형제를 죽인 뒤, 원초적인 숭배 의례를 통해 예모의 몸을 창공의 신에게 바쳤다. 그렇게 해서 스스로 사제가 된 마누는 예모의 몸을 해체하여 그것을 각각 지구와 태양, 달과 별, 원소와 계급 등을 만드는 데에 사용했다. 사제들은 그의 머리에서 나왔고, 전사들은 그의 팔에서, 평민들은 그의 성기와 다리에서 탄생했다.[10]

아이슬란드의 시인이자 역사가 스노리 스툴루손Snorri Sturluson이 고대 노르웨이어로 쓴 《에다(Prose Edda)》의 일부 판본에는 예모의 희생 장면을 지구상의 모든 생명체를 탄생시킨 생식력을 방출한 과정으로 묘사한다.

> 이미르의 살에서 지구가 빚어졌고,
> 그의 땀에서 바다가 솟아났으며,
> 그의 뼈에서 바위가, 그의 털에서 나무가,
> 그의 두개골에서 하늘이 형성되었도다.[11]

노르웨이의 전통에서 인간을 식물의 자손으로 표현했다는 사실은 특별히 주목할 필요가 있다. 오딘과 그의 형제들이 해안가에서 자라는 두 그루의 나무를 우연히 맞닥뜨렸을 때, 그들은 이 나무들을 사용해 최초의 연인인 아스크르Askr와 엠블라Embla를 만들었다.[12] 공동의 조상을 토대로 친족관계가 성립한다는 설정은 세계의 다양한 우주 생성 신화들의 공통적인 특징으로, 이와 비슷한 이야기는 인도유럽 문화권에서 멀리 떨어진 여러 토착 문화에서도 종종 발견할 수 있다. 예를 들어, 19세기 말 존 화이트John White가 기록한 마오리족의 전설은 숲과 새들의 신인 타네Tane가 아오테아무아Aoteamua에 최초로 나무를 심은 시기에 관해 이야기한다. 그는 '나무는 원래 인간과 같았던' 만큼 '발'이 땅 쪽으로 가도록 나무를 심기 시작했지만, 좋은 방법이 아니라는 사실을 깨닫고는 나무를 거꾸로 뒤집어 '머리'를 땅속에다 심었다. 그들의 헝클어진 머리카락이 '뿌리'로 변하는 것을 본 타네는 이것이 옳다고 선언한 후 가던 길을 다시 갔다.[13]

아마도 우리가 신화적이거나 심리학적인 차원에서 인간과 인간 아닌 개체 간의 상호성을 확립할 수 있었던 것은 이런 이야기들이 수십만 년에 걸쳐 이어진 결과일 것이다.[14] 이 모든 것은 우리가 이제 과학적으로도 진실임을 알아차린 여러 사실을 시적으로 해석하는 과정이다. '탄소에 기반을 둔 지구상의 모든 생명체는 유전적으로 서로 연관되어 있으며, 심지어 나무와 인간조차 우리가 아는 것보다 훨씬 많은 공통점이 있다'라는 사실이 바로 그렇다.

인도적 세계관의 확립

인도유럽 지역의 전통이 유라시아 전역으로 널리 퍼지면서 다양한 토착적 세계관과 언어, 지역의 신들과 뒤섞였다. 인도유럽의 가계도에서 가장 먼저 떨어져 나간 집단은 인도 아리아어를 구사하는 사람들이었는데, 그들은 인더스 문명이 붕괴한 직후인 기원전 1900년경에 인도 아대륙으로 이주했다. 수만 년 동안 인도 아대륙에서 생활한 인도 원주민들과 인도유럽 정착민들의 상호 작용은 궁극적으로 '베다(Vedic)' 전통의 발달로 이어졌다.[15] 《리그 베다Rig Veda》는 이 혈통의 전통에서 가장 오래된 것이다. 이것은 인도유럽어로 작성한 최초의 신화 모음집 가운데 하나이다. 비록 인도 북서부의 펀자브 지방과 파키스탄 지역에서 쓴 것으로 추정되지만, 《리그 베다》의 영향력은 인도 북부 전역으로 신속히 펴져나가 새로운 인도적 세계관을 확립했다.[16]

인간 아닌 유기체들에 대한 인식에 관해서는 《리그 베다》와 훗날에 쓰인 《마하바라타Mahabharata》 모두 뚜렷한 애니미즘적 요소들을 보여준다. 이 작품들에서 우리는 영혼에 대한 신념뿐 아니라 식물과 동물의 생명력에 관한 명료한 사색까지 함께 찾아볼 수 있다. 한 단편에서는 현자들이 식물의 지각력을 두고 벌인 논쟁에 관해 이야기하는데, 한 현자는 식물이 다섯 요소를 기반으로 생리 과정과 감각 과정에 참여한다는 사실을 입증하고, 그들을 '지각 있는 존재'로 확립하기 위해 베다의 의학 이론을 제시한다.

우리가 구부린 연꽃 줄기로 물을 빨아먹을 수 있듯이, 나무 또한 호흡을 통해 뿌리로 물을 빨아올릴 수 있다네. 그들은 기쁨과 고통에 민감하고, 잘리거나 꺾였을 때 스스로 회복할 줄도 알지. 이런 정황들에서 나는 나무들이 생명력을 지니고 있다는 결론에 도달했다네. 그들은 절대 무생물이 아니야. 움직이는 모든 것의 몸 속에서는 다섯 가지 작용이 일어난다네.[17]

초기 베다 종교의 애니미즘적인 성격에도 불구하고, 브라만 전통에서 일어난 신학적이고 영적인 진화는 궁극적으로 신성한 갈등에 휩싸인 우주에 대한 인식으로 이어졌다. 식물 및 자연 세계의 신들에 대한 관심은 서서히 초자연적인 것을 추구하는 행위로 이어졌다. 이 과정에서 신성함과 대비되는 악의적인 세력이 형태를 갖추기 시작했고, 이는 결국 '악(Evil)'에 대한 사람들의 인식에까지 영향력을 행사한다.

천국과 지옥의 개념이 완성된 순간

분류하는 기준이 다소 느슨하긴 하지만, 《리그 베다》는 두 유형의 중요한 신 '데바Devas(신격)'와 '아수라Asuras(왕)'에 관해 이야기한다. 이들은 자연 세계와 관계를 맺는 도덕적으로 모호한 개체로 볼 수 있다. 하지만 《마하바라타》와 같은 작품들에서 그들은 때때로 경쟁자가 되어 싸움을 벌이는데, 이때 데바들은 찬사받아 마땅한 신성한 주인공으로, 아수라들은 공격적이고 혼란스러운 악마로 묘사되곤 했다. 이렇게 해서 신들의 무리는 반항적인 '반신(Anti-gods)'으로 손가락질을 당하게 되었다. 비록 그들 중 일부는 데바로 개종했고, '시바Shiva'와 '비슈누Vishnu'와 같은 새로운 힌두교의 신들은 베다의 신들을 완전히 대체했지만[18], 오늘날 '사나타나 다르마Sanatana Dharma(힌두교 용어로, 영원한 질서 또는 '영원한 종교'

라는 의미다.-옮긴이)' 수행자들은 일반적으로 아수라를 매우 악의적인 세력으로 본다.

여러 학자들은 베다 전통 후반부에 나타난 이 신성한 갈등이 기원전 6세기경 간다라 지방을 정복한 페르시아의 아케메네스 제국과 인도 사이의 갈등을 우의적으로 묘사하기 위한 것이라고 주장한다.[19] 데바들은 인도인들의 신으로 널리 인정받았지만, 아수라들은 페르시아인들과 연관되어 악의와 갈등의 상징으로 자리 잡았기 때문이다. 이 이론은 매우 주목할 만한데, 당시 페르시아 지역의 발달상을 감안하면 설득력은 더욱 높아진다. 인도 아리아 전통이 페르시아의 문화와 언어에 영향력을 행사했지만, 조로아스터교의 창시자 조로아스터는 인도의 경전을 반대로 뒤집어 사실은 데바들이야말로 거부해야 마땅한 사악한 악마들이고, 아수라들은 존경받아 마땅한 신성한 주인공들이라고 설파했다.

조로아스터교도들은 '아후라 마즈다Ahura Mazda'를 최고신이자 '지혜의 왕'으로 설정한 다음, 그가 '파괴적인 영'인 '앙그라 마이뉴Angra Mainyu'와 그의 사악한 데바들과의 우주적인 갈등에 휘말리고 말았다는 신화를 만들어 냈다. 조로아스터교에서 바라본 우주는 빛과 어둠의 투쟁으로 가득한 곳인데, 이런 세계관은 훗날의 영향력 있는 전통들에 중요한 선례가 되었다.

유신론이라는 공통점이 있지만, 브라만교와 조로아스터교는 죽은 뒤에 일어나는 일들을 비롯한 우주의 진정한 본성에 관해 서로 다른 결론을 말한다. 초기의 인도 전통이 자연 세계 내에서의 윤회라는 개념을 설정한 반면, 조로아스터는 자신을 추종하는 페르시아인들에게 이원론적이고 초월적인 사후 세계를 제시함으로써, 역사상 거의 최초로 천국과 지옥이라는 개념을 나누었다.[20] 그에 따르면 아후라 마즈다의 빛을 따라 산 인간들은 죽은 뒤 천국에서 삶을 누리지만, 앙그라 마이뉴의 어둠 속으로 떨어진 사람들은 지옥에서 모든 인간의 영혼이 아후라 마즈다와 재결합하는 '우주의 쇄신'이 올 때까지 고통받는다고 한다.

현대적 유대교가 정립된 과정

인도유럽 지역의 신화와 우주론이 급격히 확산했지만, 현대의 종교 전통에 미친 영향력은 기독교 신앙의 영향력에 비할 바가 못 된다. 유대교는 고대 히브리인의 종교로 잘 알려져 있는데, 그들의 문화적, 언어적, 영적인 전통은 청동기와 철기시대로까지 거슬러 올라가는 고대의 가나안 사회에서 왔다. 원래 '엘El'이라고 알려졌던 초기 히브리인들의 부족신은 고대 가나안인들이 숭배하던 신들 가운데 하나였다.[21] 유대교도들이 자신들의 종교를 엄격한 일신론으로 인식하기 시작한 것은 엘이 야훼Yahweh(이전에는 날씨와 전쟁을 관장하던 작은 신이었다)와 결합하여 새로운 최고신으로 등극한 기원전 6세기 이후부터였다.[22]

《모세 5경(Pentateuch)》으로 알려진 최초의 히브리 성서 다섯 권은 유대교 전집에 비교적 뒤늦게 추가되었는데, 《모세 5경》을 제외한 나머지 문헌들은 기원전 622년에 사원을 재건하던 중 '신명기계 역사서들(Deuteronomic Histories)'과 함께 발견되었다.[23] 이 문헌들은 고대 유대교 역사의 결정적인 순간에 모습을 드러냈다. 이 시기 이전까지 유대인 공동체는 지중해 동부 해안 지역에 위치한 두 개의 작은 왕국으로 나뉘어 있었다. 하나는 예루살렘을 수도로 삼은 남부의 '유다Judah'였고, 다른 하나는 사마리아를 수도로 삼은 북부의 '이스라엘Israel'이었다. 기원전 8세기 무렵, 아시리아의 왕인 사르곤 2세는 2만 7천여 명의 히브리인들을 아시리아로 이주시킨 뒤, 자기 왕국의 정착민으로 삼으려 했다. 그러자 많은 히브리인이 유다 지역으로 도망쳤고, 그 결과 기원전 7세기 무렵 예루살렘의 인구는 무려 열다섯 배나 증가했다.

왕국 내부에서 발생한 문제로 아시리아인들이 살던 지역을 완전히 떠나자, 강력해진 예루살렘이 나서서 정치적인 공백을 메워나갔다. 완전히 새로운 경전들이 모습을 드러낸 것이 바로 이 시점이었다. 이 경전들은 통합적인 유일신 사상은 물론, 전설적인 '다윗 왕국'을 재현한다는 신념까지도 함께 확립했다.[24]

히브리 성서는 '길가메시 서사시(Epic of Gilgamesh)'와 같은 바빌론의 설화들과 고대 가나안의 전통을 포함한 수많은 신화에서 영향을 받았다. 기원전 622년 이후 일어난 역사적 사건들 중 다수는 이집트와 아시리아의 문헌들을 통해 확증할 수 있다. 따라서 우리는 신화적인 과거와 기록된 역사 사이의 인지적 간극이 어느 정도 메워지는 느낌을 받는다. 하지만 모세의 이집트 탈출과 여호수아의 가나안 정복, 다윗 왕의 지배 등에 관한 이야기들은 역사적인 기록으로 입증할 수 없다.[25]

성서에 따르면, 이 문헌들을 발견한 당시 유다의 젊은 왕이었던 요시야는 종교 개혁을 단행해 여러 신을 숭배하는 풍습을 뿌리 뽑았다고 한다. 아마도 유대 세계 내에서 벌어지던 배교와 이단 행위를 진압하기 위해서였을 것이다. 비록 고대 히브리인들의 다신론을 이단으로 간주하진 않았지만, 요시야는 유대인이라면 마땅히 일신론자여야 하며, 그동안은 신과 맺은 계약을 제대로 지키지 못한 것일뿐이라고 주장했다. 이 주장은 히브리인들이 겪은 모든 불행이 '거짓된 우상' 숭배에 대한 신성한 응징이었다는 점을 뒷받침하는 새로운 역사적 사실들로 큰 힘을 얻었다.[26]

요시야는 히브리인들의 종교에 엄청난 영향력을 행사했지만, 자신의 왕국을 하나로 통합하겠다는 야망은 살아 있는 동안 실현하지 못했다. 기원전 609년, 그는 이집트의 파라오 네코 2세에게 암살당했고, 그로부터 20년 내로 예루살렘은 바빌론의 왕 네브카드네자르에게 함락된 뒤 바빌론 군사들에 의해 폐허로 변해버리고 말았다. 이것이 현대적인 형태의 유대교를 정립하는 계기가 된 '바빌론 유수(Babylonian Exile)'의 시작이었다.

요시야처럼 독실하고 명철한 왕이 자신에게 주어진 임무를 수행하는 동안 신에게 버림받은 이유를 납득하기 위해 사람들은 그의 죽음을 또 다른 은총의 산물로 생각했다. 히브리인들의 신이 그에게 '내(야훼)가 이 땅에 몰고 올 모든 악으로부터 몸을 피할 수 있도록 은혜를 베풀었다'는 것이다. 이렇게 해서 바빌론 유수는 과거 세대의 배교 행위에 대한 신성한 응징으로 자리매김했다.[27]

유대교에서 '신들'이 '유일신'으로 바뀐 것은 여러 가지 이유에서 중대한 사건이었다. 그중에는 이제는 거짓되고 악마적인 것으로 간주하는 신들이 한때는 가나안 사람들과 그들이 처한 환경 사이에서 중요한 중재자 역할을 했다는 사실도 포함된다. 어쨌든 유일신교는 종교를 하나로 통합하고 중앙집권화하는 데에 기여함으로써, 종교의 사회적 잠재력을 현실화하는 중요한 계기가 되었다.

기원전 539년, 페르시아 제국의 건설자 키로스 대제가 오피스 전투에서 신바빌로니아인들을 정복한 이후, 바빌론에 살던 유대인들은 마침내 예루살렘으로 돌아가도 좋다고 허락받았고, 이는 궁극적으로 다리우스 대왕의 통치 기간 동안 이뤄진 '제2 성전'의 건설로 이어졌다. 하지만 다리우스 대왕 자신은 아후라 마즈다를 따르는 신도였고, 예루살렘은 기원전 332년에 알렉산더 대왕이 이 지역을 정복해 새로운 세계 종교의 출현을 이끈 헬레니즘화 과정을 시작할 때까지 계속 페르시아 제국이 지배하고 있었다.

최초의 세계 종교가 탄생한 과정

인도유럽 세계의 신들은 인도유럽 문화 이전의 미케네(Mycenean) 신들과 결합하여 오늘날 우리가 잘 아는 그리스와 로마의 신들의 모습으로 완전히 굳어졌다. 서력기원이 시작될 무렵, 그리스-로마 세계에 살던 사람들 대부분은 고전적인 신들을 기반으로 국가가 승인한 다신교를 고수했다. 하지만 지중해 지역은 대체로 혼합주의적이고 다원론적인 환경을 유지했고, 개인적으로 다수의 새로운 종교 의례에 참여하는 사람도 많았다.

이 시기에 출현한 가장 영향력 있는 문화 집단은 단연 그리스의 유대인들이었다. 그들은 《70인역 성서(Septuagint)》(현재까지 전해지는 가장 오래된 그리스어로 번역한 구약성서-옮긴이)로 알려진 히브리 성서 번역본을 활용해 그리스어로 읽고, 말하고, 의례를 거행했다.[28] 그들은 안티오크와 알렉산드리아, 로마와 같은 고대 도시들에서 강력한 영향력을 행사했다. 시간이 지나면서 예루살렘의 전통주의자들과 서쪽에서 새롭게 부상한 범 세계주의 공동체 사이에 분열이 일어나기 시작했다. 게다가 유대 계시 신앙, 즉 세상의 끝이 임박했다는 개념을 중심으로 한 일련의 운동이 전개되면서 다른 문제들도 쏟아져 나왔다.

1세기 무렵, 나사렛에서 온 카리스마 넘치는 한 랍비에 관한 이야기가 그리스의 유대인 사회를 흔들어 놓기 시작했다. 이 랍비는 많은 동시대인과 마찬가지로 유대 계시 신앙을 설파했고, 비록 고대 다윗 왕국의 재건이라는 메시아적 목적을 달성하는 데에는 실패했지만, 그의 제자들은 그가 곧 되돌아와 세상의 종말을 이끌고 신의 왕국을 건설할 것이라고 생각했다. 하지만 세상의 종말이 오지 않자, 초기 기독교인들은 관심의 초점을 지상의 왕국에서 사후의 영원한 왕국으로 전환했다.

초기 기독교도 중 한 명이었던 사도 바울은 잘 알려졌듯이 예수를 직접 만나지 못했지만, 기독교의 문헌적 전통을 지금처럼 잘 확립할 수 있었던 것은 대부분 그의 노력 덕분이었다. 그는 《신약성서》에 수록된 다수의 중요한 작품을 집필했는데, 그중에는 다른 복음서들보다 먼저 작성한 〈바울의 서신들(Letters of Paul)〉도 포함되어 있다.[29] 범 세계주의적 개혁가였던 그는 비유대인에게도 새로운 형태의 유대교를 소개하고자 했다. 예수는 그런 과업을 달성하기 위한 완벽한 매개체였다.

'예수 운동(Jesus Movement)'을 유대교라는 민족 종교의 뿌리에서 떼어내 다른 세계관과 융합함으로써 바울은 자신의 내면에서 싹트던 새로운 신념을 최초의 '세계 종교'에 접목할 수 있었다.[30] 바울과 같은 인물의 문화적인 영향력에 더하여, 예수와 그의 제자들을 대상으로 한 도상학적, 언어학적 그리스화(Hellenization) 작업은 기독교와 지중해 문화의 연관성을 한층 더 강화함으로써 예수를 확고하게 서양적 가치의 전형으로 만들었다.

기독교의 문화 타파 운동

비록 그리스-로마 세계에서 일어난 많은 종교 운동 중 하나일 뿐이었지만, 기독교는 분명 세계 전역에서 가장 오랜 시간 커다란 영향력을 행사해 왔다. 이것은 상당 부분 기독교가 로마의 국교로 공인된 덕분이기도 했다. 국교화는 궁극적으로 로마 제국의 운명에는 해로운 영향을 끼쳤지만, 기독교의 정치적 영향력만큼은 큰 폭으로 키웠다. 4세기 무렵, 고위 성직자들은 의사보다 여섯 배 정도 많은 급여를 받았고, 교회는 조세의 의무를 완전히 면제받았다.[31] 성직은 상위층으로 진입하는 수익성 좋은 길이었고, 그곳에서 신심 깊은 성직자들은 호화로운 세속적 삶을 누리며 사후의 영속적인 구원까지 기다릴 수 있었다.

초기 기독교 시대에 일어난 문화적 말소는 우리가 상상하는 것보다 훨씬 큰 규모였다. 고전 시대의 작품들 중에 머리 없는 조각상이 그토록 많은 이유는 바로 이 같은 문화 타파 운동 때문이다. 조각상은 단순히 목이 잘린 것뿐만이 아니다. 독실한 종교적 열성분자들은 조각상을 땅에 떨어뜨린 후 심각하게 훼손했다. 제단은 박살났고, 필사본은 파쇄되었으며, 사랑받던 우상은 사람들의 눈앞에서 산산이 부서졌다.[32]

하나의 종교적 권위 아래 모든 사람을 결속시키기 위해서는 오래된 신들을 비난하고, 그들에 대한 숭배의 흔적을 모두 없애야 했던 것이다. 물론 예수의 가르침을 따랐던 모든 사람이 바울의 기독교 운동을 지지했던 것은 아니다. 나사렛파(Nazarenes)와 에비온파(Ebionites) 같은 유대교의 분파는 그리스어 〈마태복음(Gospel of Matthew)〉의 아람어(Aramaic) 번역본을 따르며 율법을 준수했는데, 그들의 이런 전통은 서력기원 초기의 4세기까지만 해도 상당한 독립성을 유지했다. 결국 기독교 운동의 그늘에 가려 그 명맥은 끊어졌지만, 그들이 남긴 유산의 잔재들은 훗날의 이슬람 전통에서 찾아볼 수 있다.[33]

정복과 지배의 종교

아브라함 계통의 종교인 유대교와 기독교, 이슬람교는 인류를 우주의 존재론적 중심으로 명확히 설정한다. 〈창세기〉의 첫 장에는 이런 말이 있다.

> 신께서 그들에게 이르시되 '생육하고 번성하여 땅에 충만하라. 땅을 정복하라. 바다의 물고기와 하늘의 새와 땅에 움직이는 모든 생물을 지배하라' 하시니라. 그리고 신께서 이르시되, '내가 온 지면의 씨 맺는 모든 채소와 씨를 가진 열매 맺는 모든 나무를 너희에게 주노니 너희의 먹을거리가 되리라. 또 땅의 모든 짐승과 하늘의 모든 새와 땅에 기는 모든 것, 생명이 있는 모든 것에게는 내가 모든 푸른 풀을 먹을거리로 주노라' 하시니 그대로 되니라.[34]

일부 번역본은 이 구절을 다소 부드럽게 표현하지만, 사실 '정복 (Subdue)'과 '지배(Dominion)'는 히브리 원어에 아주 충실한 번역으로 볼 수 있다. 일부 환경 비평가들은 성서의 이 구절이야말로 지금까지 알려진 모든 글 중에서 '인간과 자연 사이의 관계에 가장 큰 영향을 미친 구절'일 것이라고 지적한다. 미국의 역사학자이자 중세사 전문가 린 화이트 주니어Lynn White Jr 역시 '생태 위기의 역사적 뿌리(The Historical Roots of our Ecological Crisis)'라는 논문에 이렇게 썼다.

> 서구적인 형태의 기독교는 세계에서 가장 인간 중심적인 종교이다. 인간은 자연에 대한 초월성을 상당 부분 신과 공유한다. 기독교는 고대의 이교도 및 아시아의 종교들(조로아스터교를 제외한)과는 정반대로 인간과 자연을 둘로 나눌 뿐만 아니라, 인간의 목적을 위해 자연을 이용하는 것이 신의 뜻이라고 주장하기까지 한다.[35]

이런 신학적 사고는 이미 아리스토텔레스의 인간중심주의에 물들어 있던 그리스-로마 세계 속으로 아주 쉽게 스며들었고, 결국 자연 세계에 대한 무시를 합리화하고 정당화하는 결과를 초래했다.

악에 대한 새로운 해석

신성(Divine)에 대한 이해는 우리가 자연과 관계를 맺는 방식에도 깊은 영향을 미쳤다. 신성의 개념은 우리 발아래에 있는 땅을 향한 외경심을 불러일으키는 데에 사용할 수도 있고, 우리를 생태학적인 해리 상태로 몰아가기 위해 사용할 수도 있다. 생태학적 해리 상태는 많은 현대 종교의 공통적인 특징인데, 이 종교들은 물질세계가 비도덕적이고 경멸할 만한 곳이라는 사실을 상기시키는 수단으로 독신 생활과 같은 금욕 수행을 내세웠다. 물질성과 완전히 분리되어야만 신성이나 깨달음에 이를 수 있다는 개념 역시 자연의 힘을 경멸하게 만들었다.

지중해 사회에서 영지주의(Gnosticism)가 발흥하면서 지구의 비천함을 거부하는 태도가 현저히 부각되기 시작했다. 뿌리는 기독교 전통에 두지만, 영지주의는 전통적인 종교 수행보다는 신을 직접적으로 경험하면서 계발할 수 있는 그노시스Gnosis, 즉 '신비한 지식'을 추구하는 데에 전념한다. 영지주의자들은 초월적인 신이 아닌 사악한 중재자, 즉 '데미우르고스Demiurge'가 주재하는 이원론적 우주를 믿는데, 데미우르고스의 악마적인 성격은 사악한 물질적 우주를 창조한 끔찍한 행위를 통해 드러난다고 볼 수 있다.

데미우르고스라는 개념은 플라톤이 자애로운 데미우르고스를 물질세계의 창조자로 설정한 고대 그리스로까지 거슬러 올라간다. 영지주의자들은 세계를 창조한 자의 자애로움에 이의를 제기했고, 데미우르고스는 12~14세기에 걸친 카타리파(Cathar)의 부흥 기간 동안 악마와 완전히 같은 취급을 받는다. 영지주의는 중세 말기 동안 유럽에서 대체로 흐지부지해졌지만, 자연과 악을 연결시킨 방식은 후세에까지 계속해서 영향력을 행사했다. 시간이 지나면서 우리의 신들은 점점 더 초월적인 존재로 변해갔고, 악마들은 갈수록 더 세속적인 성질을 띠게 되었다.

우리는 '지옥'이나 '악마'와 같은 용어가 유대 계시 신앙과 조로아스

터교의 상호작용으로 뒤늦게 추가된 개념이라는 사실에 주목해야 한
다.[36] 다른 신화적 등장인물들처럼, 악마는 시간이 흐르면서 진화를 거
듭한다. 히브리 성서에 사탄Satan이라는 단어가 가끔 등장하지만, 여기
에서는 단순히 '비난자(Accuser)'나 '적수(Adversary)'라는 뜻으로, 대개는
적대적인 인간을 가리킬 때 이 말을 사용했다. 어떤 구절에서는 이 단어
를 야훼의 심부름을 맡은 천사를 가리킬 때 활용하기도 했다. 하지만 이
신성한 관리자는 악의로 가득한 기독교적 악마와 닮은 점이 거의 없는
데, 사실 그런 악마는 주류 유대교 문헌에는 아예 등장하지도 않는다.[37]
우리가 사용하는 '악마'라는 단어는 '사탄'이라는 히브리어를 그리스어
번역한 '디아볼로스(비난자나 적수를 의미함)'에서 온 말이다.

그렇다면 악령은 어떨까? 이 어둠의 하인들은 대체 어디에서 온 것일
까? 히브리 성서에서 우리가 악령이라 칭하는 존재는 세이림Se'irim과 셰
딤Shedim, 두 부류로 구분할 수 있다. 이 둘은 모두 한때 고대 히브리인들
이 숭배했던 '거짓 신들'을 가리키는 용어이다. 《70인역 성서》에는 셰딤
을 강력한 영혼을 의미하는 고대 그리스어 '다이모니아Daimonia'로 번역한
다. 시간이 지나면서 이 다이모니아 부류에는 고전적 '이교' 세계의 많
은 신이 포함되었는데, 공경할 만한 특성이라곤 박탈당한 채 악의 전형
으로 변형되고 말았다. 한때 자연 세계에 내재된 영혼을 대표하던 이 신
들은 이제 허구에 불과한 것으로 거부당할 뿐만 아니라, 악령이라는 비
난까지 감수해야 했다.

언젠가 아우구스티누스는 이렇게 선언했다. '모든 이교도는 악령
의 힘에 사로잡혀 있다. 사원은 악령을 위해 건설되었고, 제단은 악령을
위해 세워졌으며, 성직자는 악령에게 봉사하기 위해 임명되었고, 희생

제의는 악령에게 바쳐졌고, 광란의 축제는 악령의 예언을 받아들이기 위해 시작했다.'[38]

말레우스 말레피카룸과 마녀재판

중세 초기 대부분의 기간 동안 악마는 다소 불운한 존재로 남아 있는 정도였지만, 흑사병이 발발한 이후부터는 그 명성이 극적으로 변화하기 시작했다. 사람들은 전염병이 발생한 이유가 악마의 소행일지도 모른다는 의심을 품었다. 악마는 더 이상 형체가 불분명한 적수에 불과한 것이 아니라, 가공할 만한 힘을 가진 자연의 몹쓸 세력이 되고 말았다. 하지만 아마도 악마와 악령에 대한 서양인들의 인식이 가장 급격하게 변한 시점은 매우 중요한 책 한 권이 출간된 1486년부터일 것이다. 그 책의 제목은 바로 《말레우스 말레피카룸Malleus Maleficarum》, 즉 '마녀의 망치(The Hammer of Witches)'였다. 이 유명한 마녀 사냥 안내서는 독일의 심문관이었던 하인리히 크래머Heinrich Kramer가 인스브루크Innsbruck에서 자신의 임무를 수행한 후 집필한 것이다.

1485년 크래머가 오스트리아에 도착했을 때, 그는 헬레나 슈베린Helena Scheuberin이라는 한 여성과 마주쳤다. 처음부터 심문관을 싫어했던 그녀는 크래머가 산골 마을에 도착하자마자 그를 향한 반감을 노골적으로 내비쳤다. 헬레나는 그에게 침을 뱉으며 '이런 나쁜 수도승 같으니! 악마가 당신을 붙잡아 가기를!'이라고 소리쳤다고 한다.[39] 이후 그의 설교를 공개적으로 거부하며 다른 사람들의 동참을 유도하기도 했다. 그녀는 크래머에게 눈엣가시와 같은 존재였고, 크래머는 결국 그녀에게 마녀 혐의를 씌워 법정에 데려가기로 결심했다. 그는 그녀가 사악한 마법을 활용해 마을의 기사들을 해쳤다고 주장한 다음, 그녀의 성적 방종을 증거로 들어 자신의 주장을 입증하려 했다. 하지만 마을의 조사 위원회는 그런 증거만으로는 그녀가 마녀임을 입증할 수 없다고 판단했고, 슈베린에게 무죄를 선고했다.[40]

크래머는 이 판결에 동의할 수 없었다. 그는 수개월 동안 인스브루크에 머물며 슈베린에게 불리한 증거를 찾으려고 마을 사람들을 괴롭히다가 결국에는 마을의 주교에게 추방당해 쾰른으로 돌아갈 수밖에 없었다.[41] 굴욕감과 분노에 휩싸인 그는 쾰른에 도착하자마자 펜을 들어 집필을 시작했다. 그의 책은 엄청난 관심과 논란을 동시에 불러일으켰는데, 초기에는 쾰른의 많은 고위 신학자가 확립한 가톨릭 교의를 벗어났다는 비난을 받아야 했다.[42] 당시만 해도 악마는 초자연적인 힘의 증여자가 아닌, 거짓말쟁이나 기만자일 뿐이었다. 하지만 얼마 지나지 않아 이 책과 유사한 작품들이 악의적인 마법이 심각한 위협이 된다는 사실을 유럽의 기독교인들에게 효과적으로 납득시키는 역할을 했다.

마법을 다룬 이전의 책들과는 달리, 크래머는 자신의 책을 통해 악마가 부도덕한 여성들을 마법의 길로 꾀어 들인다고 주장하면서, 마법과 여성의 성생활을 직접적으로 연관시키려고 애썼다. 이 시기에는 성적 문란을 엄청난 죄악으로 여겼다.[43] 심지어는 유산이나 낙태조차 사형을 선고하는 구실이 되었다. 여성들은 단순히 사탄에게 속은 것뿐만 아니라, 신에게 대항해 사탄과 공모하는 존재로 의심받았다.

16~17세기에는 약 4만에서 6만 명에 이르는 사람들이 마녀재판으

로 처형당했다. 이들 가운데 약 80퍼센트는 여성이었다.[44] 물론 우리는 이 여성들이 악마와 실제로 계약을 맺지 않았을 것이고, 마술과 연관된 활동에 직접적으로 가담하지도 않았을 것이라고 추측할 수 있다. 그럼에도 그들은 단지 여성이라는 이유만으로 악의적인 마법을 부린다는 의혹을 받았다. 당시에는 유럽 전역에서 이교적 영성을 엄격하게 단속했고, 반유대주의 역시 눈에 띄게 증가하는 추세였다.[45] 또한 크래머는 동물 '사역마(Familiars)'라는 개념을 공식화했는데, 이에 영향을 받은 사람들은 동물들이 마녀의 숨은 조력자일지도 모른다고 두려워하면서 고양이를 비롯한 몇몇 종의 동물들을 대량으로 학살했다.

유럽의 마녀재판은 기독교인의 인식을 엄청나게 바꿔 놓았다. 한때는 '인간의 환상'에 불과했던 마녀에 대한 두려움이[46], 여성성과 직접적으로 연관된 실제적이고 임박한 위험으로 변했다. 악마나 마녀에 대한 이 새로운 해석은 종교개혁 기간 동안 더욱 호응을 얻었는데[47], 마틴 루터Martin Luther는 여기서 한 걸음 더 나아가 악마를 인간의 마음과 사회, 자연 세계의 어두운 곳에 잠복해 있는 '상존하는 위협'으로 설정했다.

신성화의 위험성

자연을 '악'으로 보는 관점이 생태학적으로 분명히 해롭지만, 우리는 신성화(Deification)에 대해서도 경계해야 한다. 우리가 품을 수 있는 가장 위험한 신념 중 하나는, 우리의 행동이 지구에 의미 있는 영향을 미치지 않는다고 생각하는 것이다. 나무와 동물, 열대 우림은 불멸하는 신들이 아니라 각자 고통받고 죽음을 맞이하는 지각 있는 존재들이다. 따라서 우리의 행위가 그들에게 해를 끼칠 수 없다고 생각하는 것은 큰 실수일 것이다. 신성화는 끔찍한 형태의 '타자화'가 될 수 있는데, 현대사회의 '왕족'이나 '유명 인사'를 대하는 우리의 태도에서도 어렵지 않게 찾아볼 수 있다. 또한 신성화의 위험 요소는 여성을 단지 '출산을 위한 성스러운 그릇'으로 여겨 남성에게 종속시키는 근본주의적 종교 전통에서도 찾아볼 수 있다. 살아 있는 존재를 신성한 원형으로 축소시키는 행위는 공감이나 존경과는 거리가 멀다.

특정 존재를 신성화하는 동안, 우리는 그들의 자율성과 취약성 모두를 빼앗고 만다. 카트만두에서 생활하던 당시, 나는 파슈파티나트 사원 옆에 있는 바그마티 강가에 앉아 시체를 씻기고 화장을 준비하는 광경을 내려다보곤 했다. 그때 나는 한 신자가 향 꾸러미를 손에 들고 물가로 걸어 내려가는 모습을 목격했다. 그녀는 주저 없이 향 꾸러미에서 포장지를 벗겨 성스러운 강물 속에 던져 넣은 뒤, 향에 불을 붙이고 기도를 염송하기 시작했다. 안타깝게도 이 명백한 불협화음은 종교와 자연이 긴밀하게 얽혀 있는 사회에서조차 너무나도 흔히 벌어진다.

시간이 지나면서 세상에서 가장 강력한 몇몇 종교는 자연과 악이 직접적으로 연관되어 있다고 상상했다. 그리고 자연과 여성성의 자연스러운 연관성은 여성들마저 더 심한 억압 속으로 몰아넣고 말았다. 이것은 여러모로 우월하고 남성적인 이성의 영역과 열등하고 여성적인 물질적 자연의 영역을 나눈 플라톤의 관점과 잘 맞아떨어진다. 영지주의와 같은 지혜로운 전통에서조차 자연 세계는 신의 초월성과 순수성을 가리는 악마적 환상에 불과한 것으로 여겨졌다. 결과적으로 이런 체계들은 인간만이 고유한 실존적 가치를 지닌 유일한 생물학적 유기체라는 개념을 정당화함으로써, '자연'이라는 타자에서 '인류'를 분리하는 데에 큰 영향력을 행사했다.

인간중심주의가 엄청난 영향력을 행사할 수 있었던 이유는 우리가 종교에 감정적으로 집착하는 성향이 있기 때문이기도 하고, 이른바 '세계 종교'라고 불리는 종교들이 기존의 문화적 맥락 너머로까지 이런 개념을 널리 퍼뜨렸기 때문이기도 하다. '어떤 그리스 철학자는 인간이 동물보다 우월하다고 생각했다'라고 말하는 것과 '하늘과 땅을 창조한 전지전능한 신이 그렇게 선언했다'라고 말하는 것은 완전히 다르다.

이런 종교적 신화는 우리가 '도덕적인' 것으로 간주하는 행동에도 커다란 영향을 미친다. 우리는 삶의 의미와 우주에서의 우리의 입지를 다지기 위해 종교에 의지해 왔다. 하지만 종교적인 관념은 언제나 그 시대와 장소의 산물일 수밖에 없다. 기록된 것이든 인간이 체험한 것이든, 종교적인 권위는 양도 불가능하거나 완전무결한 것과는 거리가 먼 개념이다.

물론 그렇다고 해서 종교의 진화론적인 위력까지 부정하는 것은 아니다. 우리는 종교를 통해 강력한 사회적 유대를 형성함으로써, 인간 집단의 생존 가능성을 급진적으로 높일 수 있었다. 하지만 다양하고 다문화적인 세상에서 계속 배타적인 접근법을 취한다면 반드시 분열이 일어날 수밖에 없다. 인류가 계속해서 세상의 선을 대변하는 세력으로 남고자 한다면, 종교는 다원주의를 훨씬 편안하게 받아들여야 할 것이고, 궁극적으로는 모든 존재를 향한 시선을 인간중심주의적인 망상 너머로까지 확장해야 할 것이다.

3부

대안을 발견하는 길

UNSEEN BEINGS

6장

인식의 전환

질병을 바라보는 새로운 시선

우리는 생태학적 질병의 진행 과정에서 매우 중대한 전환점에 서 있다. 또한 이 병의 예후는 우리가 어떤 치료법을 선택하느냐에 따라 완전히 달라질 것이다. 어떤 사람들은 여전히 지금의 상태에서 곧 회복할 수 있을 거라는 희망을 품지만, 사실 지구는 우리가 생각하는 것보다 훨씬 위태로운 상태에 있다. 우리는 인류가 무차별적인 집합체가 아니라는 사실을 기억해야 한다. 즉, 모든 인간이 기후 변화에 대해 똑같은 책임을 져야 하는 것도 아니고, 모두가 똑같은 결과를 경험하는 일도 일어나지 않을 것이다. 당연히 더 많은 재원과 특권을 가진(그리고 종종 더 많은 책임이 있는) 사람들이 가뭄이나 식량 부족, 극단적 고온 현상, 해수면 상승과 같은 위험으로부터 스스로를 더 잘 보호할 수 있을 것이다. 궁극적으로는 우리 모두가 기후 변화의 결과들과 직면하겠지만, 그 결과가 균형 잡히거나 균등한 방식으로 배분되지는 않을 것이다.

세계적인 유행병의 출현은 때로 이런 규칙에서 벗어나기도 한다. 질병은 부나 계급, 계층 같은 것을 가리지 않는다. 코로나 같은 전염병은 질병이 모든 존재를 평등하게 만드는 강력한 힘이 될 수도 있다는 사실을 우리에게 상기시켰다. 인류세가 직면한 가장 참혹한 결과 중 일부는 세계 전역에 엄청난 영향을 미칠 것이다. 안타깝게도 유행병과 기후 변화의 깊은 연관성에 관해 이야기하는 사람은 거의 없지만, 사실 이 둘은 매우 긴밀하게 이어져 있다.

코로나 사태에서 배워야 할 교훈

코로나 사태는 여러 면에서 시대를 새롭게 정의하는 경험이었다. 이 비극을 통해 몇몇 중요한 변화가 일어났지만, 이 글을 쓰는 시점까지 코로나로 목숨을 잃은 사람은 1천5백만 명이 넘는 것으로 추정된다.[1] 이 숫자는 백신이 없었다고 가정했을 때의 예상 사망자 수에 비할 바가 못 되는데, 백신은 2021년 한 해 동안에만 약 2천만 명의 목숨을 구한 것으로 보인다.[2] 하지만 질병에 대한 집단적 공포 및 인명 손실과 씨름을 벌인 경험은 그 자체로 강력한 트라우마로 남았다.

사회 과학자들은 코로나 사태 이후 인간이 슬픔을 대하는 방식에도 뚜렷한 변화가 일어났다고 보고했다. 공적인 애도 표현(예컨대, 소셜 미디어를 통한)은 종종 비판과 조롱, 음모론의 표적이 되곤 했다.[3] 세계적인 비극이 우리를 똘똘 뭉치게 해서 타인의 입장에 더 공감하도록 이끌 것이라고 기대할지도 모르지만, 사실상 코로나는 사람들을 그 어느 때보다도 더 개인주의적이고, 냉담하고, 신랄하게 만들었다.

지난 몇 년간의 경험에서 우리는 많은 교훈을 얻었는데, 우선 데이터 하나만으로는 행동의 변화를 일으키기에 충분하지 않다는 사실을 깨달았다. 점점 더 심해져 가는 자연과학과 사회과학, 인문학, 예술 사이의 균열은 우리를 '지식의 와해'라는 위기 상황으로 내몰았다. 결국 객관적인 데이터를 충분히 이해하고 심리적으로 통합을 이룬 뒤에야 비로소 행동의 변화가 일어난다.

변화에 이르는 길에는 연구와 데이터 분석, 사회 및 역사적 맥락의 이해, 다양한 청중들에게 지식을 전달하는 창조적 능력 모두가 포함될 수밖에 없을 것이다. 하지만 인류의 역사를 살펴봐도 이런 형태로 학문 간의 연구가 이뤄진 경우는 극히 드물었다. 과학자와 역사가, 사회학자, 철학자, 작가, 정치인들이 한자리에 모여 지구에 나타난 문제의 해결책을 모색하는 건 절대 흔한 일은 아니다. 하지만 우리에게 정말 필요한 것은 바로 이런 유형의 대화이다. 코로나 사태에서 배워야 할 가장 중요한 교훈 중 하나는 이 세상을 전체론적으로 이해하기 위해 과학과 인문학의 적극적인 협업이 필요하다는 사실이다.

불행히도 이 지독한 유행병의 출현은 충분히 예측할 수 있었으며, 앞으로는 이런 유행병이 새로운 표준으로 자리 잡게 될지도 모른다. 과학자들은 수십 년 전부터 기후 변화로 새로운 전염병이 필연적으로 증가할 것이라고 경고해 왔다. 이것은 부분적으로 생태계 변화와 영구 동토층의 융해, 병원균이 자라는 기후 조건의 확대 등에서 시작된 결과이다. 하지만 이것은 우리가 자연 세계의 경계를 침범하여 인간 아닌 존재들과 불편한 관계를 맺은 데에서 비롯한 결과이기도 하다.

이익 추구를 위해 자연 세계 속으로 더 깊이 파고들어 갈수록 우리는 어쩔 수 없이 스스로를 수많은 낯선 존재와 이질적인 미생물에게 더 많이 노출할 수밖에 없다. 단순히 소비를 위해 동물들을 포획하고 도살하는 곳에서는 이와 같은 노출이 순식간에 위험한 결과를 초래할 수도 있다. 미국의 축산 기업은 매우 다양한 동물을 사육하는 만큼, 일단 돼지 인플루엔자나 조류 독감 등이 발생하면 즉시 공중보건 참사로까지 이어질 수 있다. 만일 우리가 유행병의 위협을 진지하게 받아들이고 전염병과 생태계의 연관성을 고려하지 않는다면, 유감스럽게도 코로나는 빙산의 일각에 지나지 않는 경험이 될 것이다.

전염병을 다루는 다양한 접근법

유행병은 우리에게 분명 새로운 것이 아니지만, 지질학적으로 말하자면 유행병이 지구상에 그다지 오랫동안 존재했던 것도 아니다. 우리에게 익숙한 전염성 병원균의 대부분은 축산업이 번영한 지난 1만 2천 년 동안 발생했는데, 당시만 해도 이 병원균들은 인간에게 치명적인 영향력을 행사했다.[4] 인류는 농업혁명을 인간 문명의 위대한 도약으로 간주하지만, 착취적이고 부주의한 동물 사육법은 질병이 발생하고 퍼지기에 가장 이상적인 환경을 조성했다. 정적이고 집중적인 농업 사회의 특성으로 이 전염성 병원균들은 수천 년에 걸쳐 끊임없이 전파되며 진화를 거듭할 수 있었다.

고대 시대에 세계 전역의 의학 체계는 전염병을 다루는 다양한 접근법의 발달로 이어졌다. 고대의 여러 전통에서는 유행병을 악마나 요정, 정령 등과 같은 보이지 않는 존재들 때문에 일어나는 것으로 생각했다. 하지만 그리스-로마 세계는 이런 생각을 말도 안 되는 미신으로 여겼다. 갈레노스와 같은 의학 이론가들은 '나쁜 공기'가 유행병의 진짜 원인이라고 가정했다. 이 이론으로 역병을 다루는 의사들이 착용하는 새 부리 모양의 기괴하고 독특한 마스크가 탄생했는데, 마스크 속에는 전염성을 띤 악취를 차단하는 향기로운 약초들을 가득 채웠다.

갈레노스파 의학이 유라시아 전역에 걸쳐 크게 번성하는 동안, 다른 지역에 거주하던 의사들은 전염병의 특성에 관한 다소 색다른 결론에 도달했다. 그중에서도 티베트 의학은 특히나 인상 깊은 사례를 보여준다. 7~9세기 무렵, 인도와 중국, 그리스-아랍 지역의 의학이 티베트로 서서히 흘러들기 시작했을 때, 티베트의 초기 의학자들은 통합적인 치유의 과학인 '소와 릭파Sowa Rigpa'를 확립하기 위해 자신들의 토종 의학 지식을 겉으로는 이질적으로 보이는 전통들과 혼합했다. 그들은 이 통합 의학을 12세기 무렵 유톡 왼텐 괸포Yuthok Yonten Gonpo가 쓴 《사부의전》을 통해 공식화했다. 이 책은 오늘날까지도 티베트 의학의 이론적, 교육적 기반으로 남아 있다.

우리는 소와 릭파나 아유르베다, 중국 의학과 같은 체계들을 종종 '전통 의학'으로 여긴다. '전통'이란 단어를 들으면 대부분 '예로부터 내려오는 오래된 방식'을 떠올린다. 그런 만큼 전통 의학은 종종 현대성에 대한 일종의 저항이나 진보에 대한 대안을 연상시킨다. 하지만 여기서 전통은 단지 혈통 정도를 의미할 뿐이다. 이와 같은 전통들은 다양한 출처와 여러 세대의 전문가에게 영향을 받으며 오랜 세월 동안 신중하게 계발되었다.

고대 의학은 언제나 다문화적인 성격을 띠었는데, 질병이 폐쇄적이거나 배타적인 방식으로 다루기에는 너무 심각한 문제였기 때문이다. 그보다는 다른 사람이 어떻게 하는지 지켜보고 그대로 시도해 본 다음, 결과가 좋으면 같은 치료법을 권하는 것이 훨씬 더 실용적인 태도일 것이다. 실제로 많은 고대 의학 체계는 환자를 치료하는 가장 효과적인 치료법을 찾기 위해 다른 문화권의 처방이나 약품 등을 공유하는 것을 주저하지 않았다.[5]

지중해 세계에서는 히포크라테스파 및 갈레노스파 의술의 의학적인 진보를 위한 바탕이 마련되었다. 갈레노스파 의술은 분명 건강과 질병에서 환경적인 요인이 중요하다는 사실을 어느 정도 인정했지만, 이 이론은 생명력과 자율성이 철저하게 결여된 상태였다. 물론 우리는 이제 인간 아닌 유기체들이 실제로 인간의 건강에 막대한 영향을 미친다는 사실을 잘 알지만, 오랫동안 유럽에서는 이런 관념을 터무니없다고 여겼다.

갈레노스파의 의술이 유라시아 전역으로 널리 퍼지는 동안, 아시아의 의학적 전통은 일반적으로 질병의 병인학에서 살아 생동하는 환경이 담당하는 역할에 관해 서구와는 완전히 다른 결론에 도달했다. 인간이 눈에 보이거나 보이지 않는 존재들과 맺는 관계를 개인적 건강과 사회적 건강을 위한 필수 요소로 여긴 것이다.

치유의 과학을 만나다

2009년, 콜로라도주 볼더시에 있는 나로파 대학에서 공부하는 동안, 나는 매우 큰 병에 걸리고 말았다. 수개월 동안 하루에도 여러 차례 구토를 했지만, 내 의료보험으로 이용할 수 있는 의료 서비스는 별로 도움이 되지 않았다. 그래서 온라인으로 다른 대안을 찾아보기로 마음먹었다. 나는 오래전부터 티베트 의학에 관심이 있었고, 십대 시절에 이 주제를 다룬 입문서를 읽어보기도 했다. 심지어 고등학생이었을 때는 여드름을 치료하기 위해 분투하다가 온라인으로 약간의 티베트 약품들을 주문한 적도 있었다. 하지만 볼더시로 이사하기 전까지만 해도 티베트 의사를 직접 만나는 일은 상상조차 할 수 없었다. 그러던 중에 한 친구가 내게 서양인 멘파Menpa(티베트 의사-옮긴이) 나샬라 그윈 닌다Nashalla Gwyn-Nynda 박사의 진료를 받아보라고 추천했다.

그녀는 히말라야와 매사추세츠주에 있는 '상숭 인스티튜트Shang Shung Institute'에서 공부한 의사였는데, 상숭 인스티튜트는 아시아 외부 지역에서 티베트 의사 자격증을 수여하는 몇 안 되는 협회 중 하나였다. 마침내 티베트 의사를 만날 수 있어 몹시 신이 났던 나는 그녀가 신중히 나를 진맥하고 소변 샘플을 검사하는 모습을 존경심 가득한 눈으로 지켜보았다. 그녀는 내게 나타난 증상과 식단, 생활방식에 관해 약간의 의견을 건넨 다음, 내게 맞는 식습관과 행동 지침을 안내했다. 그리고 병원 문을 나서기 전에는 약봉지 몇 개를 건넸다.

그녀를 만난 지 일주일 만에 수개월 동안 나를 괴롭혀 온 증상들이 완전히 사라졌고, 다음 진찰을 위해 그녀의 병원을 다시 방문했을 무렵에는 그 어느 때보다도 몸이 가뿐한 상태였다. 나는 이 치료법의 효과에 놀랐고, 이때부터 티베트 의학을 배우고 싶다는 간절한 소망을 품었다.

그로부터 몇 주 후, 상승 인스티튜트에서 새 학생을 모집한다는 공고가 떴을 때 나는 주저 없이 지원서를 제출했다. 운 좋게도 이곳에 합격한 후, 나는 다니던 대학을 그만두고 티베트 의학으로 향하는 기나긴 여행을 시작했다. 우리 커리큘럼의 핵심에는 늘 《사부의전四部醫典》이 있었는데, 푼초그 왕모Phuntsog Wangmo 교수는 이 책에 관한 깊이 있는 해석과 설명으로 나를 놀라게 했을 뿐만 아니라, 질병 진단법과 외치 요법, 약초 사용법 등 다양한 실무까지 함께 가르쳤다. 티베트 의학을 배우며 보낸 몇 년은 내 삶에서 가장 도전적인 시간이었지만, 동시에 엄청나게 정신이 풍요로워지는 시간이기도 했다. 이곳을 졸업할 무렵, 나는 세상을 바라보는 시야가 극적으로 확장되었다는 사실을 깨달았다.

의학 수업 외에 나는 티베트 북동부 출신의 요기 겸 의사인 니다 체낙창 박사에게 개인적인 가르침을 받기도 했다. 니다 박사는 티베트 의학을 실천하는 티베트 불교 수행 유파인 '유톡 닝틱Yuthok Nyingthig'의 정통 계승자로, 티베트 의학의 세속적인 측면과 영적인 측면 모두를 전 세계 사람들에게 소개하는 핵심적인 역할을 맡기도 했다. 2017년, 그는 나에게 네팔로 떠날 것을 권유했고, 나는 그곳에서 다섯 달에 걸친 의료 인턴 과정을 이수했다. 그 후 몇 년 뒤부터 나는 니다 박사의 요청으로 학생들을 가르치기 시작했다.

질병의 네 가지 원인

불교 철학에서는 질병을 포함한 모든 고통이 무지와 탐착, 혐오라는 정신적 번뇌의 결과이며, 이런 번뇌는 우리가 진정한 본성을 제대로 알아차리지 못하는 데에서 온다고 주장한다. 또한 모든 질병은 우리의 세계관과 실제 모습 사이에 일어난 근본적인 균열의 불가피한 결과로 볼 수 있다고 이야기한다. 불교에 따르면, 이 같은 균열은 모든 지각 있는 존재들의 공통적인 경험이다. 하지만 티베트 의학은 그보다 실용적인 차원에서 우리를 불균형 상태로 내모는 네 가지 조건을 구체적으로 언급한다. 식습관, 생활양식, 시간과 계절, 그리고 도발(Provocation)이다.

그중 식습관과 행동은 질병의 원인과 치유법 모두에 해당한다. 이 둘은 우리가 주변 세상과 관계를 맺는 주된 방식이며, 우리의 역동적인 균형 상태를 촉진할 수도 있고, 우리를 깊이 병들게 할 수도 있다. 또한 시간과 계절은 건강 상태를 주기적으로 요동치게 할 수 있으며, 자연스러운 생체리듬과 계절 변화의 생리학적, 정신적 영향력 모두를 반영한다. 계절과 연관된 불균형 가운데 다수는 식습관 및 생활양식과 연관이 있지만, 시간적인 역동은 우리 모두가 끊임없이 변화하는 상호 의존적 세계의 일부라는 사실을 상기시킨다.

하지만 이 시점에서 가장 중요한 것은 '도발'이라 부르는 마지막 요소이다. 도발에 기반을 둔 장애는 식습관이나 생활양식, 시간적 주기가 아니라 다른 존재들 때문에, 즉 평소에는 볼 수 없는 존재들 때문에 발생한다. 이 목록에는 미생물 병원균에서 오는 광범위한 전염병을 비롯해 수많은 신체적, 정신적 질환들이 포함된다. 이런 불균형 상태는 인간의 오만과 욕심 때문에 화가 난 보이지 않는 존재들 때문에 직간접적으로 발생하는 것으로 본다.

이 이론은 고대 서구 세계에서 발견할 수 있는 초자연적인 질병 패러다임과 뚜렷이 구분할 수 있다. 히포크라테스와 갈레노스가 미신을 공격했을 때, 그들은 사실상 질병이 신이 내리는 징벌이란 개념에 반발하면서 질병에서 생리학적이거나 환경적인 요인들이 담당하는 역할을 강조했다. 하지만 불교 의학 전통에서는 이미 오래전에 이런 도약을 이뤄냈다. 불교에서는 우리의 개인적인 '카르마Karma'가 우리의 모든 경험에서 일정한 역할을 담당한다고 여긴다. 사실상 질병이 '나쁜 카르마의 결과'라고 주장하는 것이나 다름없지만, 이것은 '신들의 영향'이나 '징벌'과는 아무런 관계도 없다. 질병에 관한 한, 카르마는 다른 모든 고통스러운 경험들과 마찬가지로 단지 배경에 머물러 있는 잠재 요소 중 하나일 뿐이다.

인도의 아유르베다(삶의 지혜 또는 생명과학이라는 뜻으로, 고대 인도 힌두교의 대체의학 체계-옮긴이)는 '영혼의 질병'을 대하는 티베트 불교의 접근법을 발달시킨 중요한 원천 중 하나이다. 그중에서도 특히 '영혼이나 귀령의 장애에 대한 치료법'을 다룬 《아쉬탕가 흐르다야 삼히타Astanga Hrdaya Samhita》의 일부 대목이 지금까지도 가장 큰 영향력을 행사하고 있다. 아유르베다의 이론을 지탱하는 이 웅장한 저작물은 서기 600년경에 활동했던 의사 바그바타Vagbhata가 저술한 이후 11세기경 티베트어로 번역되었고, 이후에는 티베트 지역에서 신뢰할 만한 의학 이론의 기반으로 호응을 얻었다. 이 문헌은 아유르베다의 수많은 초기 저작물과 마찬가지로, 영혼과 관련 있는 질병을 관리하는 일을 의료 활동의 일상적인 한 영역으로 제시한다. 이 문헌의 저자는 대개 '빙의(Possession)'의 형태로 나타나는 귀령이나 영혼의 질병 18가지를 나열했는데, 훗날 유톡은 《사부의전》에 영혼의 빙의에 관한 자신의 견해를 서술하면서 이 분류법을 채택하기도 했다.[6]

아유르베다 문헌은 항상 영혼의 질병에 관한 정보들로 가득한 금광 역할을 해 왔지만, 대부분의 현대식 아유르베다 학교들은 이 고대 전통을 유럽과 미국 사회의 감성에 맞춰 자연스럽게 적응시키기 위해 가장 민감한 주제를 의도적으로 회피했다. 반면, 티베트 의학은 혈통의 온전성을 8백 년 이상 유지했을 뿐만 아니라, 인간중심주의의 함정에 빠지는 것 또한 지혜롭게 피해 왔다. 하지만 앞으로는 이 모든 것이 완전히 변할지도 모른다. 의료 및 종교 영역의 수많은 교사들은 영혼에 관해서는 입을 다무는 쪽이 서양 청중들에게 다가갈 때 도움이 된다는 전제 하에 가르침을 펼치려는 경향이 있다. 하지만 그들이 애써 숨기려 한 패러다임이야말로 '자연'과 '건강'의 불가분성에 관한 가장 가치 있는 대안적 관점을 제공하는 만큼 절대 도외시해서는 안 될 것이다.

전염병의 진짜 원인은 무엇인가

초기의 티베트 의학 문헌에서는 '영혼'을 광범위한 질병의 근본 원인으로 여겼지만, 유톡은 《사부의전》에서 보다 미묘하고 보수적인 접근법을 취한다. 그는 대다수 질병은 부적절한 식습관과 생활양식 등 여러 상충하는 요소로 생기며, 오직 일부만이 영혼과 연관된 원인으로 발생한다고 말한다. '도발 장애(Provocation Disorders)' 중 일부는 뚜렷한 정신의학적 요소를 내포하지만, 생리적이거나 심리적인 요인에 근거를 둔 정신 질환과 외적인 이유로 발생한 정신 질환을 구분하는 일은 12세기에도 매우 중요했다.

티베트 의학에서는 전염병을 도발에 기반을 둔 장애로 본다. 따라서 여러 티베트 의사들은 코로나 사태 역시 인간과 자연의 파괴적인 관계에서 시작된 자연스러운 결과라고 생각했다. 공해와 삼림파괴, 대기와 물, 토양, 나무 등의 외해는 하늘에 사는 '마모스Mamos'나 물속에 사는 '나가스Nagas', 나무에 사는 '니엔Nyen'과 같은 보이지 않는 존재들에게도 영향을 미칠 것으로 판단했다. 그들의 고뇌와 분노가 생물학적 영역으로 넘어올 때, 인간을 비롯한 다른 생명체들 또한 병에 걸리고 결국 그 병을 주변의 다른 존재들에게까지 퍼뜨리게 된다는 것이다.[7]

보이지 않는 존재들이 질병의 매개체로 작용할 수 있다는 개념은 서부 유라시아 지역에도 어느 정도 알려져 있다. 하지만 이런 개념은 1천 5백 년간 갈레노스파 의학이 지배하는 동안 대체로 관심 밖으로 밀려났고, 유럽 의사들은 나쁜 공기가 흑사병과 같은 유행병의 주된 원인이라는 확신을 고수했다. 가끔은 부적절한 이론을 토대로 성공적인 치료법을 개발할 수도 있지만, 갈레노스파의 의술은 전염병을 다루는 데에도 비효율적이었다. 이처럼 유럽 의학은 계속 정체된 상태로 남아 있다가 18세기에 이르러 '인두 접종법'을 채택하면서부터 점차 발전하기 시작했다. 인두 접종법이란 천연두 백신의 개발과 그에 따른 서양 의학의 폭발적 발달에 직접적으로 영향을 미친 아시아와 아프리카 지역의 전염병 치료법을 말한다.

티베트 의사들은 전염병을 치료하는 한층 더 효과적인 해법을 창안했는데, 이 해법이 전혀 주목받지 못한 것은 아니었다. 1850년대 당시, 시베리아 동부에 주둔하던 러시아의 한 군 장성은 장티푸스와 콜레라가 대대적으로 발발하자 심각한 곤경에 처한 병사들을 위해 해결책을 찾고자 했다. 그는 티베트 의사에게 도움을 청한 뒤, 이 치료법의 효험에 깊은 인상을 받았다. 결국 의사와 그의 형제를 상트페테르부르크로 초대해 그곳의 한 병원에서 일할 수 있도록 도왔다. 형제들 중 표트르 바드마예브Pyotr Badmayev는 이곳에 티베트 의료 클리닉과 협회를 설립했고, 훗날에는 러시아 황제의 외무부장관으로 임명되기까지 했다.[8] 티베트 의학은 유럽의 생의학을 대신할 '러시아식 대안'으로 공인될 뻔했지만, 러시아 혁명이 일어나면서 결국 무산되고 말았다.[9]

생물학적인 관점에서 보면, '보이지 않는 존재들'이 전염병의 원인이라는 것은 너무나 분명한 사실이다. 단지 인간이 이것을 바이러스나 박테리아와 같은 이름으로 부르는 것뿐이다. 현미경을 활용해 이 유기체들을 관찰할 수 있게 되면서 우리는 '마침내 모든 것을 이해했다'고 결론지었다. 하지만 1939년 최초의 상업용 항생제를 생산한 연구자 르네 듀보Rene Dubos는 미생물을 모두 이해했다고 자만해서는 안 된다고 강력하게 경고했다. 미생물을 없애는 기술을 개발해 의료계에 이름을 남겼지만, 그는 이후에도 '전염병을 관리하는 열쇠'인 '지구와 인류의 역동적인 공생 관계'에 더욱 집중했다. 전염병에 대한 근시안적 관점에 머무르는 대신, 듀보는 바이러스학과 전염병학에 다가서는 보다 전체론적인 접근법을 적극적으로 지지했다. 그는 이렇게 말했다.

현대인은 자연을 지배할 수 있다고, 이제는 자신들의 생물학적, 문화적 운명을 통제할 수 있다고 믿는다. 하지만 이런 믿음은 하나의 환상일지도 모른다. 다른 모든 생명체가 그렇듯, 인간은 엄청나게 복잡한 생태계의 한 부분일 뿐이며, 무수한 고리로 그 모든 요소와 한데 뒤얽히기 때문이다.[10]

영국의 저널리스트이자 작가 마크 호닉스바움Mark Honigsbaum이 자신의 책 《대유행병의 시대(The Pandemic Century)》에서 말한 것처럼, 전염병의 창궐은 복잡하게 서로 연결된 여러 가지 요소에서 비롯한다. 여기에는 도시화, 교통 발달에 따른 지역 연결성, 동물성 단백질 및 유제품 수요 증가, 축산업을 위한 삼림 및 야생 녹지 파괴, 사회적 관습과 관행, 공공의료 서비스의 부족 등 수많은 요인이 있다. 분명 미생물이 코로나와 같은 질병의 주된 병인학적 요소이긴 하지만, 우리가 미생물과 맺는 관계는 서로 뒤얽힌 여러 조건에 의해 영향을 받는다. 호닉스바움은 이렇게 말했다. '새로운 병원균의 출현과 확산을 지배하는 생태학적, 면역학적, 행태론적 요소들을 고려하지 않는다면 미생물 및 전염병 발발 과정에 관한 우리의 지식은 늘 부분적이고 불완전한 상태일 것이다.'[11]

전염병의 발생 과정에서 '인간 아닌 존재들이 주도적인 역할을 담당한다'는 티베트 의학의 가정은 '생물학적 역동론(Biological Dynamism)'에 힘을 싣는다. 이런 경우, 우리는 바이러스를 분자들의 작은 집합체로 보는 대신, 우리와 같은 환경 속에 살아가며 스스로 결정을 내리는 개체들로 보아야 할 것이다. 이런 관점에서는 전염병 예방을 단순한 치료의 문제가 아닌, 생태학적이고 사회적인 차원의 이슈로 바라볼 수 있을 것이다.

불교 의학은 환자에게 즉각적으로 필요한 것을 회피하지도, 몸에서 전염성 침입자를 제거하는 일의 중요성을 간과하지도 않는다. 티베트 약초학에서는 '보이지 않는 존재들'과 그들이 남긴 흔적을 몸에서 추방하기 위해 여러 물질을 처방하는데, 이런 물질은 항균성을 보유하는 것으로 충분히 입증을 거친 상태이다. 몰약 송진처럼 세계 전역에서 '악한 영혼'을 물리치는 능력으로 널리 알려진 물질들 중 다수가 오랜 세월 동안 전염병 치료에 쓰였다는 것은 전혀 놀라운 일이 아니다. 그렇다고 해서 질병을 일으키는 모든 영혼이 단지 미세한 유기체에 불과하다는 말은 아니다. 미생물과 질병의 상관관계가 가장 분명하고 결정적인 요소이긴 하지만 말이다.

아시아의 의학적 전통은 전염병을 완화하기 위한 '현대의 서양식 접근법'에 기여하기도 했다. 특히 백신은 원래 '인두 접종법(Variolation)'으로 알려진 과정에서 시작한 것인데, 이 기법은 두창을 예방하기 위해 아프리카와 아시아의 전통 의학에서 수천 년 동안 활용했던 것이다.[12] 가장 기본적인 형태의 인두 접종법은 환자의 두창 농포에서 약간의 전염성 조직을 떼어내 감염되지 않은 사람의 피부 밑에 삽입하는 것이다. 이 과정이 성공적일 경우, 이렇게 병인에 조심스럽게 노출하면서 우리 몸은 자연적인 면역 체계를 형성한다. 18세기 무렵 일어난 이 의료 혁신은 귀족 사회를 비롯한 유럽 각지에서 유명세를 얻었다. 심지어 인두 접종법은 1721년 무렵 신대륙으로 전파되기까지 했다. 아메리카 원주민 공동체가 유럽에서 들어온 두창 때문에 최초로 떼죽음을 당한 지 정확히 2백 년 뒤의 일이었다.[13]

1796년, 영국 의사 에드워드 제너Edward Jenner는 우두에 감염된 적이 있던 우유 짜는 여성들이 자연스럽게 두창에 대한 면역력을 확보했다는 사실을 발견한 뒤, 스스로 두창 백신을 발명했다고 주장했다. 하지만 이 유명한 이야기는 사실 실제 역사에 대한 눈가림에 지나지 않는다. 예방 접종이 유럽 사회에서 아주 멀리 떨어진 지역에서 내려온 전통 요법을 개량한 것일 뿐이라는 사실을 은폐하기 위한 눈가림 말이다.

생태학적 건강에 관한 티베트의 지혜

티베트 의학에서 생태학적 건강이란 개념은 개인적, 사회적 차원의 생리학적 건강과 본질적으로 나눌 수 없는 관계이다. 티베트 의학에서는 나무를 베고, 땅을 파고, 돌을 뽑고, 수로를 변경하고, 동물을 죽이고, 대기를 오염시키는 것과 같은 활동이 무시무시한 결과를 초래할 수 있는 도발 행위라고 판단한다. 따라서 어쩔 수 없이 땅을 훼손하거나 나무를 벨 경우, 티베트인들은 흔히 점을 치거나 그 지역에 사는 영혼들에게 허락을 구한다. 이런 행동을 한 뒤에는 감사의 공물을 바치거나, 심지어 사과 의례도 올린다. 이런 의례는 인간이 행동을 충분히 자제하지 않았을 때 일어날 수 있는 결과를 상기시키는 역할을 했을 뿐만 아니라, 심리적이고 사회적인 차원에서 인간과 인간 아닌 존재들의 유대감을 공고히 하는 데에도 큰 영향을 미쳤다.

물론 이런 개념이 오직 티베트에만 있는 것은 아니다. 앵글로색슨 세계의 많은 치유자는 '엘프샷Elfshot'이라는 현상이 류마티즘과 관절염, 원인 없는 통증 등과 같은 생리적 괴로움의 중요한 원인이라고 주장했다.

이 이론에 따르면, 요정들은 부주의한 인간들에게 눈에 보이지 않는 화살을 날려 고통을 주는데, 이 화살의 잔재가 신석기시대의 무덤 속에서 화살촉과 부싯돌의 형태로 발견되는 것이라고 설명한다. 앵글로색슨 세계의 사람들은 이 요정들을 원래부터 악하거나 선한 존재로 생각하지 않았고, 단지 이 세상을 함께 살아가는 다른 형태의 생명체이자 매우 다양한 곳에 영향을 미치는 존재로 여길 뿐이었다.

티베트에서는 《사부의전》을 도발 장애를 식별하고 치유하는 핵심적인 정보서로 취급했다. 이 책의 저자인 유톡은 도발 장애를 일으키는 생태학적 행동들에 관해 자세히 설명하는데, 여기에는 다음과 같은 행위들이 포함된다.

- 잔디와 들판을 파헤쳐 땅의 영혼들을 교란시키는 행위
- 수로를 막고 목초지를 침수시켜 물의 영혼들을 훼방 놓는 행위
- 나무의 영혼을 베어내고 돌의 영혼을 뿌리 뽑는 행위
- 불순한 목적으로 물질을 태우는 것과 같은 악의적인 행위
- 독성이 있거나 더러운 물질로 난로를 오염시키는 행위
- 민감한 장소에 사는 존재들을 죽이는 행위
- 적을 제압하기 위해 민감한 장소의 개체들을 깨우는 행위[14]

여기서 '민감한 장소'란 우리가 야생적이라고 느끼는 모든 장소를 말한다. 인간의 활동에 영향받지 않아서 자연 상태 그대로 보존된 그런 장소들 말이다. 이런 곳은 샘터나 동굴, 숲 등과 같은 생태학적 장소들인 경우가 많은데, 이런 곳에 온갖 종류의 영혼들이 거주한다는 것이다. '영

혼'으로 번역할 수 있는 '니엔Nyen'이란 용어는 신체적 건강과 자연 환경, 영적 세계란 개념 사이의 중요한 교차점을 나타낸다. 의학적인 맥락에서 니엔은 염증 및 감염과 연관 있는 고통스러운 장애를 말하는데, 특별히 민감하거나 취약한 자연령을 나타내는 티베트식 명칭으로 활용하기도 한다. 이런 존재들은 일반적으로 '니엔사Nyensa'라는 민감한 장소들에 거주한다. 이런 장소들은 생태학적으로 취약하고 야생적인 경우가 많지만, 넓게 보면 보이지 않는 존재들이 거주하거나 출몰하는 모든 장소를 니엔사로 분류할 수 있다.

대부분의 니엔은 인간의 거주지와 멀리 떨어진 산악림 지대, 특히 침엽수림 지대에서 살아간다고 생각하는데, 그곳에서 그들은 야크나 양 같은 동물의 형상을 취할 수도 있고, 심지어 인간의 형상을 취할 수도 있다. 하지만 그들의 '진정한 모습'은 보다 가변적으로 규정할 수 있다. 흔히 티베트 사람들은 니엔사가 교란 상태에 빠지면(예컨대, 니엔의 나무가 잘려 나가면) 그곳에 거주하는 영혼들이 화가 나서 인근 지역의 사람들을 병들게 한다고 믿었다.[15]

티베트와 히말라야 사회에서 최근에는 니엔 영혼들이 대체로 전문 종교나 의학의 영역으로 밀려난 반면, 나가Naga와 같은 영혼들은 대중적인 인기 면에서 다른 존재들을 한참 능가해 왔다. 이 현상은 생태학과 영혼 패러다임의 상호연관성을 직접적으로 드러낸다. 일반적으로 티베트의 고원을 나무가 없는 황량한 지대로 생각하는 경우가 많지만, 꽃가루 및 목탄으로 분석한 결과에 따르면 이곳이 한때는 향나무와 자작나무, 버드나무, 산자나무 등과 같은 나무와 관목들로 뒤덮인 풍요로운 숲 지대였다는 사실을 알 수 있다. 첫 번째 삼림파괴의 물결은 신석기시대의 유목민들이 가축을 기를 목초지를 조성하기 위해 숲을 태우고 나무를 베어냈던 기원전 7천 년 무렵이었을 것이다.[16] 두 번째 물결은 제국 시대(Imperial Era)에 시작되었고, 그 흐름은 오늘날까지 이어지고 있다. 7세기에 조캉Jokhang 사원을 처음 건설할 때만 해도, 라싸Lhasa 주변의 산은 부분적으로나마 숲으로 뒤덮여 있었다. 이 지역이 나무가 없는 사막으로 변해버린 건 라싸 주위에 거대한 사원 복합체를 건설한 15세기 무렵부터였다.[17]

21세기에 이르러서도 네팔의 티베트인 거주지 자르코트Jharkot에 사는 백 살 가까이 된 주민들은 자신들이 어렸을 때만 해도 이 황량한 고산지대에 자작나무 숲이 있었다고 증언했다.[18] 이런 야생 숲지대 중 대부분은 현대에 이르기까지 그 명맥을 유지하다가 지난 세기 들어 산업이 크게 발달하면서부터 서서히 자취를 감췄고, 이곳에 거주하는 니엔 영혼들 또한 대중의 상상력 속에서 흐릿하게 퇴색되고 말았다. 이와는 대조적으로, 나가 영혼들은 인간과 더 가깝고 사교적인 성격을 띤 경우가 많았다. 그들은 야생 숲 지대보다는 공원이나 수로, 경작된 땅 등과 연관이 있었다. 종교학자인 야쿱 코쿠렉Jakub Kocurek은 이렇게 말했다. '티베트에서 숲이 사라지면서부터 니엔도 점차 잊히기 시작했다. 반면, 나가는 나무에 거주하는 존재들로 널리 인기를 얻었는데, 살아남은 나무들이 주로 강이나 물가 근처에 있었기 때문이다.'[19] 고대 문헌에서도 가끔씩 나가와 나무의 친밀성을 지적하지만, 현대 티베트에서 그들이 '나무 영혼'으로 누리게 된 인기는 사실 티베트의 기후 변화에서 시작되었다.

'영혼의 존재'에 대한 단순한 신념만으로는 티베트의 자연 환경을 인간들의 착취로부터 보호하기에는 턱없이 부족하다. 그러나 티베트 공동체를 개종시키고 길들이려 했던 외부 세력이 티베트 고원의 삼림을 주로 파괴했다는 사실(신석기시대에 일어난 첫 번째 기후 변화의 물결을 제외하면)에 우리는 특별히 주목해야 한다. 이 사실은 위대한 스승들이 사원과 수도원을 설립하기 위해 티베트 지역의 적대적인 영혼들을 굴복시킨 이야기를 완전히 다른 각도에서 바라볼 수 있게 한다. 이런 정복 과정은 생태적 착취 및 파괴의 과정을 동반하는 경우가 많았다. 이런 행위가 매우 위험하다는 사실은 고전적인 티베트 불교 문헌에서도 흔히 볼 수 있다. 니엔이나 나가 같은 영혼들은 자신들의 거주지가 침범당할 때마다 인간에게 생리적이거나 심리적인 고통을 가할 수 있는 존재로 볼 수 있다. 특히 암과 연관 있는 존재로 보는 니엔의 경우, 환경 훼손과 질병의 병인학적 관련성을 전면에 부각시킨다. 이런 근거를 토대로 현대의 티베트 의사들은 대규모 환경 파괴와 세계적으로 증가하는 암 발병률의 상관관계에 주목한다.

파괴적인 행동을 하지 않도록 주의하는 것은 어디서나 중요한 일이지만, 한 장소의 생태학적, 영적 맥락을 세심하게 고려하는 태도는 심각한 피해를 줄이는 데에도 엄청난 도움을 줄 수 있다. 아마존 열대 우림과 극지방의 만년설 지대, 히말라야의 빙하, 노숙림 지역, 산호초 지대 등과 같은 장소들을 고도로 민감하고 중요한 니엔사로 설정해 최대한 존중하는 태도로 대하는 것은 더없이 합당할 것이다.

만일 우리의 행동이 어떤 식으로든 이 생기 넘치는 장소에 해를 끼친다면, 우리는 인간과 인간 아닌 존재 모두에게 심각한 해악을 초래할 위험을 무릅쓰게 될 것이다. 지역 사회에서 자체적으로 개입하는 경우를 제외하면, 그런 장소는 대체로 그대로 내버려두는 편이 나을 때가 많다.

티베트의 지혜는 우리에게 오직 인간만을 위한 환경 같은 것은 처음부터 존재하지 않으며, 우리 주변의 보이지 않는 존재들에게 항상 세심한 주의를 기울여야 한다는 사실을 기억하라고 일깨운다.

정신 질환을 바라보는 티베트 의학의 관점

티베트 의학에서는 '정신 질환'을 보이지 않는 존재들 때문에 시작된 질병으로 보기도 한다. 여기에는 '영적 교신'이라고 표현할 수 있는 사례들도 포함된다. 히말라야의 토착 전통에서 오라클Oracle(신탁을 전하는 예언자-옮긴이)과 영매는 종교는 물론 사회적으로도 오랜 시간 중요한 역할을 했다. 그들은 인간과 인간 이상의 존재들로 이루어진 세계의 핵심적인 중재자였다. 불교가 유입된 이후에도 이 전통은 그대로 남았다. '네충 오라클Nechung Oracle'은 티베트 최초의 불교 사원 건립과 연관이 있는 수호신인 페하르Pehar의 공식 영매 역할을 했다. 수 세기 동안 티베트 정부는 자연 세계의 영들에게 자문을 구하고, 중요한 결정을 내릴 때면 수호신의 도움을 얻기 위해 영매들을 찾았다.

오라클에게 일어나는 교신 현상을 '이하 돈Iha-don', 즉 '신들의 도발'이라고 했는데, 티베트 의학에서는 이것을 축복인 동시에 저주로 생각한다. '이하 돈'은 처음에는 매우 끔찍할 수도 있고 때로는 아주 심각한 결과로 이어지기도 하지만, 최초의 훈련만 잘 견딜 수 있다면 계속 기술을 배우고 연마하여 결국 오라클이 될 수도 있기 때문이다. 이 기술을 연마하는 동안 훈련을 받는 사람의 신체적인 힘이 감소하는 등 몇몇 부정적인 영향도 있지만, 영적 교신을 거부하는 것이야말로 가장 심각한 결과를 초래할 수 있다.

티베트 불교에서는 '이하 돈'을 제외한 다른 형태의 영적 교신을 부정적으로 생각한다. 영적 교신의 증상으로 다양한 현상이 나타날 수 있는데, 이런 현상은 대부분 교신한 영혼의 특성을 닮은 것이다. 나가의 영혼과 교신한 환자들은 갑작스럽게 자신을 사로잡은 영혼과 똑같은 형태의 행동들을 보이기도 한다. 대부분의 나가들은 엄격한 채식주의자인 만큼, 환자들 또한 고기를 멀리하고 유제품과 단 음식을 선호하는 경향이 있다. 만일 환자가 갑작스럽게 이런 증상을 보인다면, 그리고 맥박과 혈압 등의 신체 징후 검사로 영적 교신이 있었음을 추가로 입증하면 의사는 그들에게 '나가로 인한 정신 질환'이라고 진단한다. 이런 경우, 의사는 환자가 지나치게 괴로워하지 않도록 고통의 진정한 원인을 입 밖으로 내지 않는다.

이와 같은 사례를 치료하는 것은 신체적인 치료와 영적인 치료의 조합이 필요한 까다로운 과정이다. 티베트 의학에서는 이런 환자들에게 종종 특별한 약초를 배합해서 처방하기도 하지만, 전통적으로는 영적이고 의례적인 절차를 통해 환자로부터 영혼을 떼어내는 것을 더 중요하게 생각한다. 이 과정에서 특별한 주문과 공물, 정화 의식, 명상, 덕행의 실천 등을 적용한다. 영혼의 부류를 분명히 식별할 수 있는 경우, 문제가 되는 영혼의 독특한 성향에 근거하여 제사 의례를 준비한다.[20] 일단 제사 의례를 만족스럽게 진행한 후에는 치료 효과를 높이기 위해 약초 배합과 같은 전통적 치료법을 적용한다.

이 모든 과정은 대단히 흥미롭지만, 티베트 의학 전통에서 영혼과의 교신을 원인으로 보는 '정신 질환'은 극소수에 지나지 않는다는 사실 또한 기억해야 한다. 소와 릭파는 정신적 질병의 원인에 관해 복잡하고 미묘한 관점을 유지했다. '우울감'이나 '불안' 같은 증상은 개인적인 어려움이나 만성적인 고통, 생리적 불균형, 정서적 트라우마, 영성적 괴로움 등을 비롯한 무수한 요인으로 나타나는 만큼, 개별적인 사례는 물론 종합적으로도 다뤄야 하는 것으로 설명한다.

티베트 의사들은 깨끗한 마음, 특히 자신의 트라우마와 정신적 괴로움을 충분히 해소한 상태가 정신적 교란을 막는 최상의 보호책이라고 주장한다. 하지만 이것은 우리 몸에 미생물이 침입해 일어난 질병에서는 부수적인 요인일 뿐이다. 단순히 긍정적으로 생각하거나 두려움을 영적으로 이겨내려는 것만으로는 질병을 피할 수 없다. 또한 우리는 생태계를 파괴하는 행동의 장기적인 영향력을 마땅히 두려워해야 한다. 만일 우리가 코로나 같은 세계적인 유행병을 좀 더 두려워했더라면, 우리는 아마 지금보다 절실한 마음으로 보다 적절하게 대응할 수 있었을 것이다.

우리의 최종 목표는 무엇인가

티베트 의학의 패러다임에 따르면, 인류의 건강은 우리 주변 존재들의 건강과 직접적인 관계를 맺는다. 우리는 개인의 몸과 에너지, 마음의 균형뿐 아니라, 인간 이외의 존재들로 이루어진 공동체 내부의 균형까지 함께 유지해야 한다. 티베트의 도발 질환 이론은 생태학적 관계를 유지하는 일이 얼마나 중요한지뿐만 아니라, 이런 태도를 취하지 않을 때 나타나는 해로운 결과를 모두 전면에 드러낸다. 전염병은 우리가 취한 행동의 직접적인 결과이지만, '신의 징벌'이라고 생각할 만큼 권선징악적이지는 않다. 여기서는 가장 큰 해악을 초래한 사람이 가장 심각한 영향을 받는 일이 거의 일어나지 않는다. 대신 그 파급 효과는 부유한 집단이 이익을 추구하면서 땅과 노동력을 부당하게 희생당한 노동자 계층과 개발도상국 사람들에게 돌아가곤 한다. 하지만 궁극적으로는 지구상에 존재하는 모두가 환경 파괴의 참혹한 결과들을 눈앞에 마주할 수밖에 없을 것이다.

지금까지 생태학적 위기를 분명히 직시하는 일에 거듭 실패한 인류는 매우 지독한 예후를 눈앞에 두고 있다. 다가오는 시대에는 새로운 전염병의 출현과 재앙적인 폭염, 가뭄, 해수면 상승, 극단적인 기상 변화, 사막화, 기근, 무수한 생물종의 멸종 등과 같은 현상들이 점점 더 빈번히 일어날 것이다. 우리를 둘러싼 조건은 만성적이고 고통스러운 것임에 틀림없으며, 우리는 예상보다 빨리 '더 이상 손을 쓸 수 없는 구제불능의 상태'에 이를 것이다. 코로나 사태는 앞으로 계속 증가할 질병 중 하나를 맛본 경험에 불과하다. 코로나를 우리가 앞으로 앓게 될 질병의 진행 상태를 보여주는 확연한 조짐으로 인식하는 사람들은 드물지만 말이다.

아직 희망을 잃지 않을 이유도 남아 있다. 치료는 여전히 가능하다는 사실이다. 항생제가 우리를 불멸의 존재로 만들어주지 않듯 치료법이 세상을 구할 수는 없을 것이다. 하지만 치료의 여정은 인간 이상의 존재들로 구성된 세계 속에서 인간으로 산다는 것의 의미를 회복하도록, 그리하여 다양한 존재들의 삶의 질을 향상시키도록 우리를 도울 것이다. 우리는 우리가 초래한 환경적 트라우마를 완화하고, 더 이상의 손상을 예방하기 위한 시스템을 가동함으로써 위험 요소들을 제한할 수 있다. 우리는 착취의 패러다임을 포기하고, 그동안의 잘못을 바로잡고, 새로운 생활양식(통제의 패러다임이 아닌 관계에 기초한)을 채택해야 한다. 또한 무엇보다도 우리는 인간과 생태학적 건강이 분리될 수 없다는 사실을 인식해야 한다. 역사학자 조너선 쿠프Jonathan Coope는 이렇게 말했다. '건강과 의료를 생태학적 맥락에서 떼어내 개념화하려는 모든 시도는 갈수록 설득력을 잃고 있다.'[21]

하지만 치료의 여정이 정말 효과적인 것이 되려면, 먼저 우리가 이 세계에 가해 온 고통부터 벌충해야 한다. 오직 이 지점에서 시작할 때 우리는 보다 지속가능한 존재 방식을 창조할 수 있다. 진정으로 잘못을 벌충하려면, 먼저 지구 반대편에도 누군가 늘 존재한다는 사실을 인정해야 한다. 또한 우리의 행동이 실제적이고 경험할 수 있는 결과로 이어진다는 깨달음을 받아들여야 한다. 단지 나무와 바다, 야생 동물에게 사과하는 것만으로도 치유적인 경험이 될 수 있는데, 우리가 진정한 관계를 추구한다는 기반 위에서 그들을 만나기 때문이다.

'전염병'은 경험적인 관찰이, 영혼의 패러다임처럼 외관상 '신화적'이거나 '민속학적'으로 보이는 생각들보다 자연을 제대로 이해할 수 있게 한다는 것을 보여주는 탁월한 사례이다. 갈레노스파 의사들은 역한 냄새가 질병의 원인이 된다는 생각을 완벽하게 합리적이라고 여겼다. 단지 위생 관리가 되지 않은 장소에서 질병을 관찰할 수 있다는 이유였다. 반면, 유럽의 과학자들이 미생물 유기체를 눈으로 직접 관찰하기 전까지만 해도 보이지 않는 작은 존재들이 대기 중을 돌아다니며 사람들을 병들게 만든다는 생각은 터무니없다고 여겼다. 게다가 눈으로 미생물들을 직접 목격한 뒤에도 우리는 그들을 운동하는 분자들의 무더기가 아닌, 역동적 개체들로 받아들이기를 주저했다. 심지어 오늘날에도 우리는 바이러스와 박테리아를 정보 처리 능력이 있는 유기체로 보는 경우가 드물다. 이런 태도는 질병의 원인이 되는 모든 요소를 고려하는 능력을 심각하게 저해할 뿐이다.

티베트 의학이 채택한 '신화적'인 접근법은 유행병을 역동적인 관계에서 비롯한 생태학적 사건으로 바라보게 하는, 상당히 견실한 모델이다. 몸으로 침투하는 '보이지 않는 존재들'을 공격하기 위해 강력한 항균 물질을 투여할 필요가 있지만, 티베트 의학은 오염을 막고, 면역력을 기르고, 생태학적이거나 사회적인 원인을 다루는 일에도 깊은 관심을 기울여 왔다. 전염병을 치료하고 예방하는 이 전체론적인 접근법은 현미경 관찰을 통해서가 아니라, 인간 아닌 존재들을 우리 세계의 능동적 일원으로 보는 애니미즘적 가정을 통해서 얻은 것이다.

미래를 내다보는 일은 매우 어렵다. 생태계 파괴 현상이 급격히 확산하면서 이미 지역 생물 공동체의 붕괴에서부터 세계적 대유행병과 기후 변화에 이르기까지 고통스러운 결과들을 초래하고 있다. 기존의 사고방식으로는 결코 이 상황을 바로잡을 수 없다. 회복을 위해 중요한 것은 기후 변화라는 질병을 치료해 줄 마법의 알약을 발견하는 일이 아니다. 우리는 지금 급성 질환이 아니라, 우리의 세계관 속에 깊이 뿌리를 내린 만성 질환을 다루고 있다. 따라서 그 치료 과정은 다양하고 다면적이어야 한다.

우리의 최종 목표가 단지 청정 에너지원이나 새로운 탄소 격리 기법 같은 것에 그쳐서는 안 된다. 그런 방법은 절대 해결책이 될 수 없기 때문이다. 대신 우리의 치료적 목표는 지구와 모든 인간 아닌 존재들을 보살피는 법을 배우고 기억하는 일이어야 한다.

4부

치료를 위한 여정

UNSEEN BEINGS

7장

불교적 통찰
붓다의 가르침에서 얻는 지혜

세상의 모든 종교 가운데 불교는 항상 다양한 영역과 양립할 수 있는 종교로 평가받았다. 붓다Buddha는 진정으로 고결한 삶은 신에 대한 신념이나 숭배가 아닌, 우리 자신의 행동 방식에 따라 결정된다고 가르쳤다. 또한 불교의 궁극적인 목표는 신들 사이에서 누리는 영원한 낙원이 아니라, '순수한 자각'의 상태로 돌아가는 것이라고 말했다. 깨달음(Awakening) 또는 열반(Nirvana)은 꿈에서 깨어나 실재를 경험하지 못하게 가로막는 장막을 걷어낸 상태를 가리키는 용어일 뿐이다. 영혼을 다루는 일이 붓다가 제시한 가르침의 중심이었던 적은 한 번도 없지만, 불교에서도 인간이 아닌 존재들과 건강한 관계를 유지하는 일을 세상에 올바르게 참여하는 중요한 수단으로 여겼다. 불교 전통에는 인간이 아닌 존재들과 관련한 의례나 이야기가 풍부하게 남아 있는데, 그중 일부는 우리의 치료 여정에도 상당히 도움이 될 것이다.

숲, 강, 산 등 모든 종류의 지형 속에 다양한 영혼이 거주한다고 인정하는 불교의 우주론은 자연 현상 속에 '영혼이 깃들 가능성'을 열어두었다. 결국 보이지 않는 존재들이 자연 세계에 필수 요소일 수도 있다는 가능성을 남겨둔 셈인데, 이런 개념은 애니미즘적인 세계관에 속한다고 볼 수 있다. 하지만 현대의 불교 신자들, 특히 서양의 불교도들은 '영혼'을 인간적인 번뇌의 은유적 표현이나 에너지의 발현으로 재해석한다. 때로는 동물들을 인간의 무지를 상징하는 구현체로 표현하기도 한다. 이렇게 방향을 전환한 것은 20세기에 시작된 불교와 정신분석의 상호작용에서 깊이 영향받은 것이다. 하지만 심리치료의 아버지로 잘 알려진 칼 융C.G. Jung 같은 인물이 불교를 이해하면서 중요한 영감을 얻었다고 해도, 생태학적 위기 상황에서 불교의 애니미즘적 가치를 제대로 탐색한 경우는 거의 없었다.

인도의 불교 문헌들은 붓다와 상호작용한 '여덟 부류의 신과 영혼'에 대해서 이야기하지만, 훗날 불교가 실크로드를 따라 전파되는 동안 다양한 문화와 조우했다. 보이지 않는 존재들을 신이나 악마가 아닌, '지각 있는 존재'로 보는 이론적인 개방성 덕분에 불교는 다양한 유형의 영혼 생태학과 하나로 통합될 수 있었다. 불교는 티베트로 전파된 이후, 수천 년 동안 애니미즘적 전통을 간직했던 티베트의 문화적 환경 속에 뿌리를 내렸다. 불교 사상가들은 티베트인들이 토착 영혼과 맺은 관계를 인정하지 않는 대신, 불교 우주론의 관점에서 토착 영혼을 재해석했다. 불교 철학과 토착 애니미즘 전통의 교류는 인간 이상의 존재들로 구성된 세계의 역동성에 관한 독특하고 매혹적인 통찰을 제공했다.

구도자들의 철학

플라톤이 《대화편》을 저술하기 전부터 인도의 사상가들은 그들만의 고유한 철학적 혁명을 이뤄 나갔다. 자이나교(Jainism)의 창시자 마하비라 Mahavira와 불교의 창시자 싯다르타Siddhartha를 비롯한 여러 구도자는 진리와 가치, 숭배와 도덕의 개념을 혁신하고, 베다 전통에 뿌리를 둔 브라만교의 억압성과 종교적 위계질서에 도전하고자 했다. 붓다와 같은 인물은 신들을 기쁘게 하는 방법을 알아내려 애쓰는 대신, 내면을 통찰하고 고통으로부터 자유를 추구하는 것에 초점을 맞췄다.

인도 서부의 브라만 사회는 붓다가 태어난 곳인 대 마가다(Greater Maghada) 지역의 사람들을 베다 문명의 경계를 벗어난 '사납고, 입이 거칠고, 예민하고, 폭력적인 외지인들'로 여겼다.[1] 붓다가 속한 문중은 문화적, 언어적 전통의 뿌리를 인도 아리아 사회에 두었지만, 베다나 카스트 제도를 따르는 대신 태양과 나무의 영과 뱀을 숭배하는 고유한 문화를 고수하려 했다.[2]

구도자들은 그들의 공동체에서조차 선지자인 동시에 반역자였다. 구도자들은 대부분 진정한 자유가 숭배 의례를 완벽하게 실행하는 것이 아니라 윤리적 행위를 실천하는 것에서 온다고 믿었다. 마하비라는 신들조차도 식물과 동물, 인간을 비롯한 수많은 보이지 않는 존재들과 함께 탄생과 죽음의 순환에 사로잡힌 가엾은 존재일 뿐이라고 주장했다. 자이나교의 기준에 따르면, 이런 지각 있는 존재에게 해를 끼치는 일은 그 자체로 비윤리적인 행위에 해당한다. 불편함을 감수하더라도 할 수 있는 한 주변의 생명체에게 가장 적게 고통을 주는 것이 자이나교의 핵심 교리였다. 《아카란가 수트라Acaranga Sutra》 경전에는 다음과 같은 구절이 있다.

> 인간의 본성이 태어나서 늙어가는 것이듯 식물의 본성 역시 태어나서 늙어가는 것이다. 이것이 이성을 지니고 있듯 저것 역시 이성을 지니고 있다. 이것이 잘려 나갈 때 병이 나듯 저것 역시 잘려 나갈 때 병이 나느니라. 이것이 음식물이 필요하듯 저것 역시 음식물이 필요하며, 이것이 죽어서 부패하듯 저것도 죽어서 부패하느니라. 이를 잘 아는 현명한 사람은 식물에게 사악하게 굴어서는 안 되고, 다른 사람이 그렇게 하도록 원인을 제공해서도 안 되며, 다른 사람이 그렇게 하는 것을 용납해서도 안 되느니라. 식물과 연관이 있는 죄가 무엇인지 잘 아는 자는 응보를 아는 현자라 불리느니라.[3]

마하비라는 비폭력적인 방식, 즉 식물이나 동물을 심하게 해치지 않는 방식으로 수확한 채식 위주의 식단을 유지하라고 제자들에게 충고했다. 과일과 채소를 따거나 꺾는 행위는 비폭력적인 행동으로 여긴 반면, 식물의 뿌리를 캐거나 다른 방식으로 해치는 행위는 자이나교의 윤리학에 위배되는 것으로 생각했다.

이 엄격한 식생활 지침을 따르는 것에 더하여, 자이나교의 수도승들은 실수로 곤충을 흡입할까 봐 늘 마스크를 착용했고, 작은 생명체들을 밟지 않기 위해 빗자루로 앞을 쓸면서 걷기도 했다. 수행자들은 자신의 행복과 해방을 추구하는 동안 다른 생명체들에게 최대한 고통을 초래하지 않도록 지도받았다. 하지만 특유의 엄격한 수행과 식이 제한으로 자이나교의 전통은 항상 금욕주의라고 평가받았다.

식물에 대한 붓다의 가르침

불교의 창시자 싯다르타는 '슈라마나sramana(집을 떠나 숲에서 생활하고 걸식으로 연명하며 새로운 진리를 추구하는 수행법-옮긴이)'를 이끈 핵심적인 선지자이다. 그가 태어났을 무렵, 이 운동은 이미 충분히 무르익은 상태였고, 영적 해방을 추구하기 위해 세속적인 삶을 포기하는 사람도 많았다. 아들이 이런 무모한 길을 따르지 않게 하려고 싯다르타의 아버지 숫도다나 왕은 아들이 29세가 될 때까지 고통과 죽음을 비롯한 모든 심각한 문제들을 경험하지 못하게 차단했다. 하지만 왕의 노력은 결국 수포로 돌아갔다. 병자와 노인, 구도자 등과의 우연한 만남은 세상에 대한 싯다르타의 가치관을 완전히 뒤집어 놓았다. 결국 그는 삶의 가장 중요한 질문들에 대한 답을 찾아 집을 떠났다.

싯다르타는 아마도 자이나교의 스승이었을 어느 구루 밑에서 수학하면서 다른 방랑 수도승들과 함께 6년을 보냈다. 전하는 바로는, 이 시기에 그는 하루에 단 한 톨의 쌀만 먹었다고 한다. 이것은 식물의 고통을 이해하는 차원의 극단적인 유형의 식이 제한이었다. 하지만 진리 탐구를 계속하면서 그는 이런 금욕주의를 신경증적이고 반동적인 성격을 띤 수행으로 여겼다. 극단적인 사치가 영적인 깨달음의 길이 될 수 없는 것은 분명하지만, 스스로에게 가하는 고통이 과연 적절한 대안인지도 확신할 수 없었다. 그의 중도적인 접근법은 철학적이고 실천적인 면 모두에서 자이나교의 금욕주의와 브라만교의 관용 사이의 중립적 태도를 취한 것이었다.

붓다가 '다른 존재들을 비폭력적으로 대한다'는 근본 원칙을 포함한 마하비라의 생각에 대부분 동의했지만[4], 여기에 정확히 어떤 존재들을 포함시켜야 하는지에 대해서는 의견이 달랐다. 마하비라는 식물이 지각 있는 존재라는 사실을 분명히 인정했지만, 붓다는 그의 생각에 동의하지 않은 듯하다. 현존하는 불교의 가르침이 동물(심지어 보이지 않는 영혼들)을 대하는 문제에는 명백하게 윤리적인 입장을 취하는 데에 반해, 식물은 이런 논의에서 완전히 배제한 것만 봐도 짐작할 수 있다. 이것이 절제를 중요시하는 불교 교리의 직접적인 결과라는 점에는 의심의 여지가 없을 것이다.

오늘날 대다수 불교 사회에서 채식주의를 이상화하지만, 채식 자체가 이 전통의 핵심적인 특징이었던 적은 단 한 번도 없다. 붓다는 수도승들을 위해 음식의 종류에 전혀 개의치 않는 탁발 전통을 확립했고, 이를 통해 농업에 윤리적으로 개입하지 않고 돌아가는 길을 선택했다. 또한 붓다는 탁발을 할 수 없는 일반인들에게는 도살한 육류를 먹을 때 되도록이면 공급망의 가장 아래쪽에 머물러야 한다고 충고했다.

고기가 식탁에 오르기 전 세 사람의 손을 거치고, 동물이 특별히 나 하나만을 위해 도살된 것이 아니라면, 고기를 먹어도 악업이 쌓이지 않는다는 것이 붓다가 내린 결론이었다.[5] 그는 분명 엄격한 자기 절제와 무비판적 탐닉 사이에서 중도적인 접근법을 창안하려 애썼을 것이다. 비록 많은 불교도가 자발적으로 채식 식단을 고수하지만, 불교에서는 식물 윤리학에 기초해 식물성 식품의 소비를 제한하는 것을 종교적인 덕목으로 인정하지는 않는다.

그렇지만 붓다는 식물, 특히 영혼이 깃든 것으로 보이는 식물에게 불필요한 해를 가하거나 마구 베어내서는 안 된다고 거듭 강조했다.[6] 하지만 일단 나무의 영을 다른 곳으로 옮긴 후에는 나무를 손상시켜도 문제가 되지 않는다고 보았다. 고통에 대한 감수성을 비롯한 식물의 지각 능력에 관해 새롭게 안 사실들을 감안한다면, 이런 생각을 수정하는 것이 정당할 것이다.

하지만 우리는 영양분을 섭취하기 위해 식물에게 의존하지 않을 수 없다. 식물은 의식이 없다고 단언하면서 윤리적 딜레마에 빠지는 대신, 대부분의 농업 활동이 인간 아닌 존재들에게 어느 정도 고통을 준다는 사실을 순순히 인정할 수도 있다. 이 사실을 기본적인 진실로 받아들일 수만 있다면, 우리는 좀 더 신중하고 의식적으로 행동하면서 낭비를 줄이고, 식물을 더는 마구잡이로 이용하려 하지 않을 것이다.

자본주의와 기계 농업으로 오늘날의 상황은 2천5백 년 전이나, 심지어 5백 년 전보다 훨씬 복잡해졌다. 도축장과 착취 노동 현장, 광산에서 벌어지는 참극에서 세 발자국쯤 물러나는 것은 어렵지 않다. 하지만 이곳의 엔진을 계속 돌리는 것은 결국 우리가 지불한 돈이다. 게다가 이런 유형의 '영적 우회'는 결코 도덕적인 책임을 회피하는 합당한 길이 될 수 없다는 사실을 기억해야 한다.

깨달음의 나무를 만난 싯다르타

모든 불교 전통이 식물의 무지각성을 당연시하지 않는다는 것은 주목할 만한 점이다. 일본 선불교의 초기 스승들은 식물이 해방을 얻을 수 있는 지각 있는 존재인지 공개적으로 묻기도 했다. 텐다이 학파의 스승 료겐 Ryogen은 식물의 삶이 인간의 영적 여정의 단계와 비슷하다고 하면서, 이들을 지각 있는 존재들의 목록에 올려야 한다고 결론지었다.[7] 한 걸음 더 나아가, 텐다이 학파의 또 다른 스승 추진Chujin은 식물의 '불성'을 고려할 때 의인화는 필요하지 않다고까지 주장했다. 그는 이렇게 말했다.

> 나무와 식물에 관해 말하자면, 그들이 붓다의 서른두 가지 표식을 지니거나 증명할 필요는 전혀 없다. 뿌리와 줄기, 가지, 잎을 지닌 그들의 현재 모습 자체가 불성의 고유한 표현이기 때문이다.[8]

가끔 식물이 지각 있는 존재라는 사실을 부인했지만, 불교에서는 과도한 인간중심주의를 내세운 적이 한 번도 없었다. 자연령에 대한 개방적인 태도가 인간이 아닌 존재들을 인정하도록 엄청난 유연성을 제공했다는 사실을 감안하면, 불교 전통에서 식물이 어느 정도 존중받는 것은 그리 놀라운 일도 아니다. 불교 전통 자체도 나무 그늘 아래에서 시작한 오랜 명상으로 완성된 것이 아닌가.

금욕주의를 멀리한 이후, 싯다르타는 남쪽으로 계속 여행하다가 웅장한 나무 한 그루를 만났다.[9] 선조의 관례에 따라 나무를 향해 일곱 차례 절을 한 다음, 나무의 동쪽 기둥 앞에 수행을 위한 자리를 마련했다.[10] 과거에 마하비라가 아소카 나무 아래에서 그랬던 것처럼, 싯다르타는 완전한 깨달음을 얻기 전까지는 결코 자리에서 일어나지 않겠다고 맹세했다. 완전한 금욕주의는 그를 위한 길이 아니었지만, 싯다르타는 여전히 절제를 통해 깨달음을 추구했다.

싯다르타의 나무는 휘커스 랠리지오사Ficus Religiosa 종에 속한 '인도보리수(Sacred Ficus)'였다. 《리그 베다》에서는 신성한 피팔Peepal 나무로, 훗날 힌두 문헌에서는 신비스러운 아슈바타Asvattha라고 표현한 나무이다. '나무들의 왕'이란 별명을 가진 이 나무는 인도에서는 성스러운 나무이자, 장수 식물로도 잘 알려져 있다. 오래 산다는 점과 성스럽다는 점 모두 이 나무를 종교적 대상으로 만드는 데에 중요한 역할을 했다.[11] 신들을 비롯한 다른 강력한 존재들의 세속적 구현물 또는 수행 장소로 남는 한, 이 나무는 계속해서 숭배와 종교 의례, 기도의 대상이 될 것이다.

보리수 아래의 깨달음

보리수 아래에서 49일 동안 명상한 후, 싯다르타는 자아 중심성의 구현체이자 깨달음에 반하는 모든 힘의 주인인 '마라Mara'와 정면으로 마주했다. 마라는 감각적 즐거움으로 싯다르타를 유혹했고, 폭력으로 위협했다. 결국에는 '대체 네가 누구이길래 깨달음을 얻겠다는 것인가? 네 깨달음을 증언할 스승조차 없지 않은가!'라고 조롱하면서 싯다르타를 뒤흔들어 놓았다. 동틀 무렵의 결정적인 순간, 싯다르타는 자신의 손을 발아래의 흙에 가져다 대며 '이 땅이 내 증언자이니라'라고 말했고, 땅은 어머니 대지(Mother Earth)의 증언을 전하기라도 하듯 진동했다. 햇살이 지평선을 천천히 가로지르던 바로 그때, 싯다르타는 마침내 깨달음을 얻었다고 한다.

이 사건은 종종 땅에 손을 가져다 대는 붓다의 모습을 담은 고전적인 탱화에서 확인할 수 있다. 어떤 그림에서는 땅속 공간에서 위로 손을 뻗은 여신의 형상을 묘사하기도 한다. 어머니 대지가 붓다의 해방을 적극적으로 증언한다는 의미이다. 붓다가 살아 있던 당시에도 헌신자들은 이 성스러운 보리수에 경의를 표하고, 노출된 뿌리에 향수나 우유 등을 바르기 위해 먼 거리를 여행했다.[12] 때로는 이 나무에서 잘라낸 가지들을 다시 심어서 사원과 수도원을 새롭게 시작하기도 했다. 그중에서도 기원전 3세기경 스리랑카로 건너간 나뭇가지가 가장 유명한데, 이 가지에서 자란 나무는 세계에서 가장 오래된 재배목으로 널리 인정받았다.[13] 결국 보리수가 있는 장소는 사람들이 북적이는 순례지가 되었다. 이곳에는 기원전 3세기 무렵, 아소카 황제가 불교의 새로운 중심지에 경의를 표하기 위해 건립한 정교한 사원 복합체도 여럿 있다.

전설에 따르면, 아소카 황제가 이 나무에 너무 집착하자 왕비가 질투심에 휩싸여 독이 묻은 가시로 나무를 심하게 훼손했다고 한다. 나무는 곧 회복했지만, 한 세기가 흐른 후 이 지역에서 일어난 정치적 변혁으로 또다시 잘려나가고 말았다. 이 과정은 그 후로도 수없이 되풀이되었는데, 이 나무가 영적으로 가장 중요한 나무인 동시에, 정치적인 영향을 가장 크게 받은 나무이기 때문이다. 영국의 고고학자 알렉산더 커닝햄 Alexander Cunningham은 1862년에 이 나무를 조사한 뒤, 여러 나무가 한데 모여 하나로 거대하게 굳어진 것 같다고 말했다. 아마도 계속된 환경 변화

속에서 끊임없이 파괴되고 재생하는 과정을 거듭한 결과일 것이다. 현재 남아 있는 나무는 140년 전부터 자리를 지키던 나무가 심한 폭풍으로 고사한 후 커닝햄이 직접 그 자리에 다시 심은 것이다.[14]

시간이 지나면서 보리수의 도상학적, 의례적 중요성은 다소 감소했고, 특히 티베트처럼 휘커스 랠리지오사 종이 쉽게 자랄 수 없는 지역에서는 그 정도가 더욱 심했다. 하지만 초기 불교 미술에서는 보리수를 깨달음과 동일한 개념으로 취급했다. 서기 2세기 무렵이 될 때까지는 인간의 형상을 한 붓다의 모습이 불교 미술에 등장하지 않았던 만큼, '나무의 영혼'이나 인간 추종자들에게 에워싸인 보리수가 종종 붓다를 대신했다. 그림에 붓다의 모습을 묘사하고 보리수가 배경으로 물러나기 시작한 것은 서력기원 초기에 간다라 미술 운동이 일어난 이후부터였다.

오늘날까지도 세계 전역에서는 독특한 하트 모양을 한 보리수 나뭇잎을 불교의 상징으로 생각한다. 하지만 이 나무의 엄격한 상징적 가치는 살아 있는 나무 자체의 개체성을 소중히 여기는 태도를 점점 퇴색시키고 말았다. 불교학자 리즈 데이비스Rhys Davids는 《고타마의 생애(Life of Gautama)》란 책에서 '불교인은 기독교인이 십자가를 바라보듯 보리수를 바라본다'라고 언급했다.[15] 아브라함 계통의 종교에 등장하는 '지선악과수(Tree of Knowledge)'와는 정반대로, 보리수는 싯다르타에게 실존적 구속이 아닌 실존적 해방에 이르는 수단을 제공했다. 싯다르타의 깨달음을 위한 버팀목 역할을 하면서, 그가 일상적이면서도 절대적인 의미의 본성을 회복할 수 있도록 도운 것이다.

붓다의 탄생과 죽음을 함께한 나무

보리수가 불교에서 가장 유명한 나무이긴 하지만, 보리수 아래에서 깨달음을 얻은 것만이 싯다르타가 나무와 함께한 유일한 의미 있는 경험은 아니었을 것이다. 그의 어머니 마야데비Mayadevi는 오늘날 네팔의 룸비니 지역에 있는 마을 근처의 살 나무(Sal Trees, 쇼레아 로부스타Shorea Robusta) 숲에서 진통을 시작했다고 전한다. 출산이 가까워지자, 나무들은 가지를 낮춰 여왕이 선 채로 아기 싯다르타를 분만할 수 있게 그녀를 도왔다. 이야기에 따르면, 붓다가 될 이 갓난아기는 태어나자마자 즉시 일곱 걸음을 내디뎠고, 발을 디딘 곳에서는 연꽃이 피어올랐다고 한다.

사람들은 마야데비가 싯다르타를 낳은 일주일 후에 세상을 떠난 뒤, 메루산 꼭대기에 있는 신의 왕국에서 다시 태어났다고 한다. 그곳에서 새롭게 신의 형상을 취한 그녀는 붓다의 생애 동안에도 계속 어머니 같은 존재로 남았다고 한다.[16] 하지만 만년에 이른 붓다는 자신이 세상을 완전히 떠날 경우, 자신의 어머니가 삼사라Samsara(윤회)에 갇혀버릴지도 모른다고 걱정했다. 붓다가 어머니를 마지막으로 만날 수 있도록 산은 봉우리를 낮춰 그를 천상의 영역으로 들어 올렸고, 천상에 이른 붓다는 밤소형 나무를 포함한 신성한 나무들로 가득한 숲에서 어머니와 재회했다. 신들의 숲에서 붓다는 자신의 어머니와 그녀의 친구들에게 마지막 가르침을 전한 뒤, 다시 지상으로 돌아와 자신의 사명을 마무리 지었다.[17]

붓다가 마침내 80세의 나이로 숨을 거뒀을 때, 그의 임종 자리에 있던 나무들은 때 이른 꽃을 풍성하게 피우고, 여래의 몸 위로 꽃잎을 떨어뜨려 경의를 표하면서 붓다의 제자들과 슬픔을 함께 나눴다고 한다.[18] 나무의 영혼이 임종 자리 위로 늘어진 나뭇가지로 눈물을 흘렸다는 다소 감동적인 이야기는 간다라시대의 수많은 작품들에 생생히 남아 있다.

붓다의 이야기에 나타난 이런 식물 중심적 요소를 그의 삶을 다룬 문헌에서는 종종 경시하지만, 감응력 있고 민감한 식물이 붓다의 탄생과 깨달음, 죽음을 모두 목격했다는 사실은 충분히 주목할 만하다. 붓다가 활동하던 시기의 사회가 오래전부터 성스러운 나무들을 중요시하고, 태양 숭배를 실천하고, 인간 이외의 존재들과 관계를 맺어 왔다는 점을 감안하면 이런 이야기도 사실 그리 놀라운 일만은 아닐 것이다.[19]

지각 있는 모든 존재는 동등하다

인도의 몇몇 전통에서는 윤회를 사회적, 종교적 의무를 성실하게 이행하는 데에 기반을 둔, 끊임없는 실존적 승급 과정으로 이해한다. 그러나 붓다는 이와는 상당히 다른 접근법을 취했다. 실존적 사다리를 타고 올라가 신성에 이르라고 촉구하는 대신, 그는 우리의 미래를 결정짓는 조건들이 전적으로 현재의 행위(즉, 카르마)에 좌우된다고 주장했다. 우리가 지금도 끊임없이 미래의 경험을 위한 씨앗을 뿌리고 있다는 것이다. 하지만 불교의 궁극적인 목적은 신들과 함께하는 천상의 영역에 태어나는 것이 아니다. 탄생과 죽음의 순환에서 완전히 벗어나 '태어나지 않은 자각(Unborn Awareness)'이라는 자연스러운 상태로 되돌아가는 것이다. 그렇다면 이 목적을 달성하기 위한 최상의 수단은 과연 무엇일까? 불교의 세계관에 따르면, 비윤리적인 것으로 분류할 수 있는 유일한 행위는 다른 존재들에게 고통을 주는 행위이며, 이런 고통을 멈추는 최상의 방법은 적의와 안일함을 '능동적 연민'으로 대체하는 것이라고 한다. 결국 마음을 바꾸는 것은 규율을 지키는 것이 아니라, '감정 이입' 자체라는 뜻이다.

불교의 우주에는 생멸을 거듭한 지각 있는 존재들이 무한대로 존재한다. 이 생명체들의 기저를 이루는 기본적인 의식은 오랜 시간 동안 삼사라를 윤회한 것으로 이해할 수 있다. 이것은 '모든 지각 있는 존재는 전생에 우리의 어머니였다'라는 믿음으로까지 이어진다. 불교에서는 보통 한 인간이 여섯 종류의 영역을 윤회할 수 있다고 가르친다. 신들의 영역, 반신반인의 영역, 인간의 영역, 동물의 영역, 아귀의 영역 그리고 무시무시한 지옥의 영역이다. 이 모든 영역에는 같은 규칙이 존재한다. 태어나서 살아가고, 고통받다가 죽으면 우리가 쌓은 카르마의 관성이 우리를 새로운 탄생으로 이끈다는 것이다.

불교에서는 '인간의 삶'을 종종 깨달음의 잠재력을 계발하기 위한 최상의 기회로 묘사하지만, 인간이 아닌 존재들의 영적인 역량을 언급한 문헌도 상당히 많이 남아 있다. 이 문헌들에서는 '비범한 보티사트바 Bodhisattva(구도자 혹은 이상적인 인간상-옮긴이)의 길이 신들과 인간, 인간이 아닌 모든 존재에게 열려 있다'고 주장한다.[22] 또한 인간을 포함한 그 어떤 지각 있는 존재도 전적으로 선하거나 악하다고 판단할 수 없으며, 우리 모두는 도덕적으로 애매모호한 존재이자, 삼사라의 꿈에서 깨어날 잠재력 역시 동등한 존재라고 이야기한다.

불교에서는 신을 어떻게 바라보는가

붓다는 데바와 아수라, 육신을 떠난 영혼들이 실재한다고 믿는 사람들과 함께 세상을 살아갔다. 하지만 사람들의 신념을 바꾸거나 고치려고 애쓰는 대신, 신들이나 영혼들을 향한 태도를 혁신하고자 노력했다. 신들을 지배자나 구원자로 취급하지는 않지만, 그들은 이미 불교 우주론의 중요한 요소였기 때문이다. 불교에서는 대부분의 신을 지구에서 일어나는 일들과 완전히 무관한 존재로 생각했지만, 몇몇 신은 인간의 삶에 종종 가담한다고 여겼다. 하지만 어느 경우이든 붓다가 보기에는 신들조차 사실은 삼사라에 사로잡힌 가여운 존재일 뿐이었다.

한 걸음 더 나아가, 불교에서는 신들을 그들이 경험하는 상대적인 특권과 축복 때문에 진정한 본성을 추구하거나 덕을 쌓지 못하는 존재라고까지 이야기한다. 이런 이유로 가장 높은 신들조차도 다음 생에서는 끔찍한 영역으로 굴러떨어질 수 있다는 것이다. 티베트 불교의 큰 스승 캉규르 린포체Kangyur Rinpoche는 이렇게 말했다.

카르마의 추진력이 소진된 후에는 인드라Indra(고대 인도 신화에 나오는 전쟁의 신이자 신들의 왕-옮긴이)조차도 낮은 영역으로 추락하고 만다. 신들에게 죽음이 임박하면 그들의 의복은 더럽고 악취가 나며, 침상에서도 편안함을 느끼지 못한다. 화관은 시들기 시작하고, 돌봐주던 여신들에게 버림받는다. 그리고 이전에는 경험조차 하지 못한 식은땀이 이마와 팔다리를 적시기 시작한다. 그들을 목욕시키던 신성한 처녀들은 이미 사라진 지 오래이다. 그들은 두려움에 어찌할 바를 모른다. 친구와 가족들은 멀리 떨어진 곳에서 그들이 다시 신이나 인간으로 태어나길 바란다는 소망을 전한다. 신들은 친구와 가족들을 뚫어지게 쳐다보며 끔찍한 슬픔에 눈물을 흘린다. 천상의 시간으로 7일 동안, 그들은 죽음과 환생의 고통을 경험한다. 인간으로서는 그 고통의 깊이를 헤아릴 길이 없다.[20]

신들을 바라보는 이런 독특한 관점은 고대의 베다 종교를 비롯한 다른 종교 전통에서는 찾아볼 수 없다. 불교에서도 여러 신들의 존재를 인정하지만, 그들은 결코 영원히 살 수 없으며, 인간처럼 불완전한 존재이일 뿐이다. 또한 인간보다 우주를 더 많이 통제할 수도 없는 존재이다. 심지어는 브라흐마Brahma(인도 신화에 등장하는 창조의 신-옮긴이)와 인드라조차 그들만의 주관적인 현실 속에 갇힌 지각 있는 존재들일 뿐이다. 붓다에 따르면 신들을 다루는 최선의 방식은 연민으로 대하는 것이다.

종종 '반신반인(Demi-gods)'으로 표현하기도 하는 불교의 아수라들은 힌두교에서와 마찬가지로, 데바들의 부와 영예를 부러워하는 혼란스러운 반신들(Anti-gods)이다. 이런 질시 어린 태도는 억겁이 넘는 시간 동안 신들에 대항하는 헛된 전쟁을 벌이도록 그들을 몰아세웠다.[21] 원칙적으로 불교의 아수라 원형은 우리가 이웃들에게 시기심과 공격성을 품지 않도록 경고하는 기능을 한다. 또한 아수라들은 때로 주술화한 장소에서 살아가는 지하 세계의 문지기 겸 보물 수호자로 나타나기도 한다.

아귀(Hungry Ghosts), 혹은 프레타Pretas의 영역은 불교적 의미의 영혼들이 거주하는 또 다른 세계이다. 전통적인 문헌에서는 그들을 대개 '바늘구멍처럼 작은 입과 한 나라만큼이나 큰 배를 가진 비참하고 굶주린 존재'로 묘사한다.[22] 양분을 제대로 섭취하지 못하는 그들의 특성은 만족할 줄 모르는 욕망이 카르마가 된 결과로 이해할 수 있다. 하지만 이보다 훨씬 덜 비참하고 더 역동적인 부류인 프레타에 관해 이야기하는 티베트 이론가도 많다. 여기에는 티베트의 수많은 자연령도 포함된다. 우주론적 분류 체계에 접근하는 방식이 다소 다를 수도 있지만, 불교도들은 일반적으로 '보이지 않는 존재들'이 자연 세계를 움직이는 필수 요소라는 데에 동의한다.

인간과 자연 세계를 잇는 중재자

불교와 인도 전역의 자연령에 관해 알아보려면, 당연히 '나가'에서 시작해야 할 것이다. 산스크리트어인 나가Naga는 '뱀'이란 뜻인데, 나가들은 종종 뱀이나 용의 형태를 취한다고 한다. 하지만 그들은 스스로를 인간과 비슷한 형상으로 보이게 할 수도 있고, 님프 또는 요정 같은 모습을 보이기도 한다.[23] 또한 나가들은 비밀스러운 지식을 지키는 늙은 수호자나 질병의 전달자 등으로 나타나기도 한다.[24] 그들은 심지어 인간과 교배하여 게사르 왕(King Gesar)과 같은 위대한 영웅을 낳은 것으로도 전한다.[25]

나가들은 지하 세계나 땅, 물이 있는 장소들과 긴밀하게 연결되어 있다. 또한 그들은 고대 그리스의 님프처럼[26], 종종 나무나 식물과 밀접한 관계를 맺기도 한다. 나가들이 식물 자체와 완전히 같지는 않지만, 항상 식물과 긴밀한 관계를 맺고 살아가기 때문에 영혼들이 거주하는 녹지를 훼손하는 것은 사실상 나가들에게 해를 끼치는 것과 다름없다. 따라서 티베트인들은 항상 존경심을 갖고 '영혼이 깃든' 장소에 접근하라고 충고한다. 만일 우리가 나가와 같은 존재들에게 해를 끼친다면 환경 위기나 전염병이 나타날 수 있지만, 그들과 건강하고 균형 잡힌 관계를 잘 유지한다면 여러 혜택을 얻을 수도 있기 때문이다. 기우제를 비롯한 티베트의 의례 중 다수는 나가들과 우호적인 관계를 맺어야만 가능한데, 이것은 그들이 인간과 자연 세계를 잇는 핵심적인 중재자라는 의미이다.[27]

우주론적 분류 체계에 관한 한, 나가들은 영혼 패러다임이 얼마나 애매모호해질 수 있는지를 보여주는 완벽한 예이다. 이런 애매모호함은 이 패러다임이 다른 문화로 전달되거나 변형될 경우 한층 더 심해진다. 예로부터 불교에서는 나가들을 어떻게 분류할지를 두고 오랜 시간 갈등을 빚었다. 몇몇 문헌은 동물로 분류하는 반면, 다른 문헌은 이 세계에 묶인 프레타나 아수라, 데바로 묘사한다. 하지만 나가들의 생활 방식은 여러 면에서 인간과 비슷하며, 특히 물질적인 부에 관심을 갖는다는 점은 뚜렷한 인간적 특성으로 볼 수 있다.[28] 사정이 이렇다 보니, 불교에서 나가들의 지위를 정확히 식별하기는 쉬운 일이 아니다.

나무 안에 거주하는 나가에 관한 이야기가 여럿 전해지지만[29], 인도 불교에서 가장 유명한 '나무의 영혼'은 '야크샤'이다. 초기 불전 《상유타 니카야Samyutta Nikaya》는 한 파트 전체가 야크샤들을 대상으로 한 붓다의 설법으로 가득하다. 어떤 경우에는 붓다가 그들을 가르치지만, 때로는 야크샤들이 다른 존재들을 가르치기도 한다.[30] 불교가 '나무의 영혼들'과 인간이 아닌 존재들에게 친근감을 갖고, 덕을 행하는 그들의 능력을 긍정적으로 바라본다는 점이 분명해지는 대목이다. 식물을 지각 있는 존재로 인정하지는 않지만, 이와 같은 사례는 식물의 영혼과 관계를 맺을 수 있다는 증명과도 같다.

심원하고 비밀스러운 종교 수행

불교의 여러 의례적 전통에서 나가나 야크샤와 같은 자연령들은 적극적인 행위자로 등장한다. 그들의 역할은 인도 브라만 사회의 변방에서 은밀한 종교 수행이 나타나기 시작한 4세기 무렵부터 크게 확대되었다. 이런 움직임은 불교와 힌두교, 밀교의 양식을 동시에 발달시켰지만, 중요한 밀교 의례와 문헌들은 두 전통 사이를 자유자재로 오고 간다.

힌두교의 수행자들이 '신성한 의식'과 합일을 이루기 위해 밀교를 활용한 반면, 불교도들은 '순수한 본성으로 되돌아가는 것'을 주된 목적으로 삼았다. 하지만 두 전통 모두 비슷한 방법으로 이런 목적을 달성하고자 했다. 밀교 수행자의 세계는 마법과 기적, 강력한 초자연적 힘으로 넘쳐나는 세계였다. 고요한 불교적 사색이나 미래를 위해 해방의 씨앗을 뿌리는 힌두교의 패러다임에 의존하는 대신, 밀교에서는 생애 동안 깨달음을 얻는 것을 중요하게 여겼다. 밀교는 실제적인 깨달음을 경험하기 위해 복잡한 시각화와 비밀 만트라, 고급 요가 기술, 다양한 의례 등을 활용했다. 티베트인들은 이 과정을 수년에 걸쳐 반복하면서 습관화하는 것이 고통을 누그러뜨리고 깨어남의 경험을 얻는 현명한 길이라고 믿었다.[31]

밀교 수행자들은 '좋음'과 '나쁨', '순수함'과 '불순함'이라는 특성을 띠는 모든 현상을 다양한 모습으로 변환할 줄 알아야 한다고 생각했다. 심지어는 무섭고 으스스한 납골당조차 어마어마한 영적인 힘으로 가득 찬 공간으로 생각할 수 있다는 것이다. 사실 밀교에서 가장 사랑받는 신들 중 다수는 황량한 공동묘지에 거주하는 '깨달음에 이른 악마들'이다. 밀교를 통해 자연령들은 단순한 배경에서 벗어나 영적 여정의 핵심 존재로 거듭날 수 있었다. 그중 일부는 수행자의 동료나 보호자로 움직이고, 다른 일부는 수행자에게 봉사하도록 길들여졌다.

인간이 아닌 존재들을 정복하는 것이 윤리적으로 다소 미심쩍지만, 어쨌든 숙련된 밀교 수행자는 보이지 않는 존재들을 통제함으로써 날씨를 바꾸고, 비우호적인 영혼들을 내쫓고, 불치병을 치유하고, 허공을 나는 것 등 다양한 기적을 행할 수 있다고 생각했다. 하지만 어떤 경우에는 밀교의 마법을 인간이 아닌 개체들을 굴복시키거나 심지어 파괴하기 위해 활용하기도 했다.[32] 추방 및 섬멸을 위한 의례는 인도 밀교를 구성하는 필수적인 부분으로, 가장 중요한 명상 및 의례 절차 중 다수가 공격적인 과정을 본떠서 만들어졌다. 몇몇 티베트 사상가가 이런 모델의 윤리성에 관해 논쟁을 벌이기도 했지만, '수행자와 영혼들의 공동 작업'이라는 근본적인 원칙은 여전히 티베트 밀교의 중요한 특징으로 남아 있다.

밀교 자체가 심원하고 비밀스러운 운동이지만, 여기에도 보편적으로 적용할 수 있는 기본 원칙이 있다. 이런 원칙들은 우리가 '나 자신'과 '환경'을 경험하는 방식에까지 깊은 영향을 미칠 수 있다. 밀교의 기본 원칙은 이렇다. '우리는 고통과 고립, 초월적 자기부인으로 만족할 필요가 없다. 우리는 깨달음을 경험하기 위해 자연을 거부할 필요도 없다. 우리는 철학적 깊이에 도달하기 위해 노래하고 춤추기를 멈추지 않아도 된다. 우리는 무집착을 실현하기 위해 사랑을 거부할 필요가 없다. 이 삶은 바로 여기에, 바로 지금 존재하므로 우리는 삶을 최대한 활용할 줄 알아야 한다.'

개종과 동의가 이루어지는 방식

불교의 세계관에서는 신들의 왕을 포함한 그 어떤 지각 있는 존재도 실존적 고통에서 인간을 구원할 수 없다고 말한다. 그들이 스승이나 친구로서 조언을 들려줄 수는 있겠지만, 더 넓은 관점에서 보면 그들을 숭배하는 것은 도움이 되지 않는다. 이런 이유로 불교에서는 토착 신들과 괴물, 자연령들을 불교가 효과적으로 뿌리를 내리기 위한 수단으로 활용하지 않았다.

불교를 채택한 모든 곳에서 이 종교는 그 지역의 고유한 신앙 체계와 적극적이고 역동적인 방식으로 통합되었다. 많은 토착 신과 영혼이 티베트 불교의 우주 속으로 완전히 동화되었다. 불교에서는 각 지역의 토착 신들을 일부는 짓궂은 악마로, 다른 일부는 자연 세계와 연결된 중립적이고 모호한 영혼으로 이해했다. 하지만 티베트의 일부 토착 신들은 불교의 수호자 및 보호자로 공식적으로 인정받았는데, 이런 신들 중 다수에게는 그들만의 개종 설화가 존재한다. 이런 이야기들 대부분은 전설적인 밀교 마법사인 파드마삼바바Padmasambhava를 중심으로 전개되었다.[33] 치송 데첸 왕King Trisong Detsen의 요청으로 8세기 후반부에 티베트로 건너온 그는 마법을 사용해 지역의 영혼들을 진압한 다음 개종시켰다고 한다.

토착 영혼들을 새로운 종교 교리 속으로 받아들이기 전까지 그들의 '이교적'인 방식부터 벗겨내야 한다는 개념은 우리에게 굉장히 익숙하면서도 문제가 될 가능성이 많다. 하지만 다행스럽게도 이것만이 티베트 불교에서 전하는 유일한 이야기는 아니다. 사실 티베트 불교의 전통 내부에는 자연령을 다루는 매우 다양한 접근법이 존재한다. 예를 들면, 티베트인들은 나무를 베거나 건물을 짓기 위해 땅을 파는 행위를 시작하기 전에 의례 전문가에게 영혼들의 상태를 점검해 달라고 부탁한다.[34] 일반적으로 이런 행위는 공식적으로 허락을 구하거나 공물을 공양하는 의례를 올린 후에 시작한다. 이 과정을 통해 침해 행위를 인간 중심적인 착취가 아닌, 개체들간의 교환 행위로 바라볼 수 있기 때문이다. 고결한 의도를 바탕으로 부득이하게 파괴적인 행동을 할 때조차 이 행동이 환경에 미치는 영향력을 인식하고, 일종의 적극적인 동의를 구하는 의례를 거치는 것이 티베트 불교의 전통이다.

신과 악마에 관한 가장 우아한 접근법

보다 고전적인 의미의 '신들'과 '악마들'에 관해 이야기할 때, 불교는 그들을 '저 밖'에서 찾을 수 있는 무언가가 아니라, 마음 안에서 찾을 수 있는 현상에 불과하다고 이야기한다. 이는 종교의 영역에 속한 불교의 수수께끼 같은 특성이자, 20년 전 나를 이 전통으로 이끈 요인들 가운데 하나이기도 하다. 신들과 악마들의 본성에 관한 티베트의 가장 유명한 가르침은 '쬐' 전통의 대표자 마칙 랍된Machig Labdron이 정립했다. 쬐는 인도에 기원을 두지 않는 티베트 불교의 유일한 전통인 동시에[35] 역사상 유일하게 여성이 정립한 주요 이론이기도 하다. 시간이 지나면서 마칙의 가르침은 광범위한 인기를 끌었고, 결국 티베트 불교의 거의 모든 주요 학파 내부로까지 스며들었다.

쬐는 한때 다양한 요소를 포함한 광범위한 수행 체계였지만, 오늘날에는 '뤼진Lujin'이라고 알려진 의례를 가리킬 때만 주로 이 용어를 사용한다. 뤼진은 풍부한 도상학적 요소들을 비롯해 북과 종, 나팔로 연주하는 강렬한 선율로 유명한 상징적 의례이다. 이 의례는 다양한 목적을 충족시키는 험하고 거친 장소에서 거행하는데, 이 의례의 목적에는 두려움을 일으키는 대상들 앞에서 이타적 용기를 내는 것은 물론, 강력한 영혼들과 적극적으로 관계를 맺는 것까지 포함되기 때문이다.

마칙이 이십 대였을 때, 그녀는 동료들과 함께 소남 라마Sonam Lama라는 스승에게서 밀교 입문 의례를 받았다. 의례를 치르는 동안, 그녀는 일어나서 옷을 벗은 뒤, 허공으로 붕 뜬 채 사원의 벽들을 그대로 통과해 웅장한 나무의 가지 쪽으로 날아갔다고 한다. 그곳에서 그녀는 무시무시한 나가 왕의 존재를 감지했다. 젊은 여성 때문에 신경이 곤두선 나가 왕은 당장 그녀를 공격하겠다며 위협했다. 하지만 마칙은 두려움에 움츠러드는 대신 관대하고 연민 어린 반응을 보이며, 자기 몸을 나가의 먹이로 기꺼이 내주었다. 마칙의 용기와 자비에 마음이 누그러진 나가 왕은 그녀를 잡아먹는 대신, 그녀와 자손들을 보호하는 일에 완전히 헌신하기로 결심한다.[36] 이 전설적인 설화는 파드마삼바바의 이야기와 극명한 대조를 이룬다. 쬐는 종종 어둡고 으스스한 수행으로 여겨지지만, 무서운 영혼을 대하는 마칙의 우아한 태도는 사실 인간이 아닌 존재들을 향한 강력한 연민에서 우러나온 것이었다.

일반적으로 쬐 의례를 치를 때, 수행자들은 자기 몸에서 의식을 끄집어내 강력한 여성 신격으로 바꾸며, 남은 몸은 연금술적인 과정을 통해 마술적 공물로 변한다. 그런 뒤에 수행자는 보이거나 보이지 않는 무수한 존재들을 이 향연에 초대한다. 이 만찬은 깨달음에 이른 존재들과 보호자들, 우주에 있는 모든 지각 있는 존재들에게 차례차례 제공된다. 가장 경멸스럽고 무서운 영혼들을 귀빈의 자격으로 소환하는 동안, '내부'와 '외부' 같은 개념은 완전히 전복된다. 이렇게 해서 악의적인 세력과 질병의 매개자들조차 의례적 폭력이나 추방 행위가 아닌, 모성에 가까운 사랑과 너그러움을 통해 기세를 누그러뜨릴 수밖에 없다.[37]

티베트 지역에서는 쬐를 종종 악마나 마라Mara(티베트어로는 두드Dud)라는 개념과 연관 짓지만, 마칙은 '악마라 불리는 것은 그것을 보는 자들을 겁에 질리고 얼어붙게 만드는 거대한 검은 실체 같은 것이 아니다. 악마란 자유의 실현을 가로막는 모든 것이다'라고 이야기했다.[38] 또한 라마 출트림 앨리온은 2008년 출간한 자신의 책 《내 안의 악마 길들이기(Feeding Your Demons)》에서 이와 같은 통찰을 심리학적, 실존적 차원으로 적절히 활용했다.[39]

악마들은 11세기 티베트에서 날아온 고대의 가고일(악마의 이미지로 만들어진 석상 -옮긴이)이 아니다. 그들은 우리가 현재 사로잡

헌 문제들, 즉 우리가 자유를 경험하지 못하도록 막는 상황 그 자체이다. 악마들은 궁극적으로 우리 마음의 일부인 만큼, 결코 독립적인 존재성을 지니지 못한다. 그런데도 우리는 마치 그들이 실재하는 양 그들과 상호작용을 벌인다. 결국 모든 악마는 양극성을 만들어내는 우리의 성향 속에 뿌리박고 있는 셈이다. 적을 정복하려 하고, 모든 것을 이분법적으로 바라보는 성향에서 벗어난다면, 우리는 악마들이 뿌리내린 원천인 이원론적 자아 중심성을 버리고 악마들로부터 해방될 수 있을 것이다.[40]

자연스러운 사랑과 연민의 느낌

신들과 악마들이 저 밖 어딘가에 있는 것이 아니라, 우리의 마음속에 머물고 있다는 말은 현대 세계에 걸맞는 더 없이 적절한 교훈일 것이다. 가장 기본적인 의미에서 보자면, 신들은 우리가 '도움이 된다'고 인식하는 대상이나 존재이고, 악마들은 우리가 '해롭다'고 인식하는 대상이나 사물일 뿐이다. 예컨대, 배우자는 우리 삶에서 '신'의 역할을 맡을 수도 있지만, 우리를 배신한다면 그들은 아주 신속하게 '악마'로 변할 것이다. 훗날 우리가 그보다 훨씬 나은 배우자를 찾는다면, 우리는 결함 있는 전 배우자를 변장한 신이나 '축복'으로 다시 볼지도 모른다. 이것이 결국 우리가 삶 속에서 '신들'과 '악마들'을 비롯한 초자연적 존재들을 인식하는 방식일 것이다.

마칙은 세속적인 신들이나 강력한 영혼들에게 집착하지 말라고 늘 경고했는데, 우리를 도울 것처럼 보이는 대상들에 대한 집착이 결국은 그들을 악마로 뒤바꿔 놓을 뿐이기 때문이다. 이런 현상은 우리의 심리적 경험에 호소하는 바가 크지만, 위험한 신들로 가득한 세계에서는 문자 그대로의 해석 또한 그에 못지않은 가치가 있다. 신들이 존재한다는 신념 그 자체가 고통의 원인은 아니지만, 그들에 대한 우리의 집착은 대단히 심각한 결과를 초래할 수 있다. 종교적 열성분자나 극단주의자들이 자행하는 끊임없는 폭력이 대표적인 예이다. 게다가 외부의 지각 있는 존재들에게 신성을 투사하는 태도는 그들과 진정한 보살핌이라는 관계를 맺지 못하도록 우리를 방해할 뿐이다.

마칙의 가르침에 대한 심리학적, 철학적 접근법이 서양인들이 죄를 이해하는 기본적인 방식으로 자리 잡긴 했지만, 그녀의 주장에는 종종 간과되는 또 다른 측면이 있다. 만일 거칠고 강력한 영혼들이 사실 악마들이 아니라면, 그들은 대체 무엇일까? 마칙의 답변은 믿을 수 없을 정도로 간단하다. 그들은 단지 '일시적인 존재 양식에 사로잡힌 지각 있는 존재들'일 뿐이다. 지각 있는 존재들은 결코 절대적인 의미의 '신들'이나 '악마들'이 될 수 없는데, 그들은 전적으로 자애로운 신적 존재도 아니고, 전적으로 악의적인 악마적 존재도 아니며, 우리 운명을 좌우하는 본질적인 힘도 없기 때문이다.

붓다의 헌신자였던 마칙은 자신의 제자들에게 이 지각 있는 존재들이 전생에 우리의 어머니와도 같은 존재들이었다는 사실을 상기시켜, 가장 무서운 악귀들에게조차 자연스러운 사랑과 연민의 느낌을 가질 수 있도록 제자들을 이끌었다.

자아에 대한 집착을 극복하는 것

악마들과 싸우는 대신 그들에게 먹이를 주는 마칙의 접근법은 엄청난 가치가 있는데, 여기에는 우리가 스스로의 내면과 맺는 관계도 포함된다. 자신의 '그림자'에 해당하는 요소에서 스스로를 분리하려 한다면, 내면의 방해 세력인 '악마들'에게 오히려 힘을 실어주는 결과를 초래할 뿐이다. 우리는 오직 그들 배후에 내재한 근원적인 욕구를 인정하는 것으로만 우리 내면에서 벌어지는 갈등을 해소할 수 있다. 그렇지만 마칙이 보이지 않는 존재들을 우리의 내적 투쟁에 대한 은유로만 바라본 것은 아니다.

티베트는 보이지 않는 존재들이 무수히 존재하는 땅이었던 만큼, 마칙은 그들을 주술화한 세계의 인간 아닌 거주자들로 받아들였다. 그리고 자신의 제자들에게도 보이지 않는 존재들을 거부하지도 숭배하지도 말고, 단순히 그저 '사랑을 필요한 섬세한 존재'로 인정하라고 가르쳤다. 우리는 초자연적 '타자'에 대한 두려움이나 경외감을 극복하고 진정한 의미의 유대감을 확립함으로써, 우리 내면의 악마들을 진정시키고 우리와 자연 세계의 무너진 관계를 복구할 수 있다. 이런 의미에서 죄는 자아 중심성이라는 우리의 '핵심 악마'를 떨쳐내는 과정으로 볼 수 있다.

불교 철학에 의하면, '자아'란 무상하고 복합적인 하나의 현상이다. 심지어 우리의 몸조차도 진정으로 '단일한 존재'라고 말할 수 없다. 앞서 언급했듯이, 이 세상은 공동의 삶을 지탱하기 위해 함께 일하는 인간 및 인간 아닌 세포들로 구성된 소우주 전체이다. 외관상 독립적으로 보이는 우리의 몸은 사실 환경이 지탱하는 동시에, 우리에게서 나온 생물학적 폐기물은 환경에 끊임없이 영향을 미친다. 결국 자연 세계에는 '독립성'이란 개념이 존재하지 않는다. 우리는 서로 연결된 무수한 주체들이다. 따라서 인간 중심적 우주에 대한 우리의 필사적인 집착을 포기하기만 한다면, 우리는 모든 지각 있는 이웃들을 진심으로 배려하고 돌볼 수 있게 될 것이다. 우리의 지배 성향은 근본적으로 자아 중심성에 뿌리를 내리고 있지만, 우리의 인간 중심적인 세계관이 어떤 식으로든 와해된다면 '우리 자신이 일부로 참여하는 모든 집합체'에 상당한 영향을 미칠 수 있을 것이다.

싸우는 대신 먹이를 주는 접근법

마칙은 보이지 않는 존재들을 대하는 데에 도움이 되는 가장 명료하고 심오한 불교적 가르침을 우리에게 남겼다. '싸우는 대신 먹이를 주는 윤리학'은 우리의 심리 상태에 대한 접근법뿐만 아니라 생태학적, 사회적 패러다임에 대한 접근법까지 급진적으로 바꿀 것이다. 심지어 코로나 사태도 이런 관점에서 접근할 수 있다. 세계적인 유행병을 '싸워서 이겨야 할 적'으로 보는 대신, 부당하게 학대받고 이용당하던 환경이 보여준 고통스러운 징후로 생각할 수도 있다. 우리는 이런 상황을 공격적이고 냉담하고 남성적인 태도가 아닌, 연민과 보살핌의 태도로 다루어야 한다. 심지어 바이러스 자체도 '악마'가 아니라, 살아남으려고 애쓰는 또 다른 유형의 '이웃'일 뿐이다.

생명의 손실을 막고 사회의 구성원으로서 우리가 서로에 대해 져야 할 책임을 받아들이는 것도 중요하지만, 이와 더불어 우리는 유행병과 같은 생태학적 위기의 근본적인 원인들 또한 진지하게 검토해야 한다. 코로나와 같은 사태는 인간들 서로에 대한, 그리고 우리와 함께 이 세상을 공유하는 인간이 아닌 존재들을 외면했다는 것을 나타내는 징후 중 하나일 것이다.

불교의 우주론에 특별히 흥미가 있든 없든, 이런 견해에 귀를 기울인다면 우리는 '자연 세계'를 완전히 다른 관점으로 바라볼 수 있을 것이다. 우리는 '인간이 아닌 존재들이 살아가는 환경'을 나타내는 말로 '자연'이란 단어를 흔히 사용하는데, 유럽 문화 외에는 이런 단어를 아예 찾아볼 수 없다는 점에 주목할 필요가 있다. 인류와 근본적으로 분리된 외부 환경, 즉 '자연'이 따로 존재한다는 개념은 그저 하나의 이야기, 오래된 믿음일 뿐이다. 하지만 세상에는 다른 수많은 이야기가 존재하는데, 그것들 중 다수는 우리가 진실이라고 생각하는 것에 훨씬 더 밀착해 있다. 우리는 바로 이런 목소리에 지금부터라도 신중히 귀를 기울여야 한다.

8장

신화의 재발견

우리에겐 새로운 신화가 필요하다

인류세가 제기한 문제들에 잘 대처하려면 우리는 정보나 데이터 이상의 것을 갖춰야 한다. 우리에겐 좀 더 다양한 이야기가 필요하다. 이 지구에서 우리가 차지하는 지위를 다시 생각해 볼 수 있게 하는 새로운 신화가 필요하다. 인류 역사에서 일어난 모든 위대한 혁명에는 항상 새로운 신화가 따랐다. 우리는 이제 독단과 배타주의, 착취 등을 피하는 방식으로 이 핵심적인 도구를 활용할 방법을 찾아야 한다. 새로운 이야기들이 우리가 지금까지와는 다른 길을 걸어갈 수 있도록 돕기도 하겠지만, 반대로 우리를 더 깊은 망상 속으로 끌어들일 수도 있다는 점을 기억해야 한다. 이런 이유로 신화의 영역은 험난하고 위태로워 보일 때가 많다. 하지만 진정한 회복에 이르고자 한다면 이 과정을 반드시 거쳐야 한다.

신화란 무엇인가?

우리는 지금까지 다양한 유형의 신화와 만났다. 나는 의도적으로 신화라는 용어를 넓고 느슨하게 사용하는데, 여기에는 우리 삶의 대부분이 궁극적으로는 신화(일상적이거나 초현실적인 신화 모두)를 기반으로 한다는 사실을 보여주려는 의도가 있다. 하지만 '신화'는 복잡하기로 악명이 높은 단어이다. 때로는 이 단어를 거짓에 불과한 것들을 가리키며 경멸적으로 사용하기도 하고, 오래된 문화적 전통의 영역에서는 '특정한 것에 관한 매우 중요한 이야기'라는 사실을 나타내려고 활용하기도 한다.[1] 하지만 미국의 비교 신화학자이자 종교학자인 조지프 캠벨Joseph Campbell은 《천의 얼굴을 가진 영웅(The Hero with a Thousand Faces)》이란 책에서 이렇게 언급했다.

> 우주의 무궁무진한 에너지가 인간 문화 속으로 쏟아져 들어오는 비밀스러운 틈, 그것이 곧 신화라고 해도 절대 지나치지 않을 것이다. 종교, 철학, 예술, 원시 인류의 사회 형태들, 과학과 기술의 주요 발견과 잠 속으로 스며드는 꿈들, 이 모든 것이 신화라는 마법에서 끓어오른다.[2]

일반화해서 말하자면, 신화는 대개 중요한 진실들을 묘사하기 위해 구축한 이야기이다. 역사에 근거한 신화들은 과거의 사건들을 향해 말을 걸고, 종종 과거의 사건들을 과장하거나 아름답게 치장한다. 또한 병인학에서 영향을 받은 신화들은 사건들의 원인을 확립하고, 왜 모든 것이 지금의 상황과 같은지 설명한다. 심리학에 근거한 신화들은 인간의 내면적인 경험들에 관해 이야기한다.[3] 또 다른 중요한 유형의 신화는 새로운 종교나 기관, 국가의 설립을 정당화하기 위한 헌장 신화의 성격을 띤다. 이런 신화는 설득력과 권위를 갖춘 패러다임을 확립하기 위해 신화의 다양한 특성을 모아 하나로 엮어낸다.

우리는 모두 신화로 조건화된 삶을 살아간다. 단순히 우리가 그 점을 인정하는지 아닌지의 문제일 뿐, 우리 입에서 나온 이야기들은 우리의 정체성과 가치, 정의, 희망과 두려움, 존재의 의미에 대한 관념을 형성하고, 이것을 주변 상황과 연관 짓도록 함으로써 우리의 인식 체계에 심오한 영향을 미친다. 우리는 지배층의 권위를 합법화하기 위해 환상적인 모티브를 사용하는 신화들에 익숙해져 있다. 이런 신화들은 여러 종교를 기반으로 한 것이다. 하지만 신화가 실제 세계에 영향력을 행사하기 위해 반드시 신성한 계약이나 강력한 기관들과 연관되어야 하는 것은 아니다. 몇몇 신화는 훨씬 깊고 진정성 있는 공간에서 생겨난 후, 인간 이외의 존재들로 구성된 세계의 문턱으로 떠오른다. 우리는 종종 이런 신화들을 우리 선조들의 전래 설화나 문학 작품 속에서 마주할 수 있다. 그 출처가 어디든 이런 이야기들이 말을 걸어올 때, 우리는 마땅히 마음을 열고 귀를 기울여야 한다. 이런 이야기들이야말로 우리를 새로운 패러다임으로 이끌 수 있기 때문이다.

인간은 천성적으로 가변적이고, 반응적이고, 상상력이 풍부한 존재이며, 단순히 집단적인 차원의 상상력을 동원하는 것만으로도 완전히 새로운 세계를 창조할 수 있다. 역사학자이자 세계적인 작가 유발 하라리Yuval Harari는 이렇게 언급했다. '인간이 세상을 지배하는 것은 그들이 다른 동물들보다 더 잘 협동할 수 있기 때문이고, 인간이 그토록 잘 협동할 수 있는 이유는 허구를 믿기 때문이다. 그러므로 시인과 화가, 극작가들은 군인이나 공학자들 못지않게 중요하다.'⁴

또한 하라리는 공상 과학이 이 시대의 중요한 예술적 도구가 될 것이란 사실을 강조하며 이렇게 이야기했다.

> 아마도 21세기 초기의 가장 중요한 예술 장르는 공상 과학일 것이다. 극소수의 사람들만이 머신 러닝이나 유전 공학 분야의 최신 논문을 읽는다. 대신, '매트릭스Matrix'나 '그녀(Her)' 같은 영화와 '웨스트월드Westworld'나 '블랙미러Black Mirror' 같은 TV 시리즈가 우리 시대의 기술적 사회적, 경제적 발전을 이해하는 방식을 결정짓는다. 이는 공상 과학이 과학적 현실을 묘사하는 방식에 훨씬 큰 책임을 가져야 한다는 사실을 의미한다. 그렇지 않으면 공상 과학은 사람들에게 그릇된 개념을 주입하거나 잘못된 문제들에 집중하게 만드는 역할을 할 수도 있다.⁵

공상 과학은 앞으로 우리가 맞닥뜨릴 기술적 진보의 결과들을 실현할 수 있는 일종의 샌드 박스Sand Box(안전하게 보호받는 범위에서 프록그램을 작동시키는 소프트웨어—옮긴이)를 제공해, 기술적 진보가 심리학, 사회학, 환경, 정치에 미칠 파급 효과를 고민하는 계기가 되어 줄 것이다. 몇몇 작품은 심지어 '신화적인' 영역에까지 접근하기도 하지만, 일반적인 기준에서 보면 공상 과학은 두드러진 한계점도 있다. 가끔씩 등장하는 인간이나 괴물 형상의 외계인들을 논외로 한다면, 공상 과학은 종종 인류의 능력을 미화하기 위해 '모든 것은 정신력에 달렸다'라는 식의 수사를 되풀이하면서 인간중심주의의 진부한 궤도를 답습하기도 한다.[6]

이런 이야기들도 기술이 지배하는 미래를 이해하는 일에 상당한 도움이 될 수도 있지만, 인간이 아닌 존재들과 우리의 관계를 다시 설정하는 데에는 아무런 보탬이 되지 않는다. 따라서 우리에게는 다른 유형의 이야기들이 필요하다. 만일 우리가 자연과의 관계를 개선하길 바란다면, 우리는 신화라는 위험한 영역 속으로 들어가 다시 모험을 감행해야 한다.

공상 소설의 놀라운 역할

현대에 이르러, 과거로부터 전해 내려온 신화 중 다수는 그 고유한 힘을 상당 부분 상실했다. 우리는 추수감사절이 우호적인 순례자들과 북미 원주민들의 우정 어린 만찬에서 시작되었다는 생각을 기꺼이 받아들이지만, 조지 워싱턴George Washington이 고래를 타고 허드슨강을 가로질렀다는 이야기는 터무니없는 공상으로 치부한다. 사실 추수감사절에 관한 신화처럼 역사를 왜곡하는 이야기를 잘 걸러내는 것이 더 중요한데도 우리는 이 단순한 거짓말에 저항 없이 속을 뿐이다. 현대 자본주의는 또한 이런 거짓말에 주로 의존한다. '더 많은 소유는 더 큰 만족으로 이어진다'는 것이 소비지상주의의 기본 전제인데, 이것은 우리의 소비로 이익을 얻는 기업들이 우리에게 끊임없이 주입해 온 신화적 모티브 중 하나일 뿐이다.

반대로 신화는 우리에게 평범한 세계를 새로운 관점으로 보게 할 수도 있다. 자연 세계와 인간 이외의 생명체에 관한 아름다운 이야기는 평범한 바위조차 무한한 경외감의 원천으로 바꿔 놓을 수 있기 때문이다. 하지만 이런 이야기는 인간 사회의 중심에서 밀려나 종종 조롱의 대상이 되는 허무맹랑한 이야기로 평가받았다.

처음에는 터무니없고 불편하게 느껴지겠지만, 우리가 공상과 맺는 보다 건강한 관계는 결국 인류의 회복을 위한 결정적인 해법이 될 것이다. 과학 소설가 어슐러 르 귄Ursula K. Le Guin은 이렇게 말했다. '일반적인 현실주의 소설과는 달리, 공상 소설은 인간이 아닌 개체들을 핵심적인 존재로 포용한다. 인간이 아닌 존재를 인간과 대등한 가치를 가진 동등한 존재로 받아들이는 것은 곧 강박과도 같은 현실주의를 포기하는 것이다.'[7]

이른바 '현실주의 소설'이 인간적인 경험 속으로 더 깊이 들어가도록 우리를 압박한다면, 공상 소설은 인간중심주의의 한계를 넘어 인간 이외의 존재들로 구성된 세계까지 고려하도록 우리를 자극한다.[8] 공상 소설은 주술화 상태를 심리적, 사회적으로 경험하고, 인간이 아닌 존재들과 맺는 새로운 정서적, 도덕적 관계 방식을 탐색할 수 있도록 우리를 도울 것이다. 아마도 여기서 가장 중요한 것은 공상 소설이 도그마나 경직된 '신념' 속으로 빠지는 일 없이 이런 경험을 촉진할 수 있다는 사실일 것이다. 공상 소설은 두려움과 수치심, 죄책감을 느낄 필요 없이 본질적인 세계의 경이를 집단적으로 맛볼 수 있는 자유로운 공간이자 안식처가 되어 줄 것이다.

가치 있는 이야기는 평생에 걸친 친구가 될 수 있다. 내가 불교 전통에 몰두하기 전, 톨킨의 작품들을 통해 신화적 마력의 불꽃을 점화시킨 것처럼 말이다. 불교가 내 '입양 종교(Adopted Religion)'라면, 톨킨의 작품들은 내 '입양 신화(Adopted Mythology)'라고 할 수 있다. 톨킨의 작품들은 현대에 탄생한 신화이지만, 현대의 이야기가 우리를 '진리'의 경험으로 이끌 수만 있다면, 그 가치는 절대 고대의 이야기들에 뒤지지 않을 것이다.

티베트에는 '직셰 쿤돌Jikshe Kundrol', 즉 '하나를 아는 것이 모든 것을 해방시킨다'라는 말이 있는데, 여기에는 '하나의 대상을 완전하게 이해할 수 있다면 결국 모든 것을 이해한 것과 마찬가지'라는 뜻이 담겨 있다. 신화에 관한 한, 이것은 매우 가치 있는 조언이다. 우리는 소비 지향적 사고방식에 물든 나머지, '더 많은 것을 더 좋은 것'이라고 쉽게 믿는다. 하지만 세상에는 지속적인 관심과 점진적인 소화 과정을 통해서만 고유한 비밀을 드러내는 수많은 이야기가 있다.

우리가 일련의 신화들을 이런 방식으로 대한다면, 신화들은 우리의 삶에 더 깊이, 더 역동적으로 영향력을 행사할 수 있을 것이다. 신화를 대하는 이런 태도는 이야기 자체의 가치에 따라 긍정적인 효과를 낼 수도, 부정적인 효과를 낼 수도 있을 것이다. 이런 이유 때문에 신화의 영역으로 들어가는 것은 매우 위험천만한 일이다. 신화의 길은 우리를 깨달음 또는 망상으로 이끌 수도 있다. 따라서 우리의 삶에 긍정적인 영향을 미치는 신화들을 선별하는 과정은 고도로 섬세하고 조심스러운 작업일 수밖에 없다.

'요정 이야기'에 숨은 가치

지금까지 전해진 이야기 가운데 가장 널리 알려진 작품들은 주로 신과 영웅을 주인공으로 내세운 것들이 대부분이다. 하지만 이런 신화들보다 더 오래된 이야기도 우리 주변에 굉장히 많다는 것을 기억해야 한다. 특히 유럽 전통에서는 우리가 일반적으로 '요정 이야기(Fairy Stories)'라고 부르는 동화들이 가장 오래된 이야기인 경우가 많다. 그동안 우리는 요정과 관련한 이야기들을 다소 엉뚱하거나 어린이들을 위한 이야기에 불과하다고 인식했다. 하지만 요정 이야기가 단지 '요정에 관한 허무맹랑하고 환상적인 이야기'일 뿐이라고 생각하는 것은 커다란 실수이다. 이와 관련해 톨킨은 이렇게 말했다.

> 그것은 너무 편협한 관점이다. 왜냐하면 요정 이야기는 우리가 흔히 말하는 요정이나 엘프에 관한 이야기일 뿐만 아니라, 요정들이 존재하는 영역이나 상태에 관한 이야기이기 때문이다. '페어리Fairy'라는 말에는 엘프나 요정, 난쟁이, 마녀, 트롤, 거인, 용 외에도 많은 것이 포함된다. 바다와 태양, 달, 하늘이 등장하고, 땅과 그 위의 모든 존재도 포함된다. 나무와 새, 물, 돌, 포도주, 빵 그리고 주술화에서 벗어나지 않은 상태의 인간들 또한 마찬가지이다.[9]

요정 이야기 역시 일종의 신화로 분류할 수 있다. 이런 이야기들은 삶이나 죽음과 같은 무거운 주제를 다루지만, 제도적인 권위의 확립이나 신성한 위업 같은 것에는 거의 신경을 쓰지 않는다. 요정 이야기의 외적인 가벼움은 단지 역사나 과학을 대체하기에 적절치 못하다는 것을 나타낼 뿐이다. 이런 이야기들이 지닌 마력은 영원히 유효하며, 근시안적인 인간중심주의에서도 자유롭다. 톨킨은 이렇게 말했다.

> 사실 '요정 이야기'는 아주 단순하고 근본적인 것들을 다루지만, 이런 단순성은 그들이 자리 잡은 배경 덕분에 더욱 환하게 빛을 발한다. 왜냐하면 아무 스스럼없이 자연을 대하는 이야기이기 때문이다. 내가 처음으로 언어의 힘을 예감하고 돌, 철, 초목, 집, 불, 빵, 포도주 등과 같은 사물들의 경이를 엿본 것은 바로 요정 이야기를 통해서였다.[10]

이것이 우리의 모든 이야기가 유효하게 적용할 수 있는 배경이다. 이런 배경은 우리의 현실에 언제든지 적용할 수 있지만, 꼭 우화적이거나 시사적일 필요는 없다. 톨킨 역시 이 점을 매우 중요하게 생각했으며, 우리에게도 중요한 교훈 하나를 남겼다. 우화와 풍자가 요정 이야기에 관한 관심을 막는다는 사실이다.[11] 우화는 오직 특정한 상황을 바라보는 한 작가의 관점을 넓히는 데에만 도움이 된다. 하지만 요정 이야기는 동시대의 사건들을 소설화하려고 시도하는 대신, 그저 지각할 수 있는 세계의 경계를 확장하는 데에만 관심을 갖는다.

생태학적 위기를 다룬 이야기에 접근할 때는 환경 문제를 묘사하는 영리한 우화나 비유를 만들어 내지 않도록 주의해야 한다. 우리에게 필요한 것은 인간과 인간이 아닌 생명체들의 의미 있는 관계를 다룬 이야기들이다. 이와 관련해, 톨킨은 '요정 이야기의 중심인 근원적인 욕망은 다른 생명체들과 교감하고자 하는 인간의 욕망이다'라고 언급했다.[12] 하지만 여기서 중요한 것은 주술화된 관계가 지배하는 영역이 '초자연적인' 영역은 아니라는 사실이다. 톨킨은 이렇게 말했다. '초자연적이란 단어는 느슨하게 쓰느냐, 엄격하게 쓰느냐에 상관없이 위험하고 어려운 단어이다. 이 단어는 요정 이야기에는 절대 적용할 수 없는데, 요정들은 인간보다 훨씬 더 자연적인 존재이기 때문이다. 자연적인 것, 그것이 그들의 운명이다.'[13]

서사시와 음유시인의 운명

인간과 인간이 아닌 개체들의 의미 있는 관계에 토대를 둔 이야기들은 때로 서사시의 형태를 띠기도 한다. 몇몇 평론가는 티베트의 '게사르 왕 서사시(Epic of King Gesar)'를 지금까지 전하는 가장 긴 서사시로 평가한다. 이 서사시는 지금도 살아 있는 전통으로 남아 있지만, 사실 수 세대에 걸쳐 이야기꾼들이 집단적으로 창작한 것으로 볼 수 있다. 이 서사시의 기원을 11~13세기에 걸친 티베트의 르네상스기에 둘 수도 있겠지만, 오늘날에도 '밥둥bap-drung('신화를 내려받는 사람들'이란 뜻-옮긴이)'이라고 알려진 수백 명의 '게사르 음유시인'이 티베트에서 여전히 활동 중인만큼, 계속해서 새로운 이야기들이 더해질 것이다.

게사르 왕은 약 1천 년 전쯤에 생존했다고 추측하는 전설적인 인물로, 실제 인물을 토대로 가공했을 수도 있지만, 실존했던 여러 인물을 한데 조합했을 가능성이 더 크다. 하지만 계속해서 확장되는 이야기의 대부분은 역사적 사실에 대한 설명이 아닌 '신화 만들기(Mythopoeia)'라는 과정에서 비롯했다. 우리 중 대부분은 이런 놀라운 이야기를 창조할 능력이 있다면 수익을 얻을 가까운 출판사부터 찾겠지만, 티베트의 음유시인들은 그렇게 하지 않았다. 다셀 왕모Dasel Wangmo 박사는 몇 년 전 세상을 떠나기 전까지 비밀스러운 게사르 음유시인 겸 보전 발굴자로 활동했다. 그녀는 자신의 특별한 재능을 선물이 아닌 짐으로 여겼고, 계시를 받았을 때는 종이에 쓴 다음, 바로 불 속에 던져 넣곤 했다. 그녀는 기록하는 일을 피할 수 없었고, 심지어 그 일은 자신의 삶과 죽음이 걸린 문제이기도 했다. 그녀는 음유시인으로서의 운명을 완전히 무시하면 자신의 생명력이 소진되어 버릴지 모른다고 두려워했지만, 자신의 작품을 바깥 세상으로 전하는 일에는 아무런 관심도 없었다. 그녀는 오직 의사라는 본업에만 집중하기 위해 작품을 불길 속에 놓아주는 쪽을 선택했다.[14]

신성한 문학 장르의 발견

신화 만들기는 티베트 종교 문화에서 중추적인 역할을 담당한다. 8세기의 인물로 추정하는 파드마삼바바가 실존했다는 증거는 부족하지만, 오늘날까지도 계속해서 확장 중인 그의 가르침은 지난 8백여 년에 걸쳐 티베트 불교의 핵심이었다. 10세기 무렵의 문헌에서 파드마삼바바로 알려진 인물의 흔적을 발견할 수는 있다. 그러나 티베트 불교의 아버지로서 그가 한 핵심적인 역할은 그의 삶을 다룬 양갈 니마 외제르Nyangral Nyima Ozer의 작품들이 대중화된 12세기가 되어서야 비로소 알려지기 시작했다. 외제르는 스스로를 파드마삼바바의 후원자였던 치송 데첸 왕의 환생으로 묘사하면서, 생애 동안 이 특정한 '전생'에 관한 풍부한 신화들을 저술했다. 특히 티베트 지역에 밀교적인 불교를 확립하기 위해 치송 데첸 왕이 파드마삼바바에게 보낸 초대장을 작성해 파드마삼바바를 티베트 불교 전통의 핵심적인 영웅으로 격상시켰다. 이 이야기는 묘사된 사건들이 일어난 지 4세기가 지난 뒤에야 나왔지만, 티베트 문화를 인식하는 일에 급진적이고 지속적인 영향력을 미쳤다. 그리하여 마침내 티베트적 불교를 정당화하는 견실한 헌장 신화로 자리 잡았다.

이것은 단지 과거를 새롭게 해석하는 과정에 불과한 것이 아니다. 파드마삼바바의 신화 체계는 티베트인이 불교를 현지화하고, 티베트 고유의 정전(Canonical) 전통을 확립할 수 있게 했다. 이 전통은 테르마Terma, 즉 '보물'이라고 부르는 신성한 문학 장르를 통해 공식화되었다. 티베트인들에 따르면, 몇몇 테르마는 강력한 지역 수호령들의 보호를 받는 땅속에 매장되었다고 한다. 티베트에서는 보물 발굴에 관한 기적에 가까운 이야기들을 전하는데, 가장 중요한 테르마 가운데 다수는 불과 지난 몇 세기에 걸쳐 발견한 것이다. 저명한 현대의 보전 발굴자 초걀 남카이 노르부 린포체Chogyal Namkha'i Norbu Rinpoche는 보전에 관한 가르침 중 많은 것을 꿈속에서 깨우쳤다고 한다. 그는 전반적인 전례 절차와 음악 선율, 심지어는 춤 동작 등을 꿈에서 익혔으며, 이 가운데 다수는 제자들을 위한 핵심 수행으로 전해졌다.

흔히 보전 발굴자들은 보전과 수호의 임무를 부여받은 지혜로운 여성을 일컫는 '다키니Dakinis'로부터 앞으로 발굴해야 할 목록을 받았다고 한다. 대개 그들은 계시 내용을 비밀스러운 '경계 언어(Liminal Language)'로 표현하는데, 보전 발굴자들은 이 언어를 환영이나 구름, 절벽 등과 같은 자연 현상이나 지형 속에서 조우하는 순간에만 해독할 수 있다고 한다.

이 보물들이 실제로 8세기의 밀교 마법사로부터 전해지는 것은 아니라고 하더라도, 테르마 전통은 진정한 통찰과 영감에 기반을 둔 종교적 혁신을 위한 중요한 공간을 마련한다. 또한 이 전통은 '계시'와 '창조적 영감'의 경계에 대한 새로운 관점도 제시한다. 음유시인들이 실제로 겪는 주관적인 경험은 선구적인 예술가나 영감 넘치는 이야기꾼들이 겪는 경험과 그리 다르지 않을 것이다. 만일 누군가가 전생을 기억하고, 타인의 경험을 전해 받는 세계에서 성장했다면, 그의 입장에서는 영감이나 천재성의 발현도 사실은 일종의 계시일지 모른다고 생각하는 것이 합리적일 것이다. 반대로 같은 인물이 계시가 불가능하다고 생각하는 환경에서 성장했다면, 그는 모든 것이 결국 상상의 산물일 뿐이라고 가정할 것이다. 이런 이유로 '진실'과 '허구'라는 개념은 예언자나 신화 작가에게조차 매우 복잡한 요소가 될 수 있다. 그들 중 몇몇은 아마도 자신의 주장이 진실한지 다른 사람들만큼이나 확신이 없을 것이다. 자신의 창조물이 발명된 거짓인지 계시를 통한 진리인지 혼자 추측할 수밖에 없기 때문이다.

신화와 영성 모두 상업화되는 지금의 상황에서, 테르마와 같은 전통이 앞으로 어떤 운명을 겪을지 짐작하기는 쉬운 일이 아니다. 하지만 지난 천여 년에 걸쳐 테르마가 인류 역사상 가장 놀라운 철학적, 영적 작

품들을 제공해 왔다는 사실만큼은 부인할 수 없을 것이다.[15]

신화에 대한 통찰이 돋보이는 톨킨의 작품

우리는 언어학을 통해 모든 문화가 서로 긴밀하게 얽힌 태피스트리와 같다는 사실을 입증했다. 또한 문화의 발전 과정을 연구하다 보면, 인류 역사와 문화의 상호연관성에 관해 더 많은 것을 배울 수 있다는 사실도 밝혀냈다. 하지만 20세기 중반 무렵, 언어학은 매우 나쁜 평판을 얻었다. 다수의 유럽 파시스트 운동이 자신들의 국수주의적 야심을 정당화하기 위해 사이비 언어학의 프로파간다에 의존했기 때문이다.[16] 이것은 우리에게 훌륭한 데이터조차 조종에 능한 사람들이 나쁜 목적에 활용할 수 있다는 사실을 일깨운다. 하지만 언어학의 전성기가 끝나가던 바로 그 시기에 역사상 가장 유명한 언어학자가 나타났다. 바로 톨킨이었다.

비교 언어학 전문가였던 톨킨은 과거의 언어를 복원하는 과정을 통해 역사와 언어학 사이의 간극을 메우는 일에 관심을 보였다. 하지만 톨킨은 과거의 언어나 이야기를 되살리는 일에는 큰 흥미가 없었다. 그는 이렇게 말했다. '그 누구도 내 이야기에서 앵글로색슨족에 관한 유효한 지식을 얻지는 못할 것이다. 내가 목표로 한 것은 기본적으로 더 겸허하고 힘이 더 많이 드는 일, 즉 새로운 무엇을 만들어 내려 애쓰는 일이었다.'[17] 톨킨은 자신만의 고유한 '원시 신화'를 만들기 위해 다양한 전통에서 영감을 얻었고, 진정한 신화 만들기에 개인의 주관적인 판단을 필수 요소로 보았다. 진정한 요정 이야기를 창작하려면, 작가는 다른 이야기에 대한 지식 이상의 것을 갖출 필요가 있다는 뜻이다. 작가에게도 직접적인 주술화의 경험이 필요한데 톨킨에게 언어는 이런 경험으로 향하는 가장 직접적인 길이자, 단어들 안에 숨은 이야기들을 발굴할 수 있게 하는 특별한 유형의 증거였다.

톨킨 작품의 언어학적이고 신비주의적인 본성을 이해한다면, 그의 '허구적인' 신화들이 지금까지와는 완전히 다른 의미로 다가올 것이다. 톨킨의 몇몇 작품은 생전에 엄청난 성공을 거뒀지만, 부와 명예는 그의 진정한 목적이 아니었다. 또한 톨킨의 작품들 중에는 가장 널리 알려진 《반지의 제왕(The Lord of the Rings)》외에도 훌륭한 작품이 많았다. 그가 죽은 뒤 5년이 지날 때까지 출간되지 않았던 《실마릴리온》이 사실 우리가 익히 알고 사랑하는 호빗 이야기들보다 훨씬 더 심도 있고 야심찬 시도였다. 톨킨의 대다수 작품들이 사후에라도 출간될 수 있었던 것은 그의 아들 크리스토퍼의 지칠 줄 모르는 노력 덕분이었다. 톨킨 사후에 출간된 전집에는 크리스토퍼의 해설이 주석으로 달린 방대한 분량의 초기 원고와 습작들도 포함된다. 우리는 이 전집에서 훌륭한 이야기뿐만 아니라, 신화를 만드는 과정에 대한 심오한 통찰까지 얻을 수 있다. 어쩌면 이런 통찰을 통해 우리는 '중요한 이야기들'이 어떻게 탄생하고, 신화가 어떻게 주술화의 경험을 자극하는지 더 잘 이해할 수 있을 것이다.

톨킨식 신화의 시작

톨킨은 문학을 통해 세상에 긍정적인 역할을 하겠다는 야심을 품었다.

그는 엘리아스 뢴로트Elias Lonnrot가 편찬한《카렐리아Karelia》와 핀란드 지역의 전통 설화 모음집《칼레발라The Kalevala》와 같은 작품에서 영감을 얻었다.《칼레발라》는 핀란드가 강력한 민족 정체성을 확립하고 정치적 자치를 위한 명분을 형성하도록 도운 작품이다.

영국의 상황은 핀란드와 많이 달랐지만, 톨킨은 아서 왕의 전설이 아닌 앵글로색슨 설화에 토대를 둔, 뚜렷하게 영국적인 신화를 건립하는 실험을 감행했다. 하지만 시간이 흘러 계획의 범위가 큰 폭으로 확장되면서 그는 국가주의적인 주제를 포기하고 훨씬 더 깊고 세계적인 문제들을 다루기 시작했다.[18]

어린 시절부터 언어를 연구한 그였지만, 톨킨의 신화 만들기는 옥스퍼드에서 학부생으로 생활하는 동안 본격적으로 싹을 틔웠다. 당시 그는 고대 영시의 한 구절에 매료되었는데, '크라이스트(Crist)'란 시의 2행이었다.

중간계 위에서 인간에게 내려온 에렌델,
천사들 중 가장 밝은 이여. 만세.[19]
Eala earendel engla beorhtast
ofer middangeard monnum sended.

대부분의 독자에게는 톨킨이 창조한 세계인 중간계(Middle-earth)와 비슷한 느낌의 'Middangeard'라는 단어가 눈에 들어올 것이다. 하지만 그가 묘사하려 한 세계처럼, 이 단어는 누군가의 창조물이 아니라 고대 게르만어에서 우리가 거주하는 세계를 가리키는 매우 보편적인 이름이

       4부 치료를 위한 여정

다. 이 젊은 학자에게 훨씬 이상하고 매혹적으로 다가온 단어는 비너스 Venus의 신비스러운 옛 이름인 '에렌델Earendel'이었다. 경계 언어를 해독하는 보전 발굴자들처럼 톨킨은 이 구절에 완전히 매료되었다. 훗날 그는 이렇게 말하기도 했다. '그 단어들 너머에는 아주 멀고 낯설고 아름다운 무언가가 있었다. 내가 이해하기에 그것은 고대 영어를 훨씬 넘어서는 것이었다.'[20]

에렌델은 톨킨이 1914년에 '에렌델, 저녁별의 항해(The Voyage of Earendel the Evening Star)'라는 시로 등단하면서 톨킨의 신화 체계에 등장하는 최초의 등장인물이 되었다. 이것이 '톨킨식 신화의 시작'이었다.[21] 엑스터 칼리지에서 학위를 이수한 후, 톨킨은 마지못해 영국군에 입대했고, 곧바로 1차세계대전에 참전했다. 1916년 프랑스에 배치된 톨킨은 솜 전투(Battle of the Somme)에서 가까스로 목숨을 부지할 수 있었다. 그는 심각한 참호열에 걸린 채 영국으로 돌아왔고, 자신의 친구들 대부분이 전투에서 목숨을 잃었다는 사실을 알게 되었다. 그는 이렇게 취약한 조건 속에서 본격적으로 작품 활동을 시작했다.

그의 초기작이 주로 요정들을 다뤘기 때문에 그의 작품들은 산업화에 대한 반작용으로 일어난 '유럽 재주술화 운동(European Re-enchantment Movements)'의 선상에 있다고 볼 수 있다. 하지만 톨킨은 절대 자신의 이야기가 이런 존재를 역사적으로 서술한 것이라고 주장하지 않았다. 그럼에도 그는 요정들을 우리의 환경사에 영향력을 행사하는 실제적인 주체로 표현했다. 그들이 '한 가족이 집 근처의 같은 땅에서 자란 농작물을 여섯 세대에 걸쳐 나눠 먹었던 시절'만큼 우리 앞에 자주 모습을 드러내지는 않지만 말이다.[22]

그의 이야기들은 이런 근본적인 애니미즘적 전제로부터 유기적으로 그리고 마치 계시라도 받은 것처럼 자연스럽게 빛을 발했다.

> 이야기는 내 마음속에서 '미리 정해진' 형태로 떠올랐고, 따로따로 떠오를 때는 그들 사이의 연결 고리까지 함께 주어지곤 했다. 끊임없이 중단되기도 했지만, 고도로 몰입력 있는 작업이 이어졌다. 그렇지만 나는 항상 내가 '창작'을 하는 것이 아니라, 이미 존재하는 것들을 기록한다는 느낌을 받았다.[23]

고고학자들이 인류가 거주지를 건설한 방법에 관해 더 많은 것을 알고자 전통적인 도구로 다시 거주지 만들기를 시도하듯이, 톨킨은 언어 및 신화의 발달 과정을 몸소 경험하기 위해 스스로를 신화 만들기 과정의 안쪽에 두었다. 그는 평소 매우 생생하고 활동적인 꿈을 꾸었는데, 이런 자각몽의 경험이 그의 이야기에 많은 영감을 주었을 가능성이 높다. 그는 꿈에서 얻은 중요한 모티브를 이렇게 묘사했다. '피할 길 없는 무시무시한 파도가 고요한 바다로부터 솟아나거나, 푸른 섬들을 압도하며 밀려들곤 했다.'[24] 사십 대가 될 때까지 그를 괴롭힌 이 악몽은 1936년 무렵 집필하기 시작한 《누메노르의 몰락(The Fall of Numenor)》을 위한 중요한 창조적 기반이 되었다.[25] 하지만 그는 그로부터 한참 후인 1964년에도 '오래전에 글로 써서 떨쳐냈음에도 그 꿈은 아직도 가끔 나를 찾아온다'라고 언급했다.[26]

계시와 창작 사이의 모호한 경계

톨킨의 작업 과정을 가장 잘 보여주는 예는 호빗을 창작한 일화들에서 찾을 수 있다. 1930년 여름, 옥스퍼드의 집에서 제자들의 기말고사 답안지를 채점하던 그는 완전히 텅 빈 답안지 하나를 발견했다. 시험지 채점이 아주 힘들고 지루할 것이라고 생각했던 만큼, 빈 답안지는 그에게 예상치 못한 기쁨을 안겨주었다. 언젠가 톨킨은 한 인터뷰에서 "솔직히 저는 그 학생에게 5점 정도 가산점을 주고 싶었습니다."라고 농담을 하기도 했다.[27] 하지만 그는 곧 펜을 들어 망설임 없이 백지 위에다 '땅 밑에 있는 구덩이 속에 호빗 한 마리가 살고 있었습니다'라고 휘갈겨 썼다. 이 글은 톨킨의 가장 유명한 두 작품 《호빗》과 《반지의 제왕》으로 이어졌는데, 이 작품들은 곧 전설이 되었다.

톨킨과 티베트의 음유시인 또는 보전 발굴자의 경험 사이의 유사성을 확인하는 일은 생각보다 어렵지 않다. 양쪽의 주된 차이점은, 톨킨이 자신의 작업을 허구적 신화 만들기로 분명히 묘사한 반면, 음유시인들은 일반적으로 자신들의 작업을 사실적이고 역사적으로 묘사한다는 것이다. 이것이 그저 솔직함과 속임수의 차이라고 생각하겠지만, 현실은 그보다 훨씬 더 복잡하다. 만일 누군가가 전생의 기억과 계시를 잠재적으로 경험할 수 있는 '현실적인 현상'으로 인식하도록 교육받았다면, 되풀이되는 꿈이나 예지적인 경험을 분류하는 것은 당사자에게도 무척 힘들 것이다. 현실에서는 톨킨과 다셀 왕모 모두 자신의 창조적 비전이 '진실'인지 '거짓'인지 판단하기 위해 상당 부분 추측에 의존할 수밖에 없었을 것이다.

여러 사람들이 전하는 바에 따르면, 20세기의 유명한(그리고 대단히 논란도 많은) 티베트의 라마인 초감 트룽파 린포체Chogyam Trungpa Rinpoche는 '반지의 제왕은 일종의 테르마이다'라고 말했다고 한다.[28] 이것은 꽤 놀라운데, 트룽파가 보전 발굴자로 널리 인정받은 사람이었다는 점을 감안했을 때, 그 놀라움은 배가된다. 그가 톨킨의 작품이 진정한 '계시'의 성질을 띤다는 점을 제자들 앞에서 공개적으로 인정한 것처럼 보이지만, 그 반대 역시 진실일 수 있다. 이처럼 계시와 창작 사이의 경계는 종종 극도로 모호하다.

자본이 또 다른 신으로 떠오른 세상

이야기는 우리를 새로운 세계로 안내하고 치유할 수도 있지만, 우리를 분열시킬 수도 있다. 따라서 이야기를 우리 삶에 적용하는 순간 빠질지도 모르는 몇 가지 함정을 알아두어야 한다. 톨킨은 이렇게 말했다.

> 공상은 물론 극단으로 치달을 수도 있다. 유해할 수도 있고, 나쁜 목적에 악용될 수도 있다. 심지어 공상은 그것의 원천인 마음을 현혹할 수도 있다. 인간은 요정들을 상상했을 뿐만 아니라 신들을 상상하고 숭배해 왔으며, 심지어 신들을 창작한 작가가 기형적으로 변형한 신들까지 숭배해 왔다. 작가들은 개념과 구호, 돈과 같은 것들 때문에 거짓된 신들을 창조하기도 했다.[29]

우리는 모두 이런 거짓된 신성에 익숙해져 있다. 오늘날 '자본주의의 신'이야말로 신들 중에서도 가장 강력할 것이다. 우리는 다른 무엇보다 '돈의 부름'에 주의를 기울인다. 우리는 이윤이라는 자성에 맞춰 도덕적 나침반을 조정한다. 하지만 이것은 단지 극심하게 뒤틀린 현대의 환상일 뿐이다. 돈에 대한 숭배 행위는 훨씬 더 음험한 신화의 기반 위에서 이어져 왔다. '인간과 자연이 대립한다'는 이야기는 가장 파괴적인 제도들의 근간을 이루었다. 인간의 자만심은 인간 중심적인 세계가 우리를 실존적으로 만족시킬 수 있다는 믿음을 심었지만, 사실 이런 믿음에는 소외와 도탄만 있을 뿐이다. 이것은 실상을 명백하게 밝히는 데에 활용할 수 있는 '진정한 신화'가 아니라, 우리의 과도한 욕심을 정당화하기 위해 활용하는 하나의 오류일 뿐이다. 이런 시대를 예감하기라도 한 것처럼, 톨킨은 이렇게 말했다.

> 인간이 진실(사실, 혹은 증거)을 알기를 원하지 않고, 진실을 인식할 수도 없는 상태에 놓인다면, 공상은 인간이 치유될 때까지 계속해서 시들어갈 것이다. 만일 인간이 이런 상태 속으로 계속 빠져든다면 건강한 공상은 곧 병적인 망상으로 변질될 것이다.[30]

애석하게도 우리는 톨킨이 말한 바로 그 시점에 이르렀다. 사실과 증거를 거부하는 태도는 우리 주변의 세상과 진정으로 교감할 수 있는 능력을 정면으로 방해한다. 우리가 보유한 신화가 이미 '대안적 사실'과 '병적인 망상'으로 변질된 만큼, 새로운 이야기를 다시 쓰고 싶다면 가장 먼저 '실재'와 우리의 깨어진 관계부터 바로잡아야 할 것이다.

우리를 더 나은 미래로 데려갈 이야기

톨킨은 지구와 인류의 관계가 중요하다는 사실을 잘 알았던 만큼, 작품들을 통해서 산업화에 대한 예리한 비판을 거듭 되풀이한다. 그가 말년에 이른 시점에서야 비로소 산업화가 환경에 어떤 영향을 미치는지 조금씩 알려지기 시작했지만, 톨킨은 무분별한 벌목과 석탄 소비가 지구의 미래에 부정적인 영향을 미친다는 사실을 배울 필요도 없이 본능적으로 느꼈다. 그는 이렇게 말하기도 했다. '나는 이 지구, 특히 나무들과 깊은 사랑에 빠졌고, 지금까지도 마찬가지이다. 그래서인지 어떤 이들이 동물 학대를 견디기 힘들어 하는 것처럼, 나는 나무를 거칠게 다루는 사람들을 보면 화가 난다.'[31]

애니미즘적 윤리학은 그가 식물과 숲에 관해 수없이 묘사한 표현들에서 쉽게 찾을 수 있다. 그는 자신의 작품을 통해 140여 종의 식물을 생생하게 묘사하는데, 그중 대부분이 실재하며, 만들어낸 식물조차 대체로 정통 식물학의 원리에 기반을 둔 것이다.[32] 그는 생전에 출간한 마지막 책에 이렇게 썼다.

> 내 모든 작품 속에서 나는 나무들의 편을 들고, 그들의 적들을 배척하려 했다. 로스로리엔Lothlorien이 아름다운 것은 그곳이 나무들이 사랑받는 장소이기 때문이다. 나는 또한 작품들 속에서 숲이 스스로를 보호하기 위해 자신의 의식을 일깨우는 것으로 묘사했다. 오래된 숲이 두 발로 걷는 생물에게 적대적인 이유는 그들에게 너무 많은 상해를 입은 기억을 안고 있기 때문이다. 팡고른 숲

Fangorn Forest은 원래는 무척 아름다웠지만, 내가 쓴 이야기 속에서는 적대감이 가득한 곳이다. 그 이유는 이 숲이 기계를 숭배하는 사람들에게 위협받은 상태였기 때문이다. 33

식물의 안녕을 배려하는 감수성이 톨킨이 창작한 이야기의 핵심적인 '도덕률'은 아니다. 하지만 톨킨의 작품 속 중간계에서는 지각 있는 나무들과 자연 지형이 이례적인 변칙에 불과한 것이 아니라, 살아 있는 세상의 일반적인 특징 자체로 묘사된다. 톨킨의 작품들은 인류세를 풍자하기 위해 쓴 것이 아니다. 그는 이 개념이 처음으로 등장하기 오래전에 이미 세상을 떠났다. 하지만 우리의 상황에 그의 작품들을 대입해 보는 일은 어렵지 않다.

다양한 종족들이 중간계의 해방을 위해 일정한 역할을 했지만, 신들도, 천사들도, 서쪽에서 온 마법사들도 힘이나 권력만으로 어둠을 효과적으로 제압할 수 없었다. 사우론Sauron의 절대 반지 창조처럼 자신의 뜻을 다른 존재에게 투영하는 행위는 '악의 가장 본질적인 모습'으로 나타난다. 인간과 숲, 강, 산, 그리고 삶과 죽음에까지 권력과 지배력을 행사하고자 하는 욕망은 톨킨이 말하는 '악'을 불러일으키는 촉매가 된다. 그의 작품에는 세상을 지배하려는 것과 세상을 구하거나 치유하려는 것의 경계가 매우 아슬아슬하다. 두 가지 모두 타자들의 주체성을 훼손하려는 독선적인 의지에 의존하기 때문이다.

결국 이 힘을 거스르는 데에 성공하는 영웅은 인간이나 엘프가 아니라, 겸허하고 눈에 잘 보이지도 않는 '호빗들'이다. 무언가를 지배하는 행위에 아무런 관심도 없는 호빗들만이 절대 반지를 파괴하는 이 도전에 훌륭히 대처할 수 있었다. 어떤 면에서 보면 톨킨은 이미 우리에게 지금까지와는 다른 길, 즉 애니미즘적인 정신을 지닌 채 지배욕과 거리를 두는 길을 제시한 셈이다. 《반지의 제왕》은 악을 제압하는 강력한 전사들에 관한 이야기가 아니다. 이것은 세상의 끝처럼 보이는 상황 속에서도 연민을 실천하는 능력에 관한 이야기이다. 인류세의 위기가 다가온 상황에서 이와 같은 이야기들은 우리에게 가치 있는 교훈을 남길 것이다.

인간 중심적인 신화에서 벗어나는 길

신화는 역동적이고 유연할 때, 즉 이야기가 되풀이되고 배경에 대한 독자의 지식이 확장하는 과정에 따라 진화를 거듭할 때 가장 큰 효과를 발휘한다. 하지만 신화를 신성시하고 틀림없는 '역사적 사실'로 오인할 때, 예상하지 못하거나 익숙하지 않은 지식들이 흘러들지 못하도록 우리 스스로를 닫아걸 수밖에 없다.

톨킨이 탁월한 신화 작가로 남은 이유 중 하나는 그런 경직성을 선제적으로 약화하는 능력이 있었기 때문이다. 1950년대 말, 그는 자신의 이야기가 세상 속에 확고히 자리 잡을 수 있게 가장 소중히 여기던 개인적 신화들을 수정하기 시작했다. 젊은 시절 그는, 한때는 평평했던 중간계의 지구가 어떻게 둥글어졌는지, 태양이 지상의 신성한 나무에서 어떻게 자라났는지 이야기하는 신화를 집필했다. 누군가는 이것이 더없이 훌륭한 신화라고 생각하겠지만, 톨킨이 보기에 이 이야기는 중간계와 우리가 아는 지구의 거리를 너무 멀어지게 만드는 단점이 있었다. 이런 이야기들을 신들이나 영생하는 엘프의 기록으로 돌리는 대신, 톨킨은 궁극적으로 이런 신화가 이야기 속의 세계에서조차 좀 더 '어른스러운 신화'여야 한다고 판단했다.[34] 신화와 이성이 서로 배타적일 필요는 없다는 뜻이었다. 사실 신화와 이성의 공생은 엄청나게 강력한 결과로 이어질 수 있다. 톨킨은 이렇게 썼다.

> 공상은 인간의 자연스러운 활동이다. 이것은 이성을 파괴하거나 모욕하지 않는다. 게다가 공상은 과학적 진실에 대한 인식을 방해하지도, 진실에 대한 취향을 무디게 하지도 않는다. 사실은 그와 정반대이다. 이성이 더 예리하고 명료할수록 창작할 수 있는 공상의 질 역시 더 나아질 것이다.[35]

신화의 진화를 허용하는 것이 반드시 애니미즘적 세계에서 벗어나는 과정일 필요는 없다. 논리와 이성, 영감을 바탕으로 한 신화야말로 실재에 대한 우리의 이해에 돌파구를 마련해 줄 수 있을 것이다. 케케묵은 인간 중심적 신화에 집착한 탓으로 인간 이외의 존재들로 구성된 세계에 관해서는 끝없이 무지했고, 회복에 이르는 길도 모호하게 흐려놓았다. 그 본성이 과학적이든, 문학적이든, 종교적이든 인간 중심적인 이야기들은 이미 궤도를 이탈하고 말았다. 우리는 식물과 동물, 생태계를 '배경'에서 끄집어내 자각의 전면부에 두어야 한다. 심지어 엘프와 나가, 카치나 Kachinas 등과 같은 '자연령들'조차 나름대로 가치 있는 역할을 할 수 있을 것이다. 그들은 세상에서 가장 외지고 깊은 지역에조차 보이지 않는 존재들이 살고 있다는 사실을 우리에게 상기시켜 줄 것이다. 우리는 모두 서로 관계를 맺는 지각 있는 존재들이며, 이와 같은 진실은 주로 이야기를 통해서 가장 잘 전달될 것이다.

요정 이야기에 숨은 핵심 요소

톨킨은 모든 '요정 이야기'에는 회복과 도피, 위안이라는 세 가지 핵심 요소가 내재되어 있다고 언급했다.[36] 그는 회복을 '명료한 시각을 되찾는 것'이자, '건강을 회복하고 쇄신하는 것'이라고 묘사한다.[37] 또한 그는 도피가 요정 이야기의 또 다른 필수적인 특징이라고 주장한다.[38] 현실 도피를 항상 나쁜 것으로 생각할 필요는 없다. 예를 들어, 질병으로부터의 도피가 치료가 아니면 무엇이겠는가? 그는 이렇게 묻는다. '감옥에 갇힌 사람이 집으로 돌아가고 싶어 한다고 해서, 혹은 그렇게 할 수 없을 때 그가 감옥 이외의 다른 주제들을 떠올린다고 해서, 경멸당해야 하는가? 죄수가 감옥 밖의 세상을 볼 수 없다고 해서 그의 세상이 덜 현실적인 것은 아니지 않은가!'[39] 이야기는 우리의 한계를 넘어서는 세상을 보여줌으로써, 세상에 참여하는 새로운 방식을 상상할 수 있도록 우리를 격려할 것이다.

요정 이야기의 위안은 톨킨이 '유카타스트로피Eucatastrophe', 즉 '좋은 재난'이라고 부른 사건들을 통해 느낄 수 있다. 이런 사건들은 톨킨식으로 표현하자면 '세계의 벽 너머를 스치듯 지나가는 기쁨과 슬픔만큼이나 가슴 저미는 감동'을 선사한다.[40] 이것은 물론 해피엔딩이지만, 전혀 예상하지 못한 순간에 나타나는 그런 해피엔딩이다. 기후 위기 상황과 관련해 이런 엔딩을 믿는 것은 결코 쉽지 않다. 게다가 이런 결과를 얻으려고 지나치게 애쓰다 보면, 오히려 실현하기가 더 어려울지도 모른다. 하지만 우리들 각자는 회복의 과정 자체에서 위안을 얻을 수 있다. 우리가 세상을 구할 수는 없더라도 우리 주변의 균열에서 새로운 삶이나 새로운 존재 방식이 솟아나도록 허용할 수 있을지도 모른다. 우리가 우리의 감옥 벽 너머에서 천국을 발견하지는 못하더라도, 해방 그 자체를 통해 위안을 얻을 수는 있을 것이다.

신화와 요정 이야기의 힘은 개인적일 수도 있지만, 이런 이야기를 공유하는 과정 자체가 유대감과 집단적 가치를 확립하는 강력한 수단이 될 것이다. 세상의 위대한 이야기들 중 다수는 한때 사람들을 결집시키고 공동의 정체성을 확립하기 위해 '노래의 형태'로 전해졌다. 전 지구적인 질병에서 회복하려면 우리는 이야기를 읽거나 입으로 전달하고, 공상에 손을 대고, 인간과 자연 세계의 교차점을 드러내려 애써야 한다. 우리는 기업의 신화나 음모 이론을 소비하는 대신, 강의 딸이나 말하는 나무에 관한 설화들을 가까이해야 할 것이다. 이야기를 계시하거나 창작할 수 있는 재능을 보유한 사람들은 미래를 함께 창조하는 과정에서 더없이 신성하고 중요한 역할을 담당할 수 있다. 발 플럼우드는 '능동적으로 목소리를 내는 자연(Nature in the Active Voice)'이라는 글에서 이렇게 썼다.

당신의 마음을 해방시켜 우리의 과업에 힘을 보태라. 보다 풍성한 언어로 세상을 재해석하라. 그리하여 다른 종류의 마음과 대화를 나누고, 다른 종들의 필요를 존중할 수 있도록 우리를 도우라. 나는 그 일을 하는 방법은 이야기하지 않을 것이다. 세상에는 그 일을 수행하는 많은 기회가 존재한다. 다르게 생각하려는 몸부림, 환원주의적인 문화를 개조하려는 몸부림이 지금 상황에서는 우리의 기본적인 생존 프로젝트가 될 것이다. 나는 당신이 이 과업에 기꺼이 참여하기를 희망한다.[41]

살아 있는 세계에 관한 이야기들을 가까이하고, 지각 있는 존재들과의 근본적인 동류의식을 상기하려면 예술가와 과학자, 학자, 교사 그리고 모든 유형의 자연애호가들이 협력해야 한다. 우리는 지금까지의 인류 역사에서 가장 중요한 시기를 지나는 중이다. 따라서 책임의 무게는 상상을 초월할 정도로 더없이 무겁다. 우리는 아마 백 년쯤 지난 뒤에 과거를 되돌아보고서야 지금 나눈 이야기가 인간의 운명에 엄청난 영향을 미쳤다는 사실을 비로소 실감할 것이다. 이 이야기들은 인간중심주의라는 구속 상태에서 우리를 해방할 수도, 어두운 수렁 속으로 더 깊이 밀어 넣을 수도 있을 것이다. 하지만 다행스럽게도 선택은 온전히 우리의 몫으로 남아 있다.

5부

회복을 위한 노력

UNSEEN BEINGS

9장

내면의 성찰

회복에 이르는 여덟 가지 길

우리가 앓고 있는 이 병은 관계의 질병이므로 치료의 초점을 내부에만 맞춰서는 안 되고, 타자들을 향한 행동에도 세심한 주의를 기울여야 한다. 행동의 변화는 생태계 회복에도 상당한 영향을 미칠 것이다. 또한 우리는 열린 마음을 지닌 채 일관된 방식으로 접근해야 한다. 의사들이 종종 말하듯, 환자들이 스스로에게 최선의 행동을 하도록 이끄는 것은 절대 쉬운 일이 아니다. 의사가 설탕을 너무 많이 먹으면 위험하다고 경고해도, 환자들은 자기 몸에게 최후통첩을 받은 뒤에야 비로소 설탕 섭취에 신경쓸 것이다.

발 플럼우드는 《페미니즘과 자연의 지배》라는 책에서 인류와 환경의 관계는 도덕률의 영향을 받지 못했다고 주장했다.[1] 효과적인 윤리적 패러다임은 '옳음'과 '그름'을 근거로 삼는 것이 아닌, '보살핌을 향한 연구'에 뿌리내리는 것이어야 한다. 법은 살인과 같은 범죄를 저지르지 않도록 우리를 막는 것이라기보다는, 타인을 향한 공감을 배우는 것에 가까워야 한다. 처벌에 대한 두려움이 법을 지키는 유일한 이유일지라도, 이것은 대부분 감옥에 갇혀 사랑하는 사람과 분리되는 두려움으로 이어진다. 결국 우리는 단지 규칙이 아니라 '애정과 보살핌'이란 가치 때문에 법을 준수하는 것이다. 매춘이나 도박과 같은 '피해자 없는 범죄'는 엄격하게 조처하지 않는 이상 뿌리 뽑기가 거의 불가능하다. 피해자를 확실히 인식할 수 없는 상황에서는 그들을 보살피려는 마음조차 가질 수 없다는 단순한 진리 때문이다.

그러므로 우리에게 자연과 인간이 아닌 존재들을 보호하는 법이 필요하더라도, 이것이 주된 억제책이 되어서는 안 된다. 만일 우리가 단순히 에코사이드Ecocide(지구 생태계에 지속적인 악영향을 불러오는 파괴행위-옮긴이)를 또 다른 '피해자 없는 범죄'나 추상적인 개념의 '인류의 미래에 대한 모욕'으로 설정한다면, 우리는 그저 법의 허점을 이용하는 방법들을 찾는 일에만 골몰할 것이다. 하지만 보살핌의 표현에 좀 더 초점을 맞춘다면, 우리는 의미 있는 변화에 영감을 불어넣게 될지도 모른다.

새로운 삶의 방식을 상상하는 능력

여러 가지 면에서 이 접근법은 고통이라는 실존적 질병에 대한 붓다의 처방인 '팔정도(Noble Eightfold Path)'를 반영한다. 그저 하지 말아야 할 것들의 목록만 던지는 대신 붓다는 먼저 회복에 이르는 길을 개관하는 로드맵을 제공한다. 비록 불교 사상에 기반을 둔 것이지만, 이 원칙은 인류의 모든 종교적, 철학적 세계관과 조화를 이룰 수 있다. 우리가 인간중심주의와 '지배자 정체성'을 기꺼이 내려놓기만 한다면 말이다.

치료에 관한 모든 논의에서는 '최종 목표'가 무엇인지 먼저 이해해야한다. 인간은 기본적으로 변화를 두려워하는 만큼, '이전 상태로 회귀하는 것'만으로도 충분하다고 생각할지 모른다. '지속 가능성'이란 개념도 중요하지만, 이것은 사실 두 마리 토끼를 다 잡고 싶다는 말을 전달하는 영리한 방식에 지나지 않는다. 우리는 우리에게 불리한 결과를 초래하지 않는 선에서 하던 일을 계속하려 한다. 이것이 현실이다. 스스로에게 '당신이 지속하려고 애쓰는 것이 무엇인가?'라고 묻는다면, 가장 솔직한 대답은 결국 '착취'와 '자원 남용'에 가깝다는 사실을 깨달을 것이다. 하지만 진정으로 회복에 이르기 위해서는 완전히 다른 목표를 설정해야한다. 우리가 회복해야 하는 것은 '역동적인 유연성'과 '새로운 삶의 방식을 상상하는 능력'이다.

우리는 자연 속으로 한 걸음 들어가 자연스러운 굴곡에 우리를 맡겨야 한다. 또한 우리는 어떤 식으로든 우리가 지구를 구할 가능성이 매우 적다는 사실 또한 인정해야 한다. 인류가 기후 목표를 달성하고 지속 가능한 자본주의적 생태계를 구축하는 일에 실패할 것이라고 예측하거나, 변혁을 위한 시위가 즉시 이상적인 사회로 이어지기는 힘들다고 예견하는 것은 절대 비관주의가 아니다. 또한 이 일 자체가 헛되다는 뜻도 아니다. 우리가 지구를 구할 수 없을지는 몰라도, 여전히 주변의 존재들에게 의미 있는 영향을 미칠 수는 있다. 우리가 할 수 있는 일은 우리를 둘러싼 관계(지구와 인간, 인간이 아닌 존재들과 맺는)를 변화시키는 것이다. 이와 관련해 어느 현명한 구도자는 이렇게 말했다.

우리가 할 일은 세상의 모든 흐름을 통제하는 것이 아니라, 우리에게 주어진 이 고난의 시기를 극복하기 위해 각자의 몫을 다하는 것이다. 들판에서 악을 뿌리 뽑아 후세의 사람들이 밭을 갈 깨끗한 땅을 누릴 수 있게 하는 것이다. 그들이 어떤 날씨를 경험하게 될지는 우리가 결정할 일이 아니다.[2]

회복 과정에서 핵심은 세상을 구하는 것이 아니라, 우리와 세상의 관계를 조금이라도 변화시키는 것이다. 이 길에 헌신함으로써, 우리는 주변 존재들의 복리를 향상할 수 있을 뿐만 아니라, 살아 있다는 경이로움까지 다시 느낄 수 있을 것이다. 그렇다면 이 목적을 달성하기 위해 어떻게 해야 할까?

바른 세계관 – 자연 상태로 돌아가라

해방으로 이끄는 붓다의 가르침에는 '세계관'이라는 개념이 깔려 있다. 우리가 세상을 바라보는 방식은 세상에 참여하는 방식에도 엄청난 영향을 미친다. 알다시피 우리의 정치적, 과학적, 종교적, 경제적 제도와 연관이 있는 관점은 '세상이 인간을 중심으로 돌아간다'는 것, 그리고 '인간이 자연과 근본적으로 분리되어 있다'는 것이었다. 이 출발점에서 시작해 우리는 오로지 이윤을 근거로 자연을 착취하거나 보존하기로 결정했다. 이 모든 것은 그저 자원을 관리하는 문제일 뿐이었다. 하지만 이런 유형의 관점은 '보존'이나 '지속 가능성'을 추구할 때조차, 회복이 아닌 문제의 재발로 이어지고 만다. 진정으로 질병을 치료하고자 한다면 지배와 구원 모두를 넘어서야 한다.

우리는 인간과 인간이 아닌 존재 모두를 자연 자체로 인식하는 세계관을 채택해야 한다. 우리는 자연을 통제할 힘은 없지만 우리의 행동과 입에서 나오는 이야기, 타자들과 형성하는 관계만은 스스로 통제할 수 있다. 우리는 자연과 분리되어 있지 않으며, 그 위에 군림하고 있는 것도 아니라는 사실을 깨달아야 한다.

다행스럽게도 '자연 상태'를 회복하는 일은 믿을 수 없을 정도로 간단하다. 우리가 할 일은 그동안의 인간 중심적인 이야기를 내려놓고 스스로를 활짝 열어놓는 것이 전부이다. 우리는 자연을 찾아가거나 보존해야 할 장소로 여기거나 재통합해야 할 대상으로 보곤 한다. 하지만 자연이 저 밖에 있는 무언가라고 생각한다면, 우리는 핵심을 놓치는 것이다. 자연은 바로 여기에 있다. 우리는 단 한순간도 자연을 떠난 적이 없으며, 자연과 분리된 적도 없다. 따라서 인간 중심적인 가치관을 떨쳐내고 타자의 경험을 향해 가슴을 여는 것 말고는, 갈 곳은 아무 데도 없고 해야 할 일 역시 아무것도 없다.

무기력한 '자연 세계'에 관한 우리의 실용주의적 관념을 내려놓을 수만 있다면, '주술화가 곧 회복에 이르는 길 자체'라는 사실을 자연스럽게 이해할 수 있을 것이다. 이 세상은 사실 마술적인 활력으로 가득 차 있다. 우리가 할 일은 이런 사실을 제대로 볼 수 있도록 눈을 크게 뜨는 것이 전부이다.

바른 의도 - 다시 야생화하는 길을 선택하라

불교에서는 행동의 배후에 내재한 의도에 큰 관심을 기울이지만, 어떤 사람들은 불교가 '의도에 지나치게 집착한다'고 지적하기도 한다. 우리는 오직 나쁜 의도만 부정적이라고 생각하지만, 사실 무관심 역시 그에 못지않게 위험하다. 우리는 단순히 나쁜 의도를 피하기만 하는 것에서 더 나아가야 한다. 공감과 보살핌을 능동적으로 실천해 무관심의 세계 속으로 떨어지는 것을 피해야 한다. 자연을 대하는 방식에 관해서라면, 본연의 모습으로 회생시키려는 생각이야말로 우리가 가슴속에 품어야 할 가장 소중한 '의도'이다.

우리가 주변을 다시 야생화하는 방법은, 우리의 뒤뜰을 관리하는 것부터 시작해 수없이 많을 것이다. 자원을 아껴 쓰는 보존과는 달리, 주변을 다시 야생화하는 일은 인간이 아닌 존재들에게 그들만의 방식으로 환경을 복구하고 재조직할 기회를 제공한다. 그러기 위해서는 불필요한 인간의 개입을 최소화해야 한다. 다시 숲을 조성하는 것도 이 과정의 중요한 부분이지만, 다시 야생화하는 일이 꼭 숲에만 해당하는 것은 아니다. 그곳이 밀림이든, 초원이든, 습지이든, 사막이든 상관없이 모든 유형의 환경은 그만의 고유한 미덕을 간직하고 있다.

건강한 자연 환경을 보여주는 보편적인 모델은 없다. 작은 도심 정원조차 인간과 인간이 아닌 존재 모두에게 식량과 약초, 정서적 만족감 등을 제공하는 생기 넘치고 역동적인 야생 공간이 될 수 있다. 대규모 재생 농업은 역동적인 상호 연관성으로의 회귀를 추구하는 만큼 훨씬 더 극적인 영향력을 행사할 수 있을 것이다. 자연은 정적인 무대가 아니라,

생동하는 변화의 그물망이다. 다시 야생화할 필요가 있는 것은 우리의 환경만이 아니다. 그보다 훨씬 중요한 것은 인류가 스스로 자연적인 야생성을 회복하는 일일 것이다. 우리는 자연 세계의 한 부분이 되는 법을 다시 기억해 내야 한다.

우리 주변을 다시 야생화하고 회생시키려는 적극적인 의도는 '무관심'이라는 독을 치료하는 강력한 해독제가 되어줄 것이다. 우리가 목표치에 도달하지 못하더라도, 이 근본적인 동기를 간직하는 것은 삶의 방식 자체를 바꿔놓을 수 있다. 그렇다고 우리가 자연으로부터 물러나 인간이 아닌 존재들과 맺었던 기존의 모든 관계를 중단해야 한다는 말은 아니다. 그것은 애초에 불가능하며 매우 부자연스러운 일이다.

우리는 그저 우리가 지배력을 행사하는 '자연계의 질서' 같은 것은 존재하지 않는다는 사실을 겸허히 받아들이기만 하면 된다. 우리 모두 (인간과 인간이 아닌 존재, 보이거나 보이지 않는 존재 모두)는 이 어수선하고, 예측 불가능하고, 놀라운 세상에서 최선을 다하며 살아간다. 따라서 우리는 누군가를 통제하고자 하는 충동에 저항하고, 스스로의 행동에 기꺼이 책임져야만 한다. 이것이 우리의 가슴속에 품어야 할 유용한 의도이다.

바른 언어-삶을 긍정하는 말을 사용하라

언어는 우리가 주변을 인식하는 방식에 직접적인 영향을 미치는데, 이런 특성은 인간이 아닌 존재들에 관해 이야기하는 상황에서도 마찬가지다. 나는 이 책에서 되도록이면 삶을 긍정하는 언어를 사용하려고 노력했다. 예를 들어, 인간이 아닌 존재들을 가리킬 때 '그것'이 아니라 인칭 대명사인 '그들'을 사용하는 쪽을 선택했다. 최근에 이 중성적인 대명사를 사용하는 일이 빈축을 사는데, 성전환자나 성별 불순응자들을 위한 인칭 대명사로 널리 사용하기 때문이다. 하지만 이 대명사는 성의 이분법적 구분이라는 사회적 관행을 넘어 개인의 개성을 인정하고 존중하기 위한 바탕을 제공한다.

인간 공동체 내에서 일어난 진화의 중요성을 인정하는 것에 더해, 나는 우리가 무심코 사용하는 단어조차 다른 개체들에 대한 우리의 인식에 영향력을 미친다는 사실을 인정하는 것이 중요하다고 생각한다. 세상에는 '그'와 '그녀', '그것'이라는 단어를 사용하는 일과 관련해 골치 아픈 문제가 수없이 많다. 반면, '그들'이란 단어는 이원론적인 성 패러다임에서 우리를 해방시킬 뿐 아니라, 인간 중심적인 언어 사용법을 깨트리는 데에도 큰 도움이 될 수 있다. 자신의 반려 동물을 '그'나 '그녀'라고 부르는 것은 이미 흔한 일이 되었지만, 우리는 여전히 대다수의 동물과 식물, 유기체를 '그것'으로 부른다.

이것 말고도 말을 통해 다른 존재들의 자율성과 생명력을 긍정하는 방법은 생각보다 다양하다. 예를 들어, 우리는 인간이 아닌 존재들과 강이나 숲 같은 존재들의 욕구와 필요, 행동, 경험 등에 관해 이야기하는 것을 회피해서는 안 된다. 그들을 고유성을 지닌 개체로 이야기하는 것은 우리가 실제로도 그들을 같은 방식으로 대하도록 자극할 것이다. 우리 주변의 환경을 상대로 바른 언어를 쓴다는 것은 인간이 아닌 존재들을 물건 취급하던 기존의 경향성에서 벗어나는 과정이기도 하다.

바른 행동 – 주변에 해를 끼치지 않으며 살아가라

우리가 당면한 도덕적 문제는 우리가 인간이 아닌 존재들을 착취하는 것을 정당하게 여긴다는 점이 아니라, 이런 착취를 아무렇지도 않게 생각한다는 점이다. 우리가 그들을 대하는 방식은 '그들은 의미 있는, 존재가 아니므로 취급하는 방식도 윤리적으로 별 문제가 되지 않는다'는 가정에 의존한다. 심지어 우리의 포유류 이웃들조차 기본적인 존재론적 권리를 제대로 인정받지 못한다. 우리는 그들에 대한 책임감과 죄책감을 덜기 위해 자연적 계층에 관한 신화들을 창조해 왔다. 하지만 이런 행동은 우리를 자연과 더 멀어지게 만들 뿐이다.

인간이 다른 유기체를 소비하는 것은 불가피한 일이다. 태양빛으로 자신만의 고유한 영양분을 생산하는 식물과 달리, 동물에게는 이런 능력이 없다.[3] 초식 동물은 식물의 몸체를 섭취해 자신의 세포에 에너지를 공급하며, 육식 동물은 다른 동물을 섭취해 자신의 몸에 에너지를 공급한다. 우리는 인류 역사의 상당 기간 동안 잡식 동물로 생활해 왔다. 처음에는 초식 동물이었지만, 다양한 기후 조건 속에서 살아남기 위해 점차 식습관을 적응시킨 것이다. 수렵인들은 농사를 지어 살아가는 후손들보다 훨씬 다양한 식단을 보유했던 만큼, 수백 종에 이르는 다른 종들 (주로 식물)을 정기적으로 섭취했다. 하지만 오늘날 우리의 식단은 이보다 훨씬 더 제한적이다. 옥수수와 밀, 쌀이 식물로부터 얻는 칼로리의 절반 이상을 차지하며, 동물성 식품은 과거의 인류에게 이상적이었던 기준보다 훨씬 높은 비중을 차지한다.

인간은 다른 동물을 먹지 않고도 살아갈 수 있다. 우리는 분명 다른 동물을 섭취할 수 있지만, 우리가 할 수 있는 것 중에는 하지 않는 편이 나은 일들도 수없이 많을 것이다. 어떤 사람들은 음식을 선택하는 일은 윤리나 도덕을 넘어선 것이며, 영양분을 취한다는 명목이 모든 수탈 행위를 정당화한다고 믿는다. 하지만 우리는 이것이 진실이 아니라는 것을 직관적으로 잘 알고 있다. 대부분의 사회는 식인을 부도덕하다고 여기며, 가장 열성적인 미국의 육식 옹호자들조차 키우는 개나 고양이를 먹는다는 생각에는 혐오감에 몸을 움츠릴 것이다. 이것은 '식단'과 관련된 문제가 아니라, 우리가 인간이 아닌 존재들에게 가치를 부여하는 방식과 관련된 문제이다.

물론 식물의 지각력을 인정하는 것은 새로운 차원의 윤리적 질문들을 불러올 것이다. 우리는 식물을 먹는 것까지 중단해야 할까? 그렇다면 균류는 어떤가? 우리 모두는 호흡식가(Breatharians, 일체 음식을 먹지 않고 호흡만으로 살아가는 사람들을 가리킴-옮긴이)가 되기를 염원해야 할까? 아니면 고통을 일으키는 것에 대한 두려움 때문에 그냥 굶어야 할까? 우리는 눈알만 굴리는 대신, 이 질문들에 솔직하게 대답하려고 노력해야 한다. 이와 관련해 매튜 홀은 이렇게 말했다.

식물 왕국의 지각력을 받아들이고 우리가 가담했던 폭력 행위를 인정한다면, 우리는 폭력을 줄일 방법을 찾기 위한 동기를 얻을 것이다. 또한 우리가 식물의 잎과 뿌리, 새순 등을 취하기 위해 식물에게 다가설 때마다 지각력과 폭력 모두를 마음에 떠올린다면, 스스로를 제어함으로써 식물을 제멋대로 죽이지 않고 꼭 필요한 것만 취하게 될 것이다. 그리고 음식을 준비하고 섭취할 때마다

이것을 기억한다면, 낭비를 최소화할 수 있을 것이다.[4]

기원전 10~1세기에 이르는 동안, 인도의 자이나교 철학자들은 식물의 잎이나 열매 같은 부위만 먹고, 뿌리처럼 취약한 부위는 손대지 말고 그대로 둬야 한다고 주장했다. 이것은 자이나교 수도사들이 준수한 엄격한 식이 제한으로 이어졌는데, 그들은 식물이나 동물을 죽여서 얻은 모든 음식을 되도록 피하려고 했다. 하지만 일반 신도들은 그저 음식을 얻는 과정에서 생기는 고통을 유념하고, 되도록 해를 끼치지 않는 생활 방식을 추구하라는 권고 정도만 지켰다. 이 원칙은 우리가 '해악'의 범위를 이해하고 이것에 책임을 지는 한, 엄청나게 강력한 기준이 될 수 있다.

우리는 식물이 자신의 몸과 맺는 관계가 동물과는 매우 다르다는 점을 잘 알고 있다. 예를 들어, 식물과 균류는 자손을 생산하기 위해 직접적인 번식 행위에 의존할 필요가 없다. 그들 대부분은 단순히 자신의 몸을 여러 부분으로 나눔으로써 스스로를 기능적으로 복제할 수 있다. 이 과정은 인간이 잘린 나뭇가지를 흙에 다시 심어 기르는 행동으로도 이루어진다. 식물의 자아 감각이 어떤 것이든, 이 감각은 한 곳에 집중되지 않고 무한히 나눌 수 있는 형태로 더 넓게 퍼져 있는 듯 보인다. 식물과 식물의 관계는 '부모'와 '자식'처럼 직선적이기보다는 한층 유동적이며 복잡하다. 어떤 식물은 베어지거나 꺾이면 곧 죽어버리지만, 또 다른 식물은 주기적으로 꺾이고 뜯어 먹히는 일에도 완벽하게 적응한다. 그렇다고 섭취하기 위해 식물을 수확할 때 무조건 탐욕적으로 굴어도 된다는 말은 아니지만, 이런 유형의 교환은 식물적인 삶의 매우 자연스러운 일부가 되었다.

이와 더불어, 우리는 대부분의 뿌리채소를 식물의 자연스런 생활주기가 마무리되는 시점에 수확한다는 사실과, 뿌리를 뽑기 전까지는 그들의 자연스러운 본능에 부합하는 삶을 살도록 배려하는 경우가 많다는 사실도 명심해야 한다. 우리는 식량을 위해 다양한 식물에게 의존하면서도, 그들을 위해 자연스럽고 안락한 환경을 제공할 수 있다. 이는 종종 축산업의 운용 방식과 뚜렷한 대조를 이룬다. 당근이나 감자와는 달리, 억류당한 돼지는 도살당하기 전까지 정상적이고 자연스러운 삶을 살도록 배려받지 못한다. 게다가 가축들에게 어쨌든 대량의 먹이가 필요한 만큼, 육식은 궁극적으로 훨씬 더 많은 식물과 가축의 소비로 이어질 수밖에 없다.

주변 환경에 되도록 해를 끼치지 않는 자이나교의 접근법과는 대조적으로, 불교 전통은 유감스럽게도 식물의 고통을 무시하는 패러다임에 가깝다. 이 접근법은 오로지 편의성에만 기반을 둔 것인데, 이런 사고방식은 식물이 살아가는 환경이 극도로 취약하다는 점을 감안할 때 특히 더 문제가 된다. 우리의 행동을 정당화하고 변명하기 위해 식물의 지각 능력을 애써 무시하는 것보다는, 인간으로 살아가기 위해 어느 정도의 폭력은 불가피하다는 사실을 두고 고심하는 편이 훨씬 더 정직한 일일 것이다. 이와 관련해 매튜 홀은 이렇게 썼다.

인간은 음식과 에너지, 주거지를 위해 식물 왕국에 전적으로 의존해야 한다. 우리 삶의 조건 자체가 그런 만큼, 우리에게는 식물의 사용 여부를 결정할 선택권이 없다. 자이나교의 엄격한 식이 제한은 많은 사람이 보편적으로 취할 수 있는 길은 아니다. 식물을 향한 폭력을 완전히 피할 수 있는 유일한 방법은, 계속해서 그들이 지각이 없고 무지성적인 존재인 것으로 가정하는 것뿐이다.[5]

애니미즘 상태의 수렵인들은 분명 식량을 얻기 위해 동물과 식물 모두를 살생했고, 오늘날까지도 인류는 계속 그렇게 하고 있다. 하지만 이러한 살생은 죽임을 당하는 존재의 고유한 생명력을 인정하는 일과 아무런 어려움 없이 공존할 수 있다. 식량 섭취의 문제를 도덕적, 영적으로 절충할 수 있는 것은 바로 이러한 기반 위에서다. 이것은 인간이 아닌 존재의 생명력을 전적으로 무시하는 인간 중심적인 접근법과 뚜렷한 대조를 이룬다. 산업형 농업의 부상으로 축산업이 점점 더 부자연스럽고 기계적으로 변질됨에 따라, 가축들은 수많은 세대에 걸쳐 물리적, 심리적으로 학대당해 왔다. '공장식 축산'은 상식적으로 이해하기 힘들 정도의 불필요한 고통을 불러일으키는 경우가 많다.

나는 지금 동물의 생명력을 인정한다면, 그들을 살생하는 것이 도덕적으로 별 문제가 되지 않는다는 말을 하려는 것이 아니다. 그들의 지각 능력과 의식적인 경험을 인정하면, 우리는 식량을 구하는 동안 자연스럽게 비교적 덜 소모적이고 덜 잔인한 태도를 취할 수 있다. 이것은 그 자체만으로도 인간이 아닌 존재들과 우리의 관계를 바로잡는 데에 큰 영향을 미칠 수 있다.

이런 관점에서 '동물의 희생'과 같은 패러다임을 고려해 보는 것도 가치 있을 것이다. 서구인들 대다수는 희생된 동물이 결국 인간의 먹이가 될지라도, 동물이 희생하는 것은 야만적이라고 주장할 것이다. 동물의 희생에 대한 신성화는 우리를 매우 불편하게 만든다. 아마도 이 과정

때문에 동물의 존재론적 중요성에 대한 인식이 깨어나기 때문일 것이다. 결국 희생은 무엇인가의 상실인 만큼, 동물이 궁극적으로는 인간의 먹이가 될 수밖에 없다고 해도 이 희생 과정에서 무엇이 빠졌는지는 따져봐야 할 것이다.

'동물 윤리학'은 육류 섭취와 관련한 질문들을 넘어서는 매우 복잡하고 섬세한 문제이다. 아마존의 아추아르족Achuar이나 온타리오주의 오지브웨Ojibwe 부족의 사냥 관행은 우리의 지배적인 농업 유형과는 뚜렷한 대조를 이룬다. 이 지역의 토착민들은 인간이 아닌 존재들까지 포괄하는 사회적 유대의식을 통해 먹이가 되는 동물들 또한 '고유성을 가진 개체들'이라는 인식을 분명히 한다.[6] 우리는 현대 농업의 관행에 보다 비판적인 태도를 취해야 하며, 할 수 있다면 가능하다면 널리 만연한 불평등과 굶주림의 문제까지도 함께 고려해야 한다.[7] 인류는 현재 전 세계에 거주할 수 있는 땅 중 절반쯤을 농업에 사용하는데[8], 그중 무려 80퍼센트를 가축들을 먹이고 기르는 일에 활용한다.[9] 하지만 축산업에 이렇게나 많은 재원을 쓰는데도, 이 동물성 식품은 우리가 섭취하는 칼로리의 20퍼센트, 단백질의 37퍼센트 정도만을 차지할 뿐이다.[10] 동물을 일용품처럼 취급하는 태도에서 오는 부작용만으로도 전체 생태계를 심각하게 훼손할 수 있는 만큼, 이런 시스템은 근본적으로 지속 불가능하다고 보는 것이 옳다.

최상의 경우, 우리는 모두 자연스럽게 '생명 역동 농업(땅과 식물의 생명력을 존중하는 유기농법의 한 형태-옮긴이)'을 실천하고, 야생 먹거리를 지속 가능한 방식으로 소비하고, 책임감 있는 공정 교역을 실행하는 방향으로 옮겨가야 할 것이다. 우리는 산업형 축산업을 완전히 없앨 수 있고, 우리의 식탁에 주로 윤리적으로 수확한 다양한 식물과 균류를 올릴 수 있다. 건강한 음식을 먹는 것은 특권이 아닌 권리로 자리 잡을 것이고, 그 누구도 재원을 부당하게 분배하면서 생기는 굶주림을 강요받지 않을 것이다. 이런 변화를 위해서는 에너지와 플라스틱 사용을 비롯한 많은 소비 패턴을 근본적으로 개선해야 하지만, 우리의 식단에 조금이라도 주의를 기울이는 것은 인간이 아닌 존재들과 우리의 관계를 변화시키는 가장 빠르고 쉬운 길일 것이다.

바른 생계 – 공공복리 프로젝트를 지지하라

'바른 생계'는 아주 복잡한 주제이다. 현대의 자본주의 모델에는 필연적으로 생태학적 질병이 따른다. 인간 아닌 존재들에 대한 무시와 계급의 패러다임이 자본주의와 결합한 사회에서 많은 이가 환경과 노동 계층에 대한 착취를 자연스러운 질서로 간주하는 것은 그리 놀랄 일도 아니다. 자본주의 사회에서는 민간 기업을 운영하는 방식 또한 엄청나게 중요한 결과로 이어진다. 우리의 돈과 시간이 결국에는 자연에 대한 착취의 패러다임과 한데 뒤얽히는 일은 사실상 거의 불가피하다.

　산업에 대한 규제는 기후 변화를 해결하는 방법을 나열한 목록에서 가장 윗자리에 놓여야 한다. 또한 이런 규제에서는 인간의 복리보다 훨씬 더 많은 것을 고려해야 한다. 예컨대, 독성 화학 물질로 강을 오염시킬 때 우리는 깨끗한 물을 이용할 인간의 권리를 희생시키는 것 이상의 일을 저지르는 것이다. 이때 우리는 광범위한 생물 공동체를 대상으로 폭력을 행사한 것이라는 사실을 깨달아야 한다. 합당한 이유 없이 나무를 뽑는 일은 그래피티로 건물을 훼손하는 것보다 훨씬 더 혹독한 결과를 초래할 수 있다. 그런데도 우리 사회는 나무를 죽이는 것보다 벽에 낙서하는 것을 훨씬 더 심각한 범법 행위로 본다. 자연을 파괴해 이익을 남길 수만 있다면 부와 찬사를 얻는 것은 물론, 광범위한 정치적 권력으로부터 보상까지 받을 것이다. '자본주의'라는 커다란 우주에서는 착취가 하나의 기술이자 미덕이 된다.

우리 사회에는 아직도 인간 중심적인 착취와 억압이 성행한다. 우리의 인간 중심적인 편견이 제한과 억압, 착취의 패러다임으로 이어진 결과를 주변에서 쉽게 볼 수 있다. 성차별주의와 인종차별주의, 계급적 편견, 외국인 혐오 같은 어두운 그림자들은 인류의 안정과 복리를 끊임없이 위협하며, 생태학적 착취와도 긴밀하게 연결된다. 이 부분은 기후 변화로 평생 살던 곳에서 쫓겨난 토착민들과 유색 인종의 거주지가 얼마나 오염되어 있는지, 저소득층은 품질 좋은 식품을 접하기가 얼마나 어려운지 등을 통해서도 확인할 수 있다. 우리의 의무는 이런 체계들을 힘닿는 데까지 해체한 다음, 보다 온당하고 공정한 대안들을 제시하는 것이다. 처음에는 이 체계들을 뒷받침해 온 철학적 근거들을 제거하는 일이 중요하지만, 일단 기반이 무너지고 나면 우리는 남은 돌무더기로 무엇을 해야 할지 고민해야 한다. 우리를 지탱하는 수단 자체가 문제를 영속화한다면, 우리의 치료법은 결국 효과를 내지 못할 것이다. 노동자 중심의 협동조합과 소규모 생명 역동 농장, 사회 복지 사업 등을 비롯한 다양한 '공공복리 프로젝트'를 지지함으로써 우리는 말기 자본주의의 균열 사이로 생명의 작은 싹들이 솟아나도록 힘을 보탤 수 있을 것이다.

바른 노력 - 관용과 인내로 생명체를 보살펴라

불교에서는 노력이나 근면을 '어떤 상황에서도 그릇된 행동을 피하고 올바른 행동을 하도록 스스로 자극하는 일종의 내적 동기'로 묘사한다. 또한 아무리 불편하더라도 내 주변에 해를 입히는 것을 피하기 위해 온갖 노력을 기울이는 것을 뜻한다. 하지만 우리는 의지력이나 투지만으로는 충분한 동기를 얻을 수 없다. 우리는 진심으로 타자들을 보살펴야 한다. 다른 존재들의 안녕에 관심을 쏟을 수 있도록 영구적인 동기를 제공하는 것은 오직 보살핌을 깊이 이해하는 것뿐이다.

이런 작업에는 관용뿐 아니라 인내와 회복력 또한 필요하다. 결국 바른 노력은 타자들이 안녕하기를 바라는 우리의 관심에 끊임없이 재투자하는 과정이어야 한다. 우리는 자신을 위해서뿐만 아니라 주위의 모든 생명체에게 정말 중요한 것이 무엇인지 끊임없이 질문해야 한다. 우리는 좋은 사람이 되기 위해 겉으로 그럴듯해 보이는 도덕적 패러다임을 무턱대고 받아들이는 대신, 진정성 있는 보살핌의 윤리학을 일깨우는 법을 배워야만 한다.

나는 콜로라도에서 쬐 스승들 중 한명인 드룹뾘 라마 카르마Drubpon Lama Karma로부터 '연민의 계발'에 관한 매우 인상 깊은 가르침을 받았다. 그는 부탄과 미국 문화의 차이를 설명하면서, 미국인들이 개를 대하는 방식을 보고 매우 놀랐다고 했다. 미국인들이 반려견에게 보이는 깊고 가족적인 사랑, 인내와 관용에 깊은 감명을 받았다는 것이다. 그는 이렇게 말했다. '여러분은 모두를 이런 방식으로 대하려고 노력해야 합니다. 우리가 사랑스러운 개를 바라보듯이 세상의 모든 존재를 바라볼 수만

있다면, 우리는 훨씬 더 연민 어린 세상에서 살아가게 될 것입니다.'[11]

바른 알아차림 – 자연의 생명력에 주의를 기울여라

붓다가 제시한 해방의 길에서 '알아차림(Mindfulness)'은 중요한 요소이
다. 가장 기본적인 차원에서 살펴보면, 알아차림은 지금 이 순간에 주의
를 기울이는 아주 단순한 훈련이다. 잡념을 가라앉히고 안정적인 대상
에 거듭 관심을 되돌림으로써, 우리는 그전보다 차분한 상태에 머물며
보다 깊은 통찰에 이르는 능력을 기를 수 있다.

전통적인 맥락에서 알아차림은 기본적인 윤리적 지침을 준수하는 이
들에게만 전수할 수 있다. 우리의 도덕적 나침반이 근본적으로 삐뚤어
져 있다면, 그저 대상을 알아차리기만 하는 것은 별 도움이 되지 않을
것이다. 안타깝게도 현대의 세속적인 맥락에서는 이 예비 단계를 간과
한다. 하지만 알아차림이 대인관계에서 우리를 진정으로 이롭게 할 수
있는 것은 오직 확고한 윤리적 기반이 갖춰져 있을 때뿐이다. 기업에서
진행하는 알아차림 훈련이 노동자들의 긴장과 스트레스를 일시적으로
줄일 수는 있지만, 스트레스 반응을 누그러뜨리는 것만으로는 부도덕하
고 착취적인 시스템을 다루는 일에는 아무런 도움도 되지 않는다.

그렇지만 진정한 보살핌을 바탕에 둔다면, 알아차림 훈련은 '타자와
의 관계 개선'과 같은 놀라운 목적을 달성하는 수단이 될 수 있다. 이와
관련해 작가 댄 닉슨Dan Nixon은 이렇게 썼다. '만일 속도를 늦추고 멈춰
서서, 맥박에 주의를 기울이며 몸 전체의 생명력을 드러내고자 한다면,

우리는 현존과 살아 있음을 느낄 수 있을 것이고, 타자라는 이유로 그 활력이 결코 덜하지 않을 이웃들과의 소중한 관계 또한 되살릴 수 있을 것이다.'12

알아차림이 고요한 사색의 순간에만 유용한 것은 아니다. 티베트 전통에 속한 대다수의 명상 수행은 시각화와 염송, 의례 행위가 한데 어우러진 명백하게 활동적인 형태를 띤다. 이런 활동들은 역동적인 움직임 속에서도 명상적인 상태에 이를 수 있도록 수행자를 돕는다. 이보다 더 중요한 것은 이런 의례가 영적, 생태적 우주에 놓인 우리의 상황을 더 넓은 시각에서 바라보도록, 즉 우리 자신을 지구상의 생명체들에 관한 이야기에 등장하는 무수한 인물들 가운데 하나로 바라보도록 우리를 돕는다는 사실일 것이다. 종교학자 조지프 캠벨은 이렇게 말했다.

> 의례는 신화를 행위화한 결과물이다. 따라서 의례에 참여함으로써 당신은 신화 자체에 참여할 수 있다. 그런데 신화는 정신의 심층에 담긴 지혜가 투사된 것이므로, 당신은 결국 지혜와 일체를 이루게 될 것이다. 지혜는 애초부터 당신의 내면에 내재해 있던 것이다. 그러니 결국 당신의 의식이 의례를 통해 삶에 내재해 있던 지혜를 다시금 떠올릴 것이다.13

의례에 참여함으로써 우리는 머릿속에 든 생각뿐 아니라, 타자들의 생생한 경험까지 함께 알아차릴 수 있다. 가장 오래된 동시에 가장 가치 있는 의례 중 하나는 공물을 제공하는 간단한 의식이다. 공물 공양은 기본적으로 관대함의 표현이지만, 다른 한편으로는 존재의 상호성에 대한 인정으로, 자아와 타자의 경계를 허무는 연대감의 표현이기도 하다. 공물 공양이 엄격하게 상호적인 것은 아니지만, 이 과정에는 대체로 정해진 형태가 없으며, 의무에서도 자유롭다. 단지 관대한 마음을 지닌 채 공공의 복리에 관심을 쏟으면 된다.

그렇다고 타자들과 연대하기 위해 반드시 고대의 의례에 의존할 필요는 없다. 정원에 물을 주는 행위도, 동네 공원에 사는 오리들에게 완두콩을 던져주는 행위도 의례적인 공물 공양이 될 수 있다. 신성한 장소를 방문하거나 약초를 채집하러 갈 때마다 나는 항상 약간의 귀리 우유나 수제 향을 가지고 가서 보이지 않는 존재들에게 공양을 올린다. 한때는 공물을 공양하면서 정식으로 티베트식 기도를 염송하기도 했지만, 나는 점차 '형식'이나 '신성함'에 집착하기보다 마음을 연결하는 것에 초점을 맞추는 식으로 방식을 바꾸었다. 이 작업을 하는 동안, 나는 주변 환경을 훨씬 더 친밀하고 개인적으로 경험할 수 있었고, 인간이 아닌 생명체들을 진정으로 알아차리는 것 또한 느낄 수 있었다.

자연 속에서 산책하는 모든 순간은 인간 이외의 존재들로 구성된 세계에 주의를 기울이라는 일종의 초대장이나 다름없다. 보도를 비집고 나온 잡초에서부터 머리 위를 날아다니는 곤충과 새에 이르기까지, 동시에 모습을 드러내는 그 무수한 생명체들은 정말이지 경외감을 불러일으키기에 부족함이 없다. 그러니 마음을 열고, 살아 있는 세계의 충만함을 그대로 받아들여 보라. 인간의 관점에서 판단하거나 해석하지 말고, 충만함이 당신의 모든 감각을 채우도록 허용해 보라. 우리와 이 지구를 공유하는 수많은 존재의 마음을 알아차릴 수만 있다면, 우리는 '마음' 그 자체를 보다 깊이 이해할 수 있을 것이다.

바른 집중 – 새로운 미래를 기꺼이 상상하라

앞서 살펴본 것처럼, 신화와 요정 이야기, 설화 등은 우리의 세계관을 확장시키는 소중한 도구들이다. 제대로만 활용한다면 이런 이야기들은 세계와 역사 그리고 우리 주위의 인간이 아닌 존재들에 대한 건강한 호기심을 불러일으킬 수 있다. 운이 좋다면, 당신은 가슴에 와닿는 진정한 신화들을 발견했을 것이다. 그런 신화를 많이 발견했을 수도 있고, 여전히 찾고 있을 수도 있으며, 어쩌면 당신 자신만의 신화를 창조하는 중인지도 모르겠다. 세상을 더 잘 이해하려면 더 많은 과학자와 데이터 분석가가 있어야 한다고 생각하지만, 사실 우리에게 필요한 것은 예술가와 이야기꾼, 창작자들이다. 지구의 밝은 미래에 기여하려면 우리는 새롭고 대안적인 존재 방식을 상상하는 법부터 배워야 한다.

우리는 마땅히 애니미즘의 지혜를 보유한 주변 이들로부터 실마리를 얻어야 한다. 하지만 이 과정은 그들의 전통을 도용하거나 상품화하는 것이 아니라, 그들의 지식과 조언을 진지하게 받아들이는 방식으로 이뤄져야 한다. 나는 운 좋게도 그런 지혜를 보유한 이들에게 에워싸인 채 많은 시간을 보낼 수 있었다. 그런 만큼 나 자신이 전통적 지혜의 다양한 체계들에 의미 있는 방식으로 참여하는 엄청난 영광을 누렸다고 생각한다. 하지만 지식의 확산에서 정말 중요한 것은 흡수와 도용이 아니라, '상호작용'이라는 창조적 과정이다. 지식은 널리 공유할 때 비로소 성장하고 변화하는 법이다. 지식의 전파는 마치 연금술 같은 과정이 될 수도 있는데, 지식이 시간과 공간, 문화적 환경을 가로지를 때는 더욱 그렇다. 인류의 역사를 살펴봐도 이 과정이 엄격하게 경험적이거나 논리적이었던 경우는 드물며, 항상 고도로 창조적인 측면이 개입했다.

예술가들은 세상 속에서 정보를 행동으로 변환할 수 있도록 돕는 '뉴런'과 같은 역할을 한다. 우리에게는 아는 것을 느끼고 실행하도록 돕는 예술가들이 필요하다. 그들의 작품이 항상 고상한 신화의 형태를 띠어야 하는 것은 아니다. 심지어는 팝 음악조차 세상에 대한 우리의 인식을 미묘하게 뒤바꿔 놓을 수 있다. 내가 이 책을 쓰기 시작한 직후, 뉴질랜드의 예술가 로드Lorde는 자신의 세 번째 정규 음반이자, 그녀 스스로 '자연 세계의 영적 힘에 관한 앨범'이라고 소개한 '솔라 파워Solar Power'를 발매했다.[14] 이 음반은 그녀의 반려견 펄에게서 영감을 얻은 것으로, 펄이 예기치 않게 죽자 음반 완성을 몇 년 늦추기도 했다.[15] 음반을 발매한 지 몇 주 지나지 않았을 때 그녀는 음반에 실린 다섯 곡을 마오리족의 언어로 재해석한 미니 앨범을 추가로 발매했다. 토착 예술가, 시인들과 공동으로 작업한 이 앨범에는 마오리족의 설화와 구전 지식들에 대한 암시가 가득 담겨 있다.[16] 이 프로젝트는 평론가들에게 복합적인 평가를 받았다. 몇몇 평론가는 이 음반이 다소 진부하고 팝 아티스트란 이름에 걸맞지 않는 히피식 즉흥연주 모음집이라고 평한 반면,[17] 다른 평론가들은 이 음반을 '들으면 들을수록 깊이가 느껴지는'[18] '거의 걸작에 가까운 작품'[19]으로 평가했다.

이 음반의 발매는 내게도 더없이 시의적절했다. 처음 책을 쓰기 시작했을 때, 나는 독자들이 받아들이기엔 내용이 너무 모호하고, 공감대를 형성하기 어려울 것 같아 걱정이 매우 컸다. 하지만 내가 평소 깊이 흠모하던 예술가의 음반 하나가 놀라울 정도로 강력한 동기를 부여했다. 이처럼 음악은 우리 정신의 깊고 신화적인 장소로까지 흘러들어가 담대

함과 사색, 향수를 자극하고, 심지어 존경과 경외의 느낌까지 불러일으킨다. 음악은 우리를 행복한 기억으로 실어 나르거나 내적인 변화를 자극할 수도 있고, 가장 어두운 순간에조차 우리가 혼자가 아니라는 사실을 상기시킬 수도 있다. 음악은 강력한 도구이며, 때로는 이것을 통해 정말 믿기 어려운 일들까지 벌어질 수 있다.

우리 모두는 관심과 보살핌의 태도를 인간 이외의 존재들로 구성된 세계를 향해 돌려야 한다. 그리고 시스템 차원에서도 진정한 변화를 불러일으키길 바란다면, 이 일을 다양한 각도에서 의미 있는 방식으로 해야 한다. 당신이 치료사이든, 은행가이든, 바텐더이든, 작사가이든, 조경사이든 우리는 각자 인간이 아닌 존재들을 배경이 아닌 관심의 중심으로 끌어내기 위해 나름의 역할을 할 수 있다. 인류의 회복은 사실 '세상을 구하는 것'과 관련된 문제가 아니며, 환경에 휘둘리지 않는 것과 관련된 문제도 아니다. 세상에 대한 우리의 경험을 변화시키는 것과 관련된 문제이다. 보이지 않는 존재들을 진심으로 바라볼 수만 있다면, 우리는 세상이 언제나 상상했던 것보다 훨씬 풍부하고 아름답다는 사실을 깨달을 수 있을 것이다.

세상을 바로 보는 법을 배워라

이 책 전반에 걸쳐, 인간중심주의라는 위험한 신화가 자연 경시 풍조를
확산한 원인이었다는 사실을 살펴보았다. 철학과 종교, 과학 분야의 동
향을 통해 인간중심주의의 발달 과정을 추적했고, 이것이 어떻게 현대
의 세계를 대변하는 합리적 세계관으로 잘못 자리 잡았는지도 알아보았
다. 산업주의와 자본주의 같은 요소들도 상태를 악화한 위험한 동반 질
환이지만, 우리가 직면한 가장 심각한 생태학적 문제들은 주로 인간중
심주의에 깊이 뿌리내리고 있다.

우리는 그동안 인류야말로 이 흐릿하고 무의식적인 우주를 밝히는
이성의 횃불이라고, 우리의 신성한 지성이 우리를 존재론적 카테고리
의 중심에 위치하게 만들었다고 자만했다. 자연 속에 살면서도 우리가
유기적인 법칙과 자연 세계의 지배를 받는다는 사실을 제대로 자각하지
못했다. 대멸종과 생태계 붕괴, 기온 상승, 핵 대재앙의 위협을 직면할
때조차 우리는 인류가 여전히 상승하는 궤도에 있다고 고집스럽게 확신

했다.

회복에 이르는 첫 번째 단계는 우리에게 문제가 있다는 사실을 인정하는 것이다. 이 냉정한 성찰의 지점에서부터 근본적인 원인들을 솔직하게 탐색해야 할 것이다. 정직한 내면 성찰은 우리를 병들게 하는 것들의 목록에 제도와 기관뿐 아니라, 세상을 바라보는 렌즈까지 포함된다는 사실을 인정하는 것이다. 실제로 자연과의 괴리는 우리를 덜 건강하고, 덜 안전하고, 덜 공감적이고, 덜 만족스러운 존재로 만들고 말았다.

이토록 암울한 세상을 바라보면서 긍정적인 태도를 취하기는 쉽지 않을 것이다. 지난 십 년이 우리에게 가르쳐 준 것이 있다면, '우리가 아는 것'과 '우리가 믿는 것' 사이의 간극이 그 어느 때보다 커졌다는 사실일 것이다. 인류의 신화들 중 다수는 이미 병적인 망상으로 변질되었고, 진실과 우리 사이의 관계는 갈수록 더 허약해진다. 하지만 이 생태학적 위기가 사실은 시스템적 불균형의 고통스러운 징후라는 사실을 기억해야 한다.

치료의 과정은 우리의 삶을 채우기 위해 새로운 것을 더하는 것이 아니라, 보다 참다운 존재 양식을 회복하기 위해 병들고 부서진 세계관을 벗겨내는 것이어야 한다. 그 과정에서 우월감과 권리 의식을 잃을지도 모르지만, 대신 우리는 회복의 느낌과 함께 미래 세대를 위한 평화롭고 아름다운 지구를 얻을 것이다. 나는 이 정도면 합리적인 거래라고 생각한다. 이와 관련해 역사학자 조너선 쿠프는 이렇게 말했다.

우리가 '보살핌'의 범위를 이 지구에서 우리와 운명을 공유하는 인간 이외의 동료들로까지 확장한다면, 아마도 우리는 삶의 경험과 풍요, 행복 그리고 온전한 인간됨이 뜻하는 것의 범위까지도 함께 확장된다는 행복한 발견에 이를 것이다.[1]

하지만 인간중심주의와 그 주위의 많은 제도를 해체하는 것은 절대 쉬운 과제가 아닐 것이다. 우리는 이런 제도에 너무 익숙한 나머지 근본적인 진실로 오해하곤 한다. 하지만 종교가 민중의 아편이라면, 인간중심주의는 폭력과 과대망상, 타자들의 필요와 경험에 완전히 무감각해지는 탈감각화로 우리를 무자비하게 몰고 가는 이념적인 필로폰이다. 우리는 이 철학적 약물을 남용하면서 모든 존재에게 해를 끼치면서도 실제로는 변화를 달갑게 여기지 않는다.

하지만 여기 또 다른 길이 있다. 인간이 인간 아닌 존재들의 고유한 가치를 기꺼이 보고 느끼려고만 한다면, 우리는 생태학적 대재앙을 어느 정도 피할 수 있을 것이다. 다행스럽게도 '변화'는 우리가 가장 잘하는 것들 중 하나이다. 인간은 변화에 매우 능한 종이다. 우리는 스스로를 끊임없이 재발명하면서 그 과정에서 종종 우리를 둘러싼 환경까지 변화시켜 왔다. 이 과정에 대한 통제권을 확보한 다음 여기에다 연민과 주술화의 느낌을 불어넣을 수만 있다면, 우리는 훨씬 밝은 미래로 나아갈 수 있을 것이다. 사회적 차원에서 애니미즘의 방식으로 전향하는 일은 인간이 아닌 존재들의 복리에 대해 보다 진정성 있는 관심을 불러일으킬 것이다.

완전한 세상에서는 '도덕성'이란 개념이 관심이나 연민과 사실상 동의어일 것이다. 고통을 일으키지 않도록 사람들을 강제하는 최선의 방법은 그들을 그저 보살핌으로 이끄는 것이다. 일반적으로 우리는 사랑하는 이들을 해치지 말라는 말을 들을 필요가 없다. 진정으로 사랑하는 존재를 해칠 사람은 아무도 없기 때문이다. 그러므로 우리에게 필요한 것은 단순히 데이터와 수치가 아니라, 공감을 중심으로 한 보살핌의 패러다임이다. 다행스럽게도 우리는 공감 능력을 자극하는 것에 탁월하다. 하지만 이를 위해 과학자 외에도 예술가와 이야기꾼, 역사가, 철학자의 도움이 필요할 것이다.

우리는 살아 있는 세계에 속한, 살아 있는 존재들이다. 이 간단한 인식이 우리를 주술화하도록 허용한다면, 우리는 생태계 회복을 위해 이런 경험을 충분히 활용할 수 있을 것이다. 애니미즘적 세계관을 계발하면 이런 모험에 매우 유용하다. 애니미즘적 세계관은 우리가 식물과 동물, 숲, 강, 바다 그리고 심지어 세상의 많은 '지적 존재들'과 직접적으로 교감할 수 있게 한다. 애니미즘은 인간 이외의 존재들로 구성된 우주 속에서 우리가 취할 수 있는 가장 기본적인 존재 양식이다. 하지만 애니미즘은 원시적이라기보다는 오히려 근원적이다. 애니미즘이 인류의 모든 고민을 해결하는 만병통치약은 아닐 것이다. 또한 애니미즘적인 신념을 지녔던 사람들이 항상 완벽하게 평등주의의 낙원에서 살았다고 생각해서도 안 된다. 인간의 삶은 복잡하고 골치 아프지만, 동시에 매우 가변적이기도 하다. 역사가 데이비드 웬그로와 지금은 고인이 된 데이비드 그레이버는 자신들의 책 《모든 것의 새벽》에서 이렇게 묻는다.

만일 인류가 어떻게 이상적인 평등 상태에서 벗어나게 되었는지를 늘어놓는 대신, 어떻게 그토록 단단한 개념적 족쇄들에 얽매여 스스로를 재창조할 가능성을 상상조차 할 수 없게 되었는지를 질

문한다면 어떨까?²

이것은 정말 깊이 숙고해 볼 가치가 있는 질문이다. 만일 우리가 지금까지와는 다른 이야기를 시작한다면 어떻게 될까? 우리는 결코 자연의 경이에서 분리된 적이 없다. 우리 중 일부가 이 사실을 한동안 망각하긴 했지만 말이다. 우리 세계는 경이롭고 신비한 개체들로 가득하며, 인간은 그들 중 극소수일 뿐이다. 인간 이외의 존재들로 구성된 세계 속에서 우리의 삶은 보다 풍부하고, 만족스럽고, 매혹적일 것이다. 우리는 단지 눈을 뜨고 그들을 제대로 보기만 하면 된다.

감사의 글

이 책을 쓰는 일은 결코 간단하지 않았다. 나의 스승과 친구들, 가족, 출판사의 지칠 줄 모르는 지지가 없었더라면 이 책은 아마 세상에 나올 수 없었을 것이다.

그 누구보다도 내 스승들, 특히 라마 출트림 앨리온과 니다 체낙창 박사, 푼초그 왕모 박사, 켄포 우르겐 왕추크, 드룹푄 라마 카르마에게 깊이 감사드린다. 지난 수년에 걸친 그들의 가르침과 인도는 내게 엄청난 변화를 가져다주었다. 역사에 대한 나의 인식을 혁신적으로 바꿔준 로니트 요엘리 탈림 박사와 생태학에 관해 비판적으로 사색하도록 이끈 마틴 사브란스키 박사에게도 인사를 전하고 싶다.

나의 색다른 여정을 늘 지지했던 부모님에게도 엄청난 마음의 빚을 졌다. 그분들은 당연해 보이는 일에도 의문을 제기하고, 머리보다는 가슴이 이끄는 길을 따르고, 누구보다 진실한 삶을 살아가도록 내게 끊임없이 용기를 불어넣은 분들이다. 또한 나는 22년 전 내게 톨킨의 《호빗》

을 처음으로 건네준 어머니께도 특별한 감사 인사를 전하고자 한다. 다소 우스꽝스러워 보이는 제목에도 내가 그 책을 관심 있게 들여다 본 것은, 어머니가 내게 "어린 시절 내가 너무 사랑했던 책이니 너 역시 좋아할 거야."라고 말씀하셨다는 단순한 사실 때문이었다. 이때의 독서 경험은 신화와 언어, 철학, 마법 그리고 자연 세계의 경이를 향한 내 오랜 열정에 불을 지폈고, 청소년기의 인격 형성에도 어마어마한 영향을 미쳤다. 그 책을 선물받지 못했더라면, 혹은 내 초기의 열정이 그토록 끈기 있게 지지받지 못했더라면 지금 내 삶이 어떤 모습일지 상상조차 하기 힘들다.

친구와 동료들도 이 책을 쓰는 동안 큰 지지를 보냈다. 내 생각을 잘 전달하고 표현할 수 있도록 도와주면서 많은 시간을 함께 보낸 제니퍼 스토리와 조 드레이턴에게 특별한 감사를 전하며, 톰 그린스미스와 라이언 제이콥슨, 찬드라 이스턴, 안나 라이텔, 에릭 로젠부시, 벤 조페 박사, 크리스티아나 폴리테스, 조 올브라이트, 매트 메이거를 비롯해 지난 수년간 내게 영감을 주고 내 곁에 머물러 준 다른 많은 이에게도 고마운 마음을 전한다.

또한 나는 '헤이 하우스Hay House 출판사'와 내 책을 담당한 출판팀에도 깊은 감사를 전하고자 한다. 책을 쓰는 동안 탁월한 피드백을 해준 미셸 필리, 케지아 바야드 화이트와 기가 막힐 정도로 능숙한 편집자 리지 헨리에게도 고마운 마음을 전하고 싶다.

마지막으로 가장 친한 친구이자, 내 삶의 버팀목인 파올로 발렌지아노에게 감사한다. 이 책이 나올 수 있었던 것은 그의 사랑과 지지 그리고 엄청난 인내 덕분이었다. 그라찌에 밀레, 아모레 미오Grazie mille, amore mio(이탈리아어로 '대단히 감사합니다, 내 사랑'이라는 뜻이다―옮긴이).

그리고 집필 첫날부터 책이 완성될 때까지 내 옆에서 골골거린 고양이 루나와 스텔라에게는 가끔씩 쓰다듬기를 소홀히 해서 미안하다고 전하고 싶다. 타이핑을 위해 두 손을 모두 사용하는 동안 잘 참아줘서 고맙다. 늘 변함없이 따뜻한 우정을 보여주고, 인간이 아닌 존재들도 불량스럽게 굴 수 있다는 사실을 항상 일깨워 주는 너희에게도 감사의 마음을 전한다.

| 주 |

들어가는 글

1. Pratchett, T., *Small Gods*, Gollancz, London, 1992, p.6. *See also* Harvey, G., *Animism: Respecting the living world*, 2nd ed., Columbia University Press, New York, 2017, p.23

2. United Nations 2021, 'The Global Forest Goals Report 2021'; https://www.un.org/esa/forests/wp-content/uploads/2021/04/Global-Forest-Goals-Report-2021.pdf

3. J.R.R. 톨킨, *실마릴리온*, 김보원 역, 아르테, 2022.

1장

1. Pliny the Elder, *Natural History: A selection*, trans. J.F. Healy, Penguin, London, 2004, p.286

2. '정점 인류'라는 개념은 마틴 사브란스키 박사가 2022년 10월, 골드스미스 런던 대학교에서 한 강연에 근거를 둔다.

3. Almond, R.E.A., Grooten, M., and Petersen, T. (eds), *Living Planet Report 2020: Bending the curve of biodiversity loss*, World Wildlife Fund (WWF), Gland, Switzerland, 2020; https://www.zsl.org/sites/default/files/LPR%202020%20Full%20report.pdf

4. 폴 호컨, 플랜 드로다운: *기후변화를 되돌릴 가장 강력하고 포괄적인 계획*, 글항아리사이언스, 2019.

5. Woodhall, A., 'Addressing Anthropocentrism in Nonhuman Ethics: Evolution, morality, and nonhuman beings', doctoral dissertation, University of Birmingham Dept. of Philosophy, 2016, p.23

6. Anthis, K.A., and Anthis, J.R., 'Global Farmed & Factory Farmed Animals Estimates', Sentience Institute, 2019; https://www.sentienceinstitute.org/global-animal-farming-estimates [accessed May 6, 2022]. 산업적인 차원의 낚시와 밀렵이 환경에 미치는 악영향에 관한 더 자세한 내용은 다음 문헌들을 참조할 것. Hill, J., 'Environmental consequences of fishing practices', n.d; https://www.environmentalscience.org/environmental-consequences-fishing-practices [accessed March 20, 2022]; also Sebo, J., 'Against human exceptionalism', *Aeon*, May 5, 2022; https://aeon.co/essays/human-exceptionalism-is-a-dangerto-all-human-and-nonhuman [accessed May 6, 2022].

7. Adam, D., '15 million people have died in the pandemic, WHO says', *Nature* 605, (2022): 206; https://doi.org/10.1038/d41586-02201245-6

8. Schneiderman, J., 'The Anthropocene Controversy' in *Anthropocene Feminism*, ed. R. Grusin, University of Minnesota Press, Minneapolis, MN, 2017, p.170

9. Latour, B., 'How Not to (De-)animate Nature' in *Facing Gaia: Eight lectures on the new climatic regime*, Polity Press, Cambridge, 2017, pp.42–74

10. Bonneuil, C., and Fressoz, J-B., 'Who is the Anthropos?' in *The Shock of the Anthropocene: The Earth, history, and us*, Verso, London, 2015, pp.55–6

11. Woodhall, *op. cit.*, p.174

12. Cited *ibid.*, p.176

13. Solnit, R., 'Big oil coined "carbon footprints" to blame us for their greed. Keep them on the hook', *Guardian*, 23 August 2021; https://www.theguardian.com/commentisfree/2021/aug/23/big-oil coined-carbon-footprints-to-blame-us-for-their-greed-keep-them on-the-hook

14. MIT Climate, 'What is the ideal level of carbon dioxide in the atmosphere for human life?', MIT Climate Portal, 2021; https://climate.mit.edu/ask-mit/what-ideal-level- carbon-dioxide-atmosphere-human-life

15. 캘리포니아대학교 샌디에이고캠퍼스는 마우나 로아 관측소(Mauna Loa Observatory)에서 얻은 데이터를 출간했다. 그들의 킬링 커브Keeling Curve 웹페이지인 https://keelingcurve.ucsd.edu.에서 유용한 도표를 찾을 수 있다.

16. IPCC, 'Global Warming of 1.5°C: An IPCC Special Report on the impacts of global warming of 1.5°C above pre-industrial levels and related global greenhouse gas emission pathways, in the context of strengthening the global response to the threat of climate change, sustainable development, and efforts to eradicate poverty', V. Masson-Delmotte, P. Zhai, H-O. Pörtner, *et al.* (eds), Cambridge University Press, Cambridge, 2018, pp.541–62; doi:10.1017/9781009157940.008

17. 나오미 클라인, *이것이 모든 것을 바꾼다: 자본주의 대 기후*, 이순희 역, 열린책들, 2016.

18. Ibid.

19. Tolkien, J.R.R., 'On Fairy-Stories' in *The Monsters and the Critics and Other Essays*, HarperCollins, London, 2006, p.117

20. Josephson-Storm, J., *The Myth of Disenchantment: Magic, modernity, and the birth of the human sciences*, University of Chicago Press, Chicago, IL, 2017

21. Hall, J., *Ernest Gellner: An intellectual biography*, Verso, London/New York, 2011

2장

1. 윌리엄 셰익스피어, *템페스트*, 이경식 역, 문학동네, 2010.

2. Woodhall, A., 'Addressing Anthropocentrism in Nonhuman Ethics: Evolution, morality, and nonhuman beings', doctoral dissertation, University of Birmingham Dept. of Philosophy, 2016, p.178

3. Sagan, C., Margulis, L., and Sagan, D., 'Life', *Encyclopaedia Britannica*; https://www.britannica.com/science/life [accessed June 26, 2022]

4. Sahlins, M., 'What kinship is (part one)', *Journal of the Royal Anthropological Institute* 17, (2011): 2–19. *See also*

Hall, M., *The Imagination of Plants: A book of botanical mythology*, SUNY Press, Albany, NY, 2019, p.xxvii

5. Boussard, A., Fessel, A., Oettmeier, C., *et al.*, 'Adaptive behaviour and learning in slime moulds: the role of oscillations', *Philosophical Transactions of the Royal Society B* 376, (2021): 18–20; doi: https://doi.org/10.1098/rstb.2019.0757

6. Marder, M., 'The life of plants and the limits of empathy', Dialogue 51, (2012): 259–73. *See also* Hall, M., *The Imagination of Plants: A book of botanical mythology,* SUNY Press, Albany, NY, 2019, p.xxvi.

7. Hall, M., ibid., p.xxvii

8. McKie, R., 'Loss of EU funding clips wings of vital crow study in Cambridge', Guardian, 28 May 2022; https://amp.theguardian.com/environment/2022/may/28/loss-eu-funding-crow-studycambridge-brexit-cor vid?fbclid=IwAR14BshF9Ldewb344EXTJ3ZMbqj-kStnQ1koCi6CMNy5YZAyLWKtncjdCU0 [accessed May 20, 2022]

9. Watanabe, S., Sakamoto, J., and Wakita, M., 'Pigeons' discrimination of paintings by Monet and Picasso', *Journal of the Experimental Analysis of Behavior* 63 (2), (1995): 165–74; doi: https://doi.org/10.1901/jeab.1995.63-165

10. 스테파노 만쿠소, 매혹하는 식물의 뇌: 식물의 지능과 감각의 비밀을 풀다, 양병찬 역, 행성B, 2016.

11. 가축화가 발생한 시기를 판단하는 수많은 접근법이 존재하지만, 2017년 이루어진 유전자 분석은 최초의 가축화가 약 2만 년에서 4만 년 전 사이에 발생했다는 견해를 뒷받침한다. 다음 논문을 참조할 것. Botigué, L.R., Song, S., Scheu, A., *et al.*, 'Ancient European dog genomes reveal continuity since the Early *Neolithic*', *Nature Communications* 8, (2017): 16082

12. 이 과정을 인간이 주도했다고 생각할 이유는 그 어디에도 없다. 따라서 우리가 개를 '가축화했다'는 주장은 상당히 문제가 많은 주장이다. 인간과 늑대의 공동생활은 양측 모두에게 커다란 혜택을 제공한 상호적 과정이었다.

13. *See* Marshall-Pescini, S., Schaebs, F.S., Gaugg, A., *et al.*, 'The role of oxytocin in the dog–owner relationship', *Animals (Basel)* 9, (2019): 10; doi: 10.3390/ani9100792. 인간은 물론 개들도 긴밀한 상호작용을 경험하는 동안 옥시토신을 분비하도록 진화했다는 사실은, 그들이 우리와 맺는 관계를 정서적 즐거움과 만족감의 원천으로 인식했을 것이라는 가정을 가능케 한다. 인간과 개 사이의 우정은 생물학적으로 깊이 각인된 것임에 틀림없다.

14. 보더콜리 암컷인 체이서Chaser를 대상으로 한 연구는, 체이서가 1천 개 이상의 단어를 성공적으로 학습했다는 사실을 입증했다. Pilley, J.W., 'Border collie comprehends sentences containing a prepositional object, verb, and direct object', Learning and Motivation 44 (4), (2013): 229–40; https://doi.org/10.1016/j.lmot.2013.02.003. 이 외에도 다수의 연구가 '빠른 의미 연결'과 추리 추론을 수행하는 개들의 능력에 관해 언급했다. 또한 최근에는 인간과의 의사소통을 위해 개들을 훈련시키는 과정에서 단어를 미리 녹음한 '버튼'을 사용하는 방식이 점점 더 확산되는 추세인데, 이런 시도는 소셜 미디어 플랫폼에서도 큰 인기를 끌고 있다.

15. Taçon, P., and Pardoe, C., 'Dogs make us human', *Nature Australia*, Autumn 2002

16. Janssens, L., Giemsch, L., Schmitz, R., *et al.*, 'A new look at an old dog: Bonn-Oberkassel reconsidered', *Journal of Archeological Science* 92, (2018): 126–38

17. Losey, R.J., Bazaliiskii, V.I., *et al.*, 'Canids as persons: Early Neolithic dog and wolf burials, Cis-Baikal, Siberia', *Journal of Anthropological Archeology* 30, (2011): 174–89

18. Siniscalchi, M., d'Ingeo, S., Quaranta, A., 'Orienting asymmetries and physiological reactivity in dogs' response to human emotional faces', *Learning & Behavior,* 46, (2018): 574–85

19. Mallory, J.P., and Adams, D.Q., *The Oxford Introduction to Proto-Indo-European*, Oxford University Press, Oxford, 2006, p.439

20. Brenner, E.D., Stahlberg, R., Mancuso, S., *et al.*, 'Plant neurobiology: an integrated view of plant signaling', *TRENDS in Plant Science* 11 (8), (2006): 413–19

21. *Ibid.,* 413

22. Gagliano, M., *Thus Spoke the Plant: A remarkable journey of groundbreaking scientific discoveries and personal encounters with plants*, North Atlantic Books, Berkeley, CA, 2018, pp.33–4

23. Hall, M., *Plants as Persons: A botanical philosophy*, SUNY Press, Albany, NY, 2011, p.148

24. Ibid.

25. Baluška, F., Mancuso, S., and Volkmann, D., *Communication in Plants*, Springer-Verlag, Berlin, 2006, p.28. *See also* Hall, M., *ibid.*, 2011, p.147.

26. Hall, *ibid.*, p.148

27. 스테파노 만쿠소, 매혹하는 식물의 뇌: 식물의 지능과 감각의 비밀을 풀다, 양병찬 역, 행성B, 2016.

28. Ibid., pp.8–10

29. Gagliano, *op. cit.*, pp.55–71

30. 만쿠소, *op. cit.*, pp.5–15

31. Calvo, P., *Planta Sapiens: Unmasking plant intelligence,* The Bridge Street Press, London, 2022, pp.7–12

32. *Ibid.*, p.12

33. *Ibid.*, pp.13–14

34. 만쿠소, *op. cit.*, pp.44–5

35. *Ibid.*

36. *Ibid.*

37. 페터 볼레벤, 나무수업: 따로 또 같이 살기를 배우다, 장혜경 역, 위즈덤하우스, 2016.

38. 마른 땅에 떨어진 비 냄새(페트리코petrichor라고 부르기도 함)처럼, 인간이 특별히 잘 감지하는 냄새도 존재한다. 비 냄새에 대한 인간의 민감성은 피 냄새에 대한 상어의 민감성보다도 높다.

39. Harrod Buhner, S., *Plant Intelligence and the Imaginal Realm: Into the dreaming of Earth*, Bear & Company, Rochester, VT, 2014, p.127. *See also* Choh, Y., Kugimiya, S., and Takabayashi, J., 'Induced production of extrafloral nectar in intact lima bean plants in response to volatiles from spider mite-infested conspecific plants as a possible indirect defense against spider mites', *Oecologia* 147 (3), (2006): 455–60; https://doi.org/10.1007/s00442-005-0289-8.

40. Harrod Buhner, *ibid.*, pp.126–8

41. 볼레벤, *op. cit.*

42. Veits, M., *et al.*, 'Flowers respond to pollinator sound within minutes by increasing nectar sugar concentration', *Ecology Letters* 22 (9), (2019): 1,483–92

43. 수잔 시마드, *어머니 나무를 찾아서: 숲속의 우드 와이드 웹*, 김다히 역, 사이언스북스, 2023.

44. Sheldrake, M., 'Before Roots' in *This Book is a Plant*, Profile Books, London, 2022, pp.9–17

45. Harrod Buhner, *op. cit.*, p.125

46. 시마드, *op. cit.*

47. Margulis, L., and Fester, R., *Symbiosis as a Source of Evolutionary Innovation*, MIT Press, Cambridge, MA, 1991

48. Sender, R., Fuchs, S., and Milo, R., 'Revised estimates for the number of human and bacteria cells in the body', PloS Biology, 14 (8), (2016), e1002533; https://doi.org/10.1371/journal.pbio.1002533

49. 멀린 셸드레이크, *작은 것들이 만든 거대한 세계: 균이 만드는 지구 생태계의 경이로움*, 김은영 역, 아날로그, 2021.

50. 볼레벤, *op. cit.*

51. Adamatzky, A., 'Language of fungi derived from their electrical spike activity', *Royal Society Open Science 9*, (2022): 4; https://doi.org/10.1098/rsos.211926

52. 이것은 서양 신학에서 '스피릿(spirit)'과 '영혼(soul)'을 형이상학적으로 구분하는 것과도 연관 있다. 식물의 '영혼', 즉 철학적 유황(philosophical sulphur)은 식물의 고유한 에센셜 오일인 반면, '스피릿'은 모든 식물이 공통적으로 지니는 활성화 물질이다. 다음 책을 참조할 것. Popham, S., *Evolutionary Herbalism: Science, spirituality, and medicine from the heart of nature*, North Atlantic Books, Berkeley, CA, 2019, pp.127–32.

53. Daws, R.E., Timmermann, C., Giribaldi, B., *et al.*, 'Increased global integration in the brain after psilocybin therapy for depression', *Nature Medicine* 28, (2022): 844–51; https://doi.org/10.1038/s41591022-01744-z

54. Harrod Buhner, S., *Plant Intelligence and the Imaginal Realm: Into the dreaming of Earth*, Bear & Company, Rochester, VT, 2014, pp.200–214

55. *Ibid.*, pp.211–14

56. Ibid.

57. Ibid.

58. Babcock, G.O., 'The Split-Body Problem: Why we need to stop thinking about parents, offspring and sex when we try to understand how life reproduces itself', Aeon, April 28, 2022; https://aeon.co/essays/we-need-to-stop-thinking-about-sex-when-it-comes-toreproduction [accessed February 15, 2023]

59. 앨프리드 크로스비, *콜럼버스가 바꾼 세계: 신대륙 발견 이후 세계를 변화시킨 흥미로운 교환의 역사*, 김기윤 역, 지식의숲, 2006.

60. Nash, L., 'Beyond Virgin Soils: Disease as environmental history' in *The Oxford Handbook of Environmental History*, ed. A.C. Isenberg, Oxford University Press, Oxford, 2014, pp.76–7

61. Wenner, M., 'Humans carry more bacterial cells than human ones', *Scientific American*, November 30, 2007; https://www.scientificamerican.com/article/strange-but-true-humans-carrymore-bacterial-cells-than-human-ones/ [accessed November 11, 2021]

62. Rybicki, E.P., 'The classification of organisms at the edge of life or problems with virus systematics', *South African Journal of Science* 86, (1990): 182–6

63. NRM, 'Microbiology by numbers', *Nature Reviews Microbiology* 9, (2011): 628; doi: 10.1038/nrmicro2644. PMID: 21961177

64. 바이러스의 기원에 관한 더 자세한 내용은 다음 논문을 참조할 것. Wessner, D.R., 'The origins of viruses', *Nature Education* 3 (9), (2010): 37.

65. Horie, M., Honda, T., Suzuki, Y., *et al.*, 'Endogenous non-retroviral RNA virus elements in mammalian genomes', *Nature* 463 (7277), (2010): 84–7; doi: 10.1038/nature08695

66. Zimmer, C., 'Ancient viruses are buried in your DNA', *The New York Times*, Oct. 4, 2017; https://www.nytimes.com/2017/10/04/science/ancient-viruses-dna-genome.html [accessed Sept. 1, 2022]

67. Ibid.

68. 마크 호닉스바움, *대유행병의 시대: 스페인 독감부터 코로나19까지, 전세계 전염병의 역사*, 제효영 역, 커넥팅, 2020.

69. Harrod Buhner, S., *Plant Intelligence and the Imaginal Realm: Into the dreaming of Earth*, Bear & Company, Rochester, VT, 2014, pp.107–109

70. Ibid.

71. Kutter, E., De Vos, D., Gvasalia, G., *et al.*, 'Phage therapy in clinical practice: treatment of human infections', *Current Pharmaceutical Biotechnology* 11 (1), (2010): 69–86. 박테리아를 겨냥해 먹이로 삼는 바이러스인 '박테리오파지'를 일부 지역에서는 박테리아 감염을 치료하는 목적으로 활용했다. 이런 관행은 20세기 전반에 걸쳐 항생제를 사용함에 따라 점차 사라졌지만, 최근 항생제에 저항력을 가진 감염에 대처하기 위해 '훈련된 바이러스'를 사용하는 치료법이 다시 관심을 얻고 있다.

72. 호닉스바움, *op. cit*, p.xv

3장

1. Peoples, H.C., Duda, P., and and Marlowe, F.W., 'Hunter-Gatherers and the Origins of Religion', *Human Nature*, 27, (2016): 261–82; https://doi.org/10.1007/s12110-016-9260-0. *See also* Barnard, A., and Woodburn, J., 'Property, Power and Ideology in HunterGathering Societies: An Introduction,' in *Hunters and Gatherers: Property, power and ideology*, Vol. II, Berg, Oxford, 1988, pp.4–31

2. 에드워드 버넷 타일러, *원시문화: 신화, 철학, 종교, 언어, 기술, 그리고 관습의 발달에 관한 연구*, 유기쁨 역, 아카넷, 2018.

3. Latour, B., 'How Not to (De-)animate Nature' in Facing Gaia: *Eight lectures on the new climatic regime*, Polity Press, Cambridge, 2017, p.70

4. Peoples, Duda, and Marlowe, *op. cit.*

5. *Ibid.* 타일러와 그의 동료들은 조상 숭배가 수렵·채집인들 사이에 널리 퍼져 있던 초기 관습일 것이며, 이 관습이 훗날 신들에 대한 신념을 빠르게 촉발했을 것이라고 가정했다. 하지만 그 외의 저자들은 두 가정 모두 근거가 빈약하다고 결론지었다.

6. Stringer, M.D., 'Rethinking animism: thoughts from the infancy of our discipline', *Journal of the Royal*

Anthropological Institute 5 (4), (1999): 541–56

7. Hershkovitz, I., Weber, G.W., Quam, R., *et al.*, 'The earliest modern humans outside Africa', *Science* 359 (6,374), (2018): 456–9. 하지만 고고학과 유전학 연구가 이 모델의 연대를 끊임없이 수정하도록 우리를 압박한다는 사실 또한 주목해야 한다. 최근의 한 연구는 초기 사피엔스들이 유라시아 대륙으로 이주한 시기가 17만5천 년 전까지 거슬러 올라간다는 사실을 입증했다.

8. Peoples, Duda, and Marlowe, *op. cit.*, 274–7

9. Nielsen, M., Langley, M.C., Shipton, C., *et al.*, 'Homo neanderthalensisand the evolutionary origins of ritual in Homo sapiens', Philosophical Transactions of the *Royal Society* B, June 29, 2020; http://doi.org/10.1098/rstb.2019.0424

10. Davis, N., 'Homo erectus may have been a sailor – and able to speak', *Guardian*, 20 Feb. 2018; https://www.theguardian.com/ science/2018/feb/20/homo-erectus-may-have-been-a-sailor-andable-to-speak [accessed October 5, 2021]

11. Condemi, S., Mazières, S., Faux, P., et al., 'Blood groups of Neandertals and Denisova decrypted', *Plos One* 16 (7), (2021); https://doi.org/10.1371/journal.pone.0254175

12. Jeffrey D., Wall, K.E., and Lohmueller, V.P., 'Detecting ancient admixture and estimating demographic parameters in multiple human populations', *Molecular Biology and Evolution* 26 (8), (2009): 1,823–7; https://doi.org/10.1093/molbev/msp096

13. 이 수는 영국의 인류학자인 로빈 던바Robin Dunbar의 이름을 따 '던바의 수'라고 부른다. 더 자세한 내용은 다음 논문을 참조할 것. Hernando, A., Villuendas, D., Vesperinas, C., *et al.*, 'Unravelling the size distribution of social groups with information theory on complex networks', *The European Physical Journal B* 76, (2009): 87–97

14. 유발 하라리, *사피엔스: 유인원에서 사이보그까지, 인간 역사의 대담하고 위대한 질문*, 조현욱 역, 김영사, 2023.

15. Ibid., pp.30–31

16. 브라이언 페이건, *크로마뇽: 빙하기에서 살아남은 현생인류로부터 우리는 무엇을 배울 수 있는가*, 김수민 역, 더숲, 2012

17. Harvey, G., *Animism: Respecting the living world,* Columbia University Press, New York, 2nd ed., 2017, p.xi

18. Gander, K., 'Road project in Iceland delayed to protect "hidden" elves', *Independent*, 23 Dec. 2013; https://www.independent.co.uk/news/world/europe/road-project-in-iceland-delayed-to-protecthidden-elves-9021768.html [accessed April 2, 2022]

19. Kirk, R., *The Secret Commonwealth of Elves, Fauns and Fairies*, Anodos Books, Dumfries & Galloway, 2018

20. Smith, D.B., 'Mr. Robert Kirk's Note-Book', *The Scottish Historical Review*, 18 (72), (1921): 237–48

21. Fimi, D., *Tolkien, Race and Cultural History: From Fairies to Hobbits*, Palgrave Macmillan, Basingstoke, 2008, pp.29–35

22. Earls, M., 'Happy the Elephant Denied Personhood, Will Stay in Bronx Zoo, Bloomberg Law', *US Law Week*, June 14, 2022; https://news.bloomberglaw.com/us-law-week/happy-the-elephant-deniedpersonhood-will-remain-in-bronx-zoo [accessed July 17, 2022]

23. *Guardian* staff and agencies, 'Happy the elephant Happy the elephant is not a person, says court in key US animal rights case', *Guardian*, 14 June 2022; https://www.theguardian.com/us-news/2022/jun/14/elephant-person-human-animal-rights-happy [accessed July 17, 2022]

24. Nonhuman Rights Project; https://www.nonhumanrights.org/frequently-asked-questions/ [Accessed July 17, 2022]

25. Ibid.

26. Marder, M., 'Should Animals have Rights?' *Philosopher's Magazine* 62, (2013): 56–7; doi:10.5840/tpm20136293

27. Weeks, L., 'Recognizing the right of plants to evolve', *NPR*, Oct. 26, 2012; https://www.npr.org/2012/10/26/160940869/recognizingthe-right-of-plants-to-evolve?t=1653996829735 [accessed July 25, 2022]

28. 환경보호기금의 위원인 마키 밀러Markie Miller와 크리스탈 얀콥스키Crystal Jankowski는 이 접근법을 인간 아닌 존재들과 생태계 전반으로 '개체성'을 확장시키려는 시도로부터 분리했다. 이것은 그런 시도가 결국 개발도상국 국민들의 개체성과 자연의 개체성 사이의 충돌을 야기할 것이라는 중요한 비판에 대한 반응이었다. 관련한 내용은 다음의 사이트를 참조할 것. CELDF, 'Guest Blog: A conversation with the Guardian', Dec. 10, 2019; https://celdf.org/2019/12/guest-blog-a-conversation-withthe-guardian/ [accessed March 20, 2022]

29. Articles 71–4, Title II: Rights in the Constitution of the Republic of Ecuador, published in the Official Register on October 20, 2008

30. Ecocide Law, 'Legal Definition and Commentary 2021', *Ecocide Law*, 2021; https://ecocidelaw.com/legal-definition-andcommentary-2021/ [accessed Sept. 4, 2022]

31. Higgins, P., University of Exeter Law School page, 2015; https://law.exeter.ac.uk/cornwall/opportunities/imagine/[accessed Sept. 10, 2022]

32. Lloyd, S.A., Sreedhar, S., 'Hobbes's Moral and Political Philosophy' in *Stanford Encyclopedia of Philosophy*, Stanford University, Stanford, CA, 2018; https://plato.stanford.edu/entries/hobbes-moral/ [accessed May 5, 2022]

33. 토머스 홉스, *리바이어던: 교회국가 및 시민국가의 재료와 형태*, 진석용 역, 나남, 2018.

34. *Ibid.*, 13장 참조.

35. 장 자크 루소, *인간 불평등 기원론*, 이재형 역, 문예출판사, 2020.

36. Graeber, D., and Wengrow, D., *The Dawn of Everything: A new history of humanity*, Farrar, Straus and Giroux, New York, 2021, pp.1–21

37. Burroughs, J., 'The Faith of a Naturalist' in *Accepting the Universe*, Houghton Mifflin, Boston, 1920, pp.88–90

4장

1. Hall, M., *Plants as Persons: A philosophical botany*, SUNY Press, Albany, NY, 2011. 이 장은 매튜 홀의 작업으로

부터 엄청난 영향을 받았음을 밝혀둔다.

2. Ruff, C.B., Trinkaus, E., and Holliday, T.W., 'Body Mass and *Encephalization in Pleistocene Homo*', *Nature* 387, (1997): 173–6. 다음 책도 함께 참조할 것. 유발 하라리, *사피엔스*, 조현욱 역, 김영사, 2023.

3. 스티븐 마이든, *빙하 이후: 수렵채집에서 농경으로*, *20,000-5,000 BC*, 성춘택 역, 사회평론아카데미, 2019.

4. Liu, L., Wang, J., Rosenberg, D., et al., 'Fermented beverage and food storage in 13,000 y-old stone mortars at Raqefet Cave, Israel: investigating Natufian ritual feasting', *Journal of Archeological Science: Reports* 21, (2018): 783–93; https://doi.org/10.1016/j.jasrep.2018.08.008

5. 마이든, *op. cit.*

6. Sweatman, M.B.,'The Younger Dryas impact hypothesis: Review of the impact evidence', *Earth-Science Reviews* 218, (2021):103677; doi:10.1016/J.EARSCIREV.2021.103677

7. 마이든, *op. cit.*

8. *Ibid.*

9. Curry, A., 'Last Stand of the Hunter-Gatherers?', *Archeology*, Archeology Institute of America, 2021; https://www.archeology.org/issues/422-2105/features/9591-turkey-gobekli-tepe-huntergatherers [accessed July 30, 2022]

10. *ibid.*

11. 유발 하라리, *사피엔스*, 조현욱 역, 김영사, 2023.

12. Sweatman, M.B., and Tsikritsis, D., 'Decoding Göbekli Tepe with archeoastronomy: what does the fox say?', *Mediterranean Archeology and Archeometry* 17 (1), (2017): 233–50

13. Jones, J., 'Becoming a Centaur', Aeon, Jan. 14, 2022; https://aeon.co/essays/horse-human-cooperation-is-a-neurobiological-miracle [accessed August 25, 2022]

14. Abram, D., *The Spell of the Sensuous: Perception and language in a morethan-human world*, Random House, New York, 1997, p.103

15. Ibid.

16. 《일리아드》에 묘사된 전설적인 사건들은 일반적으로 기원전 12세기에서 13세기 사이에 발생한 것으로 추측한다.

17. Veyne, P., *Did the Greeks Believe in Their Myths? An essay on the constitutive imagination*, trans. P. Wissing, University of Chicago Press, Chicago, IL, 1988

18. Kelley, D.R., *Versions of History: From antiquity to the Enlightenment*, Yale University Press, New Haven, CT, 1991, pp.19–29

19. Abram, *op. cit.*, pp.93–102. 레반트 지역의 가나안 사람들이 사용한 페니키아 문자는 결국 이탈리아 반도에서 발견된 에트루리아 문자뿐만 아니라, 히브리 문자와 고대 인도의 브라흐미 문자에까지 영향력을 행사한다. 에트루리아의 문자는 결국 로마 문자를 형성하는데, 이 로마 문자는 오늘날에 이르기까지 1백여 개 이상의 언어들을 표기하는 기본 형식으로 자리 잡았다. 현대의 이교적 신비주의자들에게 인기가 많은 게르만인과 스칸디나비아인들의 신비스런 룬 문자조차, 궁극적으로는 로마와 그리스의 문자에서 파생된 것이다.

20. *Ibid.*, pp.108–109

21. *Ibid.*, pp.99–101

22. Ibid.

23. Hall, M., *Plants as Persons*, SUNY Press, Albany, NY, 2011, pp.20–21

24. Plumwood, V., *Feminism and the Mastery of Nature*, Routledge, London, 1993, p.81. See also Hall, M., ibid., p.19.

25. Torres, J., 'Plato's Anthropocentrism Reconsidered', *Environmental Ethics* 43 (2), (2021): 119–41

26. 아리스토텔레스는 자신의 일부 저작들에서 촉각을 경험하는 식물들의 능력을 인정했다. 그는 《영혼에 관하여(De Anima)》에서 식물들이 접촉에 민감하게 반응하는 심적인(따라서 정신적인) 요소를 지니고 있으며, 이는 열기와 한기를 감지하는 그들의 능력을 통해 입증할 수 있다고 언급했다. 또한 그는 촉각 기능이 욕망을 암시하는 직접적인 조짐라고 주장하기도 했는데, 이 주장만 고려하면 그가 식물들을 지각력 있는 개체들로 간주했을 것이라는 가정까지도 가능하다. 하지만 그가 공식화한 '존재의 위계'에서는 식물들을 가장 낮은 지점에 둠으로써, 그들을 도덕적 고려의 대상이 되지 않는 배경으로 만들었다. 다음 문헌을 참조할 것. Hall, M., *op. cit.*, p.26.

27. Lorenz, H., 'Ancient Theories of Soul' in *The Stanford Encyclopedia of Philosophy*, ed. E.N. Zalta, summer 2009; https://plato.stanford.edu/archives/sum2009/entries/ancient-soul/ [accessed Oct. 3, 2021]

28. Hall, M., *op. cit.*, p.25

29. Ibid.

30. Barnes, J., 'Life and Work' in *The Cambridge Companion to Aristotle*, Cambridge University Press, Cambridge, 1995, p.9

31. Nixey, C., *The Darkening Age: The Christian destruction of the classical world*, Macmillan, London, 2017

32. Hall, M., *op. cit.*, p.29

33. *Ibid.*, pp.30–35

34. *Ibid.*, p.35

35. *Ibid.*, pp.29–30

36. Pliny the Elder, *Natural History: A selection*, trans. J.F. Healy, Penguin, London, 2004, p.74

37. *Ibid.*, p.286

38. McInerny, R., and O'Callaghan, J., 'Saint Thomas Aquinas' in *The Stanford Encyclopedia of Philosophy*, ed. E.N. Zalta, summer 2018; https://plato.stanford.edu/archives/sum2018/entries/aquinas/ [accessed April 3, 2022]

39. Singer, P., 'Animals' in *The Oxford Companion to Philosophy*, ed. T. Honderich, Oxford University Press, Oxford, 1995, pp.35–6

40. Garber, D., 'Descartes, Mechanics and the Mechanical Philosophy' in *Renaissance and Early Modern Philosophy*, John Wiley and Sons, Oxford, 2002, p.191

41. Pomeroy, R., 'Scientists have learned from cases of animal cruelty', *RealClear Science*, Jan. 23, 2012; https://www.realclearscience.com/blog/2012/01/scientists-can-be-cruel.html [accessed 10 May, 2022]. *See also* Calvo, Paco, *Planta Sapiens: Unmasking plant intelligence*, The Bridge Street Press, London, 2022, pp.186–7.

42. 르네 데카르트, 방법서설, 이현복 역, 문예출판사, 2022.

43. 데카르트가 비록 스스로는 의식하지 못했더라도, 식물로부터 깊은 영향을 받았다는 사실에 주목할 필요가 있다.

전해지는 바에 의하면, 그는 매일 커피(17세기 유럽에서는 새로웠던 음료)를 50잔 이상씩 마셨다고 한다. 커피에 든 카페인은 교감신경을 자극하여, 시야를 좁게 하고 불안과 공격성을 높이는 노르에피네프린을 분비시키는 경향이 있다. 또한 카페인은 부신을 자극하여 에피네프린의 분비를 촉진하는데, 에피네프린은 교감 신경계의 '투쟁 도피' 반응으로 우리를 더 깊이 몰아넣을 수 있다. 이와 동시에, 커피의 과도한 남용은 두뇌의 세로토닌을 현저히 감소시킴으로써, 우리의 감각적인 경험과 비선형적 창의성을 위축시킬 수도 있다. 이것은 마음과 몸 사이의 데카르트적 분열이 일어난 배경에 관한 약간의 시사점을 제공한다. 관련 내용은 다음 문헌을 참조할 것. O'Donoghue, S.P., *The Forest Reminds Us Who We Are*, North Atlantic Books, Berkeley, CA, 2021, p.136.

44. Hall, M., *Plants as Persons*, SUNY Press, Albany, NY, 2011, p.49

45. Snobelen, S.D., 'Isaac Newton, heretic: the strategies of a Nicodemite', *British Journal for the History of Science*, 32 (4), (1999): 381

46. 다윈이 생명 과학의 엄격한 인간중심주의로부터 과학을 어느 정도 해방시키긴 했지만, 제임스 완더시James Wandersee와 엘리자베스 슈슬러Elisabeth Schussler가 식물맹(plant blindness)이라고 지칭한 현상으로 인해 동물 중심적인 편견이 그 자리를 대신했다. 여기서 식물맹이란 '주변에 있는 식물을 보거나 알아차리지 못하는 무능력'을 지칭하는 것으로, 종종 '생물권과 인간의 활동에서 식물들이 차지하는 중요성을 인식하지 못하는 무능력'으로 이어지곤 한다. 관련 내용은 다음 논문을 참조할 것. Wandersee, J.H., and Schussler, E.E., 'Preventing plant blindness', *American Biology Teacher* 61 (2), (1999): 82–6; doi:10.2307/4450624

47. Hayward, J.W., 'Scientific Method and Validation', *Gentle Bridges: Conversations with the Dalai Lama on the sciences of mind*, Shambhala Publications, Boston/London, 2001, p.26

48. *Ibid.*, pp.28–9

49. *Ibid.*, p.29

5장

1. 여기서 전지전능하다는 것은 신이 모든 것을 알고(omniscience), 모든 것을 할 수 있고(omnipotence), 모든 존재를 사랑한다(omnibenevolence)는 것을 의미한다. 전지전능한 신의 특성과 '악'을 포함하는 세상 사이의 양립불가능성은 '악이라는 문제'에 내재된 역설을 구성하는 기반이다. 만일 창조자인 신이 악을 생성했다면 그는 모두를 사랑하는 존재가 아니고, 신에게 악을 멈출 능력이 없다면 그는 무한한 권능을 지닌 존재가 아니며, 신이 인간이 '자유의지'를 사용해 내릴 수 있는 악한 선택에 대해 알지 못한다면 그는 모든 것을 아는 존재가 아니다. 이와 더불어 창조자인 신은 편재하는(omnipresent) 존재로 인식되는데, 이런 유형의 신학에는, '아이가 학대를 당할 때마다 그 자리에는 전지전능하고 모두를 사랑하는 신이 완전한 권능을 지닌 채 현존하지만, 그 상황에 개입하지는 않는다'는 의미가 내포되어 있다.

2. Peoples, H.C., Duda, P., and Marlowe, F.W., 'Hunter-gatherers and the origins of religion', *Human Nature* 27 (2016): 261–82

3. Sample, I., 'Neanderthals built mysterious cave structures 175,000 years ago', *Guardian*, 25 May 2016; https://www.theguardian.com/science/2016/may/25/neanderthals-built-mysterious-cavestructures-175000-years-ago [accessed Oct. 10, 2021]

4. 케이틀린 오코넬, *코끼리도 장례식장에 간다: 동물들의 10가지 의례로 배우는 관계와 공존*, 이선주 역, 현대지성, 2023.

5. Harrison, P., *'Religion' and the Religions in the English Enlightenment*, Cambridge University Press, Cambridge, 1990, p.1

6. Ethnologue (n.d.), 'What are the largest language families?'; https://www.ethnologue.com/guides/largest-families. For a full and up-todate list of Indo-European languages, see https://www.ethnologue.com/subgroups/indo-european [accessed April 23, 2022]

7. 원시 인도유럽어에 관한 정보는 다음 문헌들을 참조할 것. Anthony, D.W., *The Horse, the Wheel, and Language: How Bronze-Age riders from the Eurasian steppes shaped the modern world*, Princeton University Press, Princeton, NJ/Oxford, 2007. *See also* Mallory, J.P., and Adams, D.Q., *The Oxford Introduction to Proto-Indo-European and the Proto-IndoEuropean World*, Oxford University Press, Oxford, 2006.

8. 원시 인도유럽어의 '판본'은 매우 다양한데, 그 이유는 이 언어를 연구한 언어학자마다 관점이 약간씩 다르기 때문이다.

9. Krzewi·ska, M., Kılınç, G.M., Juras, *et al.*, 'Ancient genomes suggest the eastern Pontic-Caspian steppe as the source of western Iron Age nomads', *Science Advances* 4 (10), (2018); doi: https://doi.org/10.1126/sciadv.aat4457

10. Lincoln, B., 'The Indo-European myth of creation', *History of Religions* 15 (2), (1975): 121–45; doi:10.1086/462739

11. 스노리 스툴루손, *에다 이야기*, 이민용 역, 을유문화사, 2013.

12. Ibid.

13. Hall, M., *The Imagination of Plants: A book of botanical mythology*, SUNY Press, Albany, NY, 2019, p.30. See also White, J., *The Ancient History of the Maori, His Mythology and Traditions*, Vol. 1, George Didsbury, Government Printer, Wellington, NZ, 1887

14. Hall, *ibid.*, pp.3–6

15. 많은 인도 학자가 인도 아리아어 사용자들의 이주를 평화로운 과정으로 묘사함에 따라, 현대 인도에서는 이 이주가 뜨거운 논쟁의 대상이 된 적이 있다. 하지만 모든 중요한 증거가 이 시기에 폭력이 존재했다는 사실을 암시하고 있는 만큼, 학계에서는 이 문제가 여전히 논란이 되고 있다.

16. Anthony, D.W., *The Horse, the Wheel, and Language: How BronzeAge riders from the Eurasian steppes shaped the modern world*, Oxford University Press, Oxford/Princeton, NJ, 2007, pp.48–50

17. Hall, *op. cit.*, pp.163–4. 이 인용구는 184절에서 취한 것임.

18. 시바와 비슈누와 같은 신들은 오늘날 '힌두교'라 불리는 종교를 탄생시킨 인도의 종교 운동이 진행되는 동안에야 비로소 최고신으로 등극할 수 있었다. 초기의 베다 문헌들에서는 시바가 신으로서 뚜렷하게 제시된 적조차 없고, 비슈누는 아그니나 인드라와 같은 베다의 주요 신들에 비해 그 중요도가 훨씬 덜했다. '힌두교'는 사실 엄청나게 복잡한 종교이다. 힌두교는 이슬람교나 기독교처럼 단일한 하나의 종교가 절대 아니며, '베다의 가르침'과 동의어인 것도 아니다. 분류학적인 면에서 볼 때, 힌두교는 유대교와 기독교, 이슬람교의 근간을 이루는 '아브라함 계통의 종교적 세계관'과 더 비슷한 개념이다. 비록 공통된 혈통이 어느 정도 존재하긴 하지만, 힌두교 내부에는 힌두교적 세

계관을 토대로 하는 많은 '종교들'과 철학적 입장이 공존한다. '힌두교'라는 용어는 원래, '인도'라는 명칭과 마찬가지로, 영국인들이 도입한 것이다. 현대의 힌두교도들은 대개 그들 자신을 사나타나 다르마의 수행자로 여기지만, 일부 신도들은 시바 숭배자나 비슈누 숭배자 등과 같은 보다 구체적인 정체성을 내세우기도 한다.

19. Kuiper, F.B.J., 'The Basic Concept of Vedic Religion', *History of Religion* 15, (1975): 108–12. *See also* Parpola, A., *The Roots of Hinduism: The early Aryans and the Indus civilization*, Oxford University Press, Oxford, 2015, pp.66–7, 82–109.

20. Gignoux, P., 'Hell in Zoroastrianism', *Encyclopedia Iranica* XII (2), (2003): 154–6; https://www. iranicaonline.org/articles/hell-i [accessed March 17, 2022]

21. 니콜라스 웨이드, 《종교 유전자: 진화심리학으로 본 종교의 기원과 진화》, 이용주 역, 아카넷, 2015.

22. Ibid.

23. Ibid. 신명기계 역사서에는 여호수아서, 판관기, 사무엘 전후서, 열왕기 전후서가 포함된다. 18세기 독일의 신학자인 빌헬름 드 웨테Wilhelm de Wette는 이 모든 문헌이 서기 622년 사원 재건 기간 동안 발견되거나 저술되었을 것이라고 결론지었다.

24. Ibid.

25. Ibid.

26. Ibid.

27. Ibid.

28. Ibid.

29. 바울의 서신 13편 중 단 7편만이 바울이 직접 저술한 것으로 확인되었다는 사실도 알아둬야 한다.

30. 우리는 일반적으로 '세계 종교'와 '세계의 종교들'이 동의어라고 생각하지만, 전 세계적으로 추종자를 확보한 종교 전통은 소수에 지나지 않는다. 시대 순으로 열거하자면, 조로아스터교와 불교, 기독교, 마니교, 이슬람교 등을 포함한다. 이들이 진정한 의미의 '세계 종교들'이다.

31. Nixey, C., *The Darkening Age: The Christian destruction of the classical world*, Macmillan, London, 2017, pp.8–9

32. *Ibid.*, pp.xxvii–xxxix

33. 니콜라스 웨이드의 《종교 유전자》 참조. 수정주의 역사학자들은 '선택받은 자'라는 의미를 지닌 무함마드라는 이름이 과연 사람의 이름이 맞는지 의문을 제기했다.

34. 창세기 1장 26절에서 31절까지.

35. White, L., 'The Historical roots of our ecological crisis', *Science* 155, (1967): 1,203–207

36. Denova, R., 'The Origin of Satan', *World History Encyclopedia*, 2021; https://www.worldhistory.org/article/1685/the-origin-of-satan/ [accessed Oct. 20, 2021]

37. Kelly, H.A., *Satan: A biography*, Cambridge University Press, Cambridge, 2006, pp.1–13, 28–9

38. Saint Augustine, '*Psalms 73–98', Exposition on the Psalms, Vol. 4*, trans. M. Boulding, Augustinian Heritage Institute, New York, 2002, p.94. See also Nixey, C., *The Darkening Age: The Christian destruction of the classical world*, Macmillan, London, 2017, p.18

39. Broedel, H.P., *The Malleus Maleficarum and the Construction of Witchcraft: Theology and popular belief*,

Manchester University Press, Manchester, 2003, p.1

40. *Ibid.*, p.17

41. *Ibid.*, pp.17–18

42. *Ibid.*, pp.20–22

43. *Ibid.*, pp.29–31

44. 야콥 슈프랭거, 하인리히 크라머, *마녀를 심판하는 망치: 말레우스 말레피카룸, 마녀 사냥을 위한 교본*, 이재필 역, 우물이있는집, 2016.

45. Owens, Y., 'The saturnine history of Jews and witches', *Preternature: Critical and historical studies on the preternatural* 3 (1), (2014): 56–84; JSTOR, https://doi.org/10.5325/preternature.3.1.0056

46. Broedel, *op. cit.*, p.2

47. Levack, B.P., *The Oxford Handbook of Witchcraft in Early Modern Europe and Colonial America*, Oxford University Press, Oxford, 2013, pp.75–6

6장

1. Adam, D., '15 million people have died in the pandemic, WHO says', *Nature* 605, (2022): 206; doi: https://doi.org/10.1038/d41586-022-01245-6

2. Watson, O.J., Barnsley, G., Toor, J., *et al.*, 'Global impact of the first year of COVID-19 vaccination: a mathematical modelling study,' *The Lancet Infectious Diseases* 22 (9), (2022); doi https://doi.org/10.1016/S1473-3099(22)00320-6

3. Sholtis, B., 'When COVID deaths are dismissed or stigmatized, grief is mixed with shame and anger', *NPR*, Aug. 30, 2021; https://www.npr.org/sections/health-shots/2021/08/30/1011785899/whencovid-deaths-are-dismissed-or-stigmatized-grief-is-mixed-withshame-and-ang?t=1661861693246 [accessed Aug. 29, 2022]

4. Dobson, A.P., and Carper, E.R., 'Infectious diseases and human population history', *Bioscience* 46, (1996): 115–26

5. 비록 직접적인 대화나 시연을 통해서도 많은 정보를 전달할 수 있지만, 처방을 공유하려면 일단 그 내용을 종이에 적어야 한다. 과학의 역사에서 글쓰기는 엄청나게 유용한 발명품이었는데, 이 기법 덕분에 고도로 훈련된 중재자 없이도 시공간적 한계를 넘어 정보를 전달할 수 있었기 때문이다. 글쓰기를 통해 지식은 한층 더 누적되었고, 비판적인 사고와 실험에도 더욱 적합해졌다.

6. Gyu thog yon tan mgon po, *gDon nad gso ba bcos sgrig ma*, ed. and annotated by Bya mdo klu byams rgyal, Mi rigs dpe skrun khang, Beijing, 2019 [BDRC bdr:MW8LS68144]

7. Krug, A., 'Buddhist medical demonology in the sutra of the seven buddhas', Religions 10 (4), (2019); https://doi.org/10.3390/rel10040255

8. Saxer, M., 'The Journeys of Tibetan Medicine' in *Bodies in Balance: The art of Tibetan Medicine,* Rubin Museum of Art and University of Washington Press, New York/Seattle, 2014, pp.246–56

9. *Ibid.* See also Martin Saxer's 2005 film, *Journeys with Tibetan Medicine*, available online at https://vimeo.

com/122821844.

10. 마크 호닉스바움, *대유행병의 시대*, 제효영 역, 커넥팅, 2020.

11. Ibid.

12. 예방 접종의 역사에 관한 간략한 개관은 다음 문헌을 참조할 것. Riedel, S., 'Edward Jenner and the history of smallpox and vaccination', Baylor University Medical *Center (Proceedings)* 18 (1), (2005): 21–5.

13. Ibid. 매더 목사Rev. Mather와 자브디엘 보일스턴 박사Dr Zabdiel Boylston는 식민지 전역에 인두 접종법을 보급했다. 그 결과 매더 목사의 집은 1721년 천연두가 절정에 달해있던 기간 동안에 폭격을 당하고 말았다. 하지만 인두 접종법을 활용해 천연두를 성공적으로 막아낸 그들은(사망률을 14퍼센트에서 2퍼센트로 감소시킴), 결국 이 기법을 유럽 지역으로 확산시키는 데 기여했다.

14. 'Sa gnyan rlog nas spang tha zhing du 'dru | chu gnyan dkrugs nas ne'u gsing rdzing du bskyil | shing gnyan gcod cing rdo gnyan rtsa ba 'degs | mi gtsang thab gzhob shan dmar 'jol nyog spyod | ban bon nus pa sgrub pa'i long med nas | gnyan sa dkrugs pas dgra rnams thul la re.' See Mgon po, gDon nad gso ba bcos sgrig ma, ed. Bya mdo klu byams rgyal, Mi rigs dpe skrun khang, Beijing, 2019, p.144.

15. Ibid.

16. Kocurek, J., 'Tree beings in Tibet: contemporary popular concepts of kLu and gNyan as a result of ecological change', *Journal of Ethnology and Folkloristics* 7 (1), (2013): 26

17. Ibid.

18. *Ibid.*, pp.26–7

19. *Ibid.*, p.28

20. *Ibid.*, pp.52–69. '영혼의 질병'이란 이 개념은 유톡이 새로 창안한 것이 아니라, 아유르베다 전통으로부터 차용한 것이다. '빙의' 치료법은 바그바타에게서 비롯된 것이지만, 도발이라는 생태학적 역동에 관한 그의 접근법은 여러모로 상당히 독창적인 것이었다. 다음 문헌을 참조할 것. Yang Ga, 'Sources for the writing of the *rgyud bzhi*, Tibetan medical classic', doctoral dissertation, Harvard University, Cambridge, MA, 2010, pp.229–32.

21. Coope, J., 'On the need for an ecologically dimensioned medical humanities', *Medical Humanities* 47 (1), (2021): Introduction

7장

1. Levman, B.G., 'Cultural remnants of the indigenous peoples in the Buddhist scriptures', *Buddhist Studies Review* 30 (2), (2014): 145–80; doi:10.1558/bsrv.v30i2.145

2. Ibid.

3. *Gaina Sutras, Part 1: The Âkârânga Sùtra, the Kalpa Sùtra*, trans. H. Jacobi, Clarendon Press, Oxford, 1884, pp.80–81. *See also* Hall, M., *Imagination of Plants: A book of botanical mythology*, SUNY Press, Albany, NY, 2019, p.200.

4. 모든 불교도가 항상 '비폭력적'이었다는 말은 아니다. 오늘날에도 미얀마 지역으로 눈길을 돌리기만 하면, 우리는 이것이 사실이 아니라는 것을 확인할 수 있다. 또한 티베트의 금강승 전통 내부에는 의례적인 '폭력'의 사례들(보이지

않는 존재들을 대상으로 한)이 다수 존재한다. 하지만 도덕적인 차원에서 보면, 붓다는 어쨌든 인간이 아닌 존재들을 윤리적으로 대하는 것이 고귀한 철학적 패러다임의 근본적인 특징이어야 한다는 견해를 지니고 있었다.

5. Ham, H.S., 'Manipulating the memory of meat-eating: reading the Lankāvatāra's strategy of introducing vegetarianism to Buddhism', *Journal of Indian Philosophy* 47, (2019): 133–53; https://doi.org/10.1007/s10781-019-09382-5

6. Hall, M., *Plants as Persons: A philosophical botany*, SUNY Press, Albany, NY, 2011, pp.87–8

7. Hall, M., *The Imagination of Plants: A book of botanical mythology*, SUNY Press, Albany, NY, 2019, p.140

8. Hall, M., *Plants as Persons, op. cit.*, p.97

9. Herold, A.F., *The Life of the Buddha*, trans. P.C. Blum, A. and C. Boni, New York, 1927, pp.87–8. See also Hall, M., *The Imagination of Plants, op. cit.*

10. Herold, *ibid.*

11. Haberman, D.L., *People Trees: Worship of trees in northern India*, Oxford University Press, Oxford, 2013, pp.49–59

12. Cunningham, A., *Mahâbodhi, or the great Buddhist temple under the bodhi tree at Buddha-Gaya*, W.H. Allen & Co., London, 1892, pp.30–31

13. Forbes, S., 'The oldest historical tree in the world', Medium, Dec. 26, 2016; https://medium.com/@StephenJForbes/the-oldest-historicaltree-in-the-world-566fcee32605 [accessed May 11, 2022]

14. Cunningham, A., *op. cit.*, pp.30–31

15. *ibid.*, title page

16. Garling, W., *Stars at Dawn: Forgotten stories of the women in the Buddha's life*, Shambhala Publications, Boulder, CO, 2016.

17. Rockhill, W.W., *Life of the Buddha and the Early History of His Order: Derived from Tibetan works in the Bkah-hgyur [sic] and Bstan-hgyur [sic]*,Trübner & Co., London, 1884, pp.80–81

18. Levman, B.G., *Pāli and Buddhism: Language and lineage*, Cambridge Scholars Publishing, Newcastle upon Tyne, 2021, p.99, footnote 155. 훗날 개작한 이야기에는 붓다의 출생을 도운 이 나무의 종을 다르게 제시한다. 하지만 가장 초기의 판본들은 분명 이 나무를 '쇼레아 로부스타'로 묘사한다.

19. Levman, B.G., 'Cultural Remnants of the indigenous peoples in the Buddhist scriptures', *Buddhist Studies Review* 30 (2), (2014): 145–80

20. Lingpa, J., and Kangyur Rinpoche, *Treasury of Precious Qualities: Book One*, Shambhala Publications, Boulder, CO, 2010, pp.76–7

21. *Ibid.*, pp.77–8

22. *Ibid.*, p.28

23. Hall, M., *The Imagination of Plants: A book of botanical mythology*, SUNY Press, Albany, NY, 2019, p.151. 인도의 나가들과 고대 그리스의 님프들 사이에는 많은 유사성이 있다. 일단 둘 다 지형학적 특징과 관련 있고, 그중에서도 특히 물가와 연관 있다. 여기서 더 나아가 모두 초목들, 특히 나무들과 긴밀히 연관되어 있다. 그리스에서 드리아드(나무 님프)와 오레아드(산 님프), 나이아드(샘물 님프) 모두 님프의 '일종'으로 인식한다. 인도에서 나가들은 종

종 카스트 제도에 기반을 둔 사회에서 살아가는 것으로 생각하는데, 이들 가운데 브라만 나가들은 나이 많은 지식의 보유자로 인식하고, 낮은 카스트에 속한 나가들은 무슨 수를 써서라도 피해야 할 위험하고 피에 굶주린 영혼들로 인식한다. 티베트에서 루lu(불교 시대에 이르러 나가에 흡수된 전통적 영혼)는 다른 존재들과 결합하여 루 넨, 루 런, 루 첸 등과 같은 혼종 카테고리를 형성하기도 한다.

24. 밀교의 구전 가르침(맨 응악 규Man ngag rgyud)에서, 유톡은 나가들이 야기한 도발 장애에 대한 치료법을 다루는 일에 집중한다. 이런 장애는 피부와 림프계에 영향을 미쳐, 나병과 같은 심각한 질환을 일으킨다. 이 주제에 관한 유톡의 주장은 아유르베다 문헌들(나가를 그런 질병들과 연관 짓지 않는)로부터 비롯된 것이 아니고, 달의 여왕과 같은 티베트 초기의 합작품으로부터 유래된 것도 아니다. 나가와 연관된 질환들에 대한 그의 이해는 티베트의 토착 전통으로부터 비롯된 것으로 보인다. 관련 내용은 다음 문헌을 참조할 것. Yang Ga, 'Sources for the writing of the *rgyud bzhi*, Tibetan medical classic', doctoral dissertation, Harvard University, Cambridge, MA, 2010, pp.231–2.

25. 게사르 왕 서사시에서는 이 전설적인 왕은 인간인 아버지와 나가인 어머니 사이에서 태어난 것으로 묘사한다. 다음 문헌을 참조할 것. Kornman, R. (trans.), Chonam, L. (trans.), Khandro, S. (trans.), *et al., The Epic of Gesar of Ling: Gesar's magical birth, early years, and coronation as king*, Shambhala Publications, Boulder, CO, 2015.

26. Larson, J., Greek Nymphs: Myth, cult, lore, Oxford University Press, Oxford, 2001, p.10. *See also* Hall, M., *The Imagination of Plants, op. cit.*,p.151.

27. 기우제를 묘사한 보만론(Precious Garland)의 한 단락에는 날씨를 통제하기 위해 비를 막는 나가들을 굴복시키는 과정이 상세하게 나와 있다. 관련 내용은 다음 문헌을 참조할 것. gNas mdo karma chags med, *gCod lugs char ' bod snyan rgyud yi ger bkod par ' don bsgom phyag len dang bcas pa mthong bas don gsal bzhugs so*; BDRC bdr:MW0LULDC313476

28. 티베트 불교에서도 당연한 것으로 받아들인다. 하지만 티베트의 토착 영혼인 루는 아마도 이런 패러다임을 따르지 않았을 것이다. 나가와 아이슬란드의 신비스러운 사람인 '헐두포크' 사이의 유사성에 주목하는 것도 흥미로울 것이다. 헐두포크는 종종 자연 속에 교회를 건설하는 '기독교인'으로 묘사된다.

29. Levman, B.G., 'Cultural remnants of the indigenous peoples in the Buddhist scriptures', *Buddhist Studies Review* 30 (2), (2014): 145–80; doi:10.1558/bsrv.v30i2.145

30. 팔리어 불전인 사누 경(Sanu Sutta)에서, 한 약쉬니yaksini는 수도승이 영적인 길을 포기하지 않도록 하기 위해 그에게 빙의하여 그의 어머니에게 가르침을 전한다.

31. 밀교 수행을 고통을 일으키는 성향을 '약화시키는 과정'으로 바라보는 관점은, 2009년 라마 사라 하딩Lama Sarah Harding의 강연으로부터 비롯된 것이다.

32. 많은 티베트 단어를 '악마'로 번역할 수 있는데, 여기에는 데 둔dre gdon도 포함된다. 여기서 데는 일반적으로 해로운 개체들을 지칭하고, '도발'이라고 번역한 둔은 광범위한 영혼들과 그들이 야기하는 인간의 고통을 나타낸다. 부드Bdud는 산스크리트어인 마라의 티베트 번역어로 사용되는데, 가끔씩 악의적인 초자연적 힘을 나타내기 위해 활용한다. 하지만 대개는 철학적인 맥락에서 우리의 해방을 가로막는 현상이나 경험들을 지칭한다.

33. '마법사'는 '지혜의 보유자'라는 뜻의 산스크리트어인 비디야다라vidyadhara와 긴밀하게 연관된 단어로, 사실상 거의 동일한 의미라고 볼 수 있다.

34. 건물을 짓기 전에 지역의 영혼들을 달래는 관습은 유럽을 비롯한 고대 세계 전역에서 아주 흔한 일이었다. 풍수학

적 전조들을 해석하는 일을 도맡았던 유럽의 복점관들(augurs)은, 지역의 영적 생태계를 교란시킬 수 있는 일에 착수할 때마다 사람들에게 조언을 제공했다. in-augur-ate란 영어 동사는 어규리augury라고 알려진 복점 절차로부터 파생한 단어이다. 이들은 점쟁이fortune-teller라기 보다는, 보이지 않는 존재들의 의지와 소망을 읽는 해석자에 더 가까운 인물들이었다. 카드나 손금을 읽는 대신, 복점관들은 새들의 행동이나 비행 패턴 등과 같은 자연의 징후에 전적으로 의존했다. 다음 문헌을 참조할 것. Chu'i bya lam dus kyi 'khor lo (le'u 12, sMan dpyad zla ba'i rgyal po, Mi rigs dpe skrun khang, Beijing, 2006, pp.53–5

35. ma gcig lab sgron, *Machik's Complete Explanation: Clarifying the meaning of Chöd*, trans. S. Harding, Snow Lion Publications, Ithaca, NY, 2013, pp.93–7. 마칙과 동시대인이었던 남성들 대부분이 그녀와 매우 다른 접근법을 취했다는 사실에 주목할 필요가 있다. 그들은 종종 독창적이었던 자신의 작업들을 과거 인도 스승들의 가르침이라고 주장했다. 마칙 역시 자신이 과거 생에 인도의 요기였다고 주장했지만, 이것만 제외하면 그녀는 자신의 체계를 뒷받침하기 위해 인도의 권위에 의존하려 하지 않았다.

36. Allione, T., *Women of Wisdom*, revised edition, Snow Lion Publications, Ithaca, NY, 2000, pp.183–4

37. ma gcig lab sgron, *op. cit.*, pp.205–207

38. *Ibid.*, p.117. 하딩은 마라를 의미하는 티베트 단어인 부드를 '악마'로 번역한다. 불교 철학에서는 이것이 마라의 일반적인 정의이다. 마라는 인격화된 악이라기보다는, 우리의 해방을 가로막는 모든 힘의 대표자에 더 가깝다.

39. 출트림 앨리온, *내 안의 악마 길들이기*, 고수곤 역, 요산, 2009. 이것은 십대 시절에 내게 커다란 도움을 준 엄청나게 유용한 기법이다. 이 기법의 치료적 효용성을 뒷받침하는 주목할 만한 과학 연구도 일부 존재한다.

40. Ibid., ebook version, pp.53–5

8장

1. Segal, R.A., *Myth: A very short introduction*, Oxford University Press, Oxford, 2004, p.5. *See also* Hall, M., *Imagination of Plants: A book of botanical mythology*, SUNY Press, Albany, NY, 2019, pp.xxi–xxiii

2. 조지프 캠벨, *천의 얼굴을 가진 영웅*, 이윤기 역, 민음사, 2018. See also Hall, ibid., p. xxiii.

3. Mark, J.J., 'Mythology' in *World History Encyclopedia*, 2018; https://www.worldhistory.org/mythology/ [accessed October 12, 2021]

4. 유발 하라리, *21세기를 위한 21가지 제언: 더 나은 오늘은 어떻게 가능한가*, 전병근 역, 김영사, 2018.

5. *Ibid.*, pp.285–6

6. *Ibid.*, p.289

7. Le Guin, U.K., 'The critics, the monsters, and the fantasists', *The Wordsworth Circle* 38 (1/2), (2007): 87

8. Ulstein, G., 'Hobbits, Ents, and dæmons: ecocritical thought embodied in the fantastic', *Fafnir – Nordic Journal of Science Fiction and Fantasy Research* 2 (4), (2015): 7–17

9. Tolkien, J.R.R., *On Fairy-Stories*, expanded edition, with commentary and notes, HarperCollins, London, 2014, pp.31–2

10. *Ibid.*, pp.68–9

11. Letter 203 (written to Herbert Schiro) in Tolkien, J.R.R., *The Letters of J.R.R. Tolkien*, HarperCollins,

London, 2006, p.262.

12. Tolkien, J.R.R., *On Fairy-Stories, op. cit.*, p.36

13. *Ibid.*, p.28

14. Chodar, T., Schneider, S. (trans.), and Allione, L.T., *Luminous Moonlight: The biography of Do Dasal Wangmo*, Tara Mandala, Pagosa Springs, 2013

15. 족첸(위대한 완성Great Perfection) 전통과 연관된 대분의 저작들이 그렇듯, 유명한 경전인 《티베트 사자의 서 (Tibetan Book of the Dead)》는 일종의 테르마 문헌이다. 족첸과 관련된 저작들 중 하나인 17편의 족첸 탄트라 Seventeen Dzogchen Tantras는 실제에 관한 명료하고 권위 있는 설명을 제공한다.

16. Hutton, C.M., *Linguistics and the Third Reich: Mother-tongue fascism, race, and the science of language*, Routledge, London/New York, 1999, pp.3–13

17. Scull, C., and Hammond, W.G., 'Northernness' in *The J.R.R. Tolkien Companion and Guide: Reader's Guide*, Part II, HarperCollins, London, 2017, p.862

18. Fimi, D., *Tolkien, Race and Cultural History: From Fairies to Hobbits*, Palgrave Macmillan, Basingstoke, 2008, pp.51–65

19. Tolkien, J.R.R., and Tolkien, C., 'The Notion Club Papers' in *Sauron Defeated*, HarperCollins, London, 2017, p.236

20. *Ibid.* 아룬델 로드햄Arundel Lowdham이라는 캐릭터의 입으로 톨킨 자신의 자전적 경험을 서술한 '개념 일원 문 서들(The Notion Club Papers)'에서 발췌한 구절이다. 이 소설에서 로드햄은 20세기 옥스퍼드의 문학 그룹인 '개 념 일원'의 허구적인 구성원으로 등장한다.

21. Carpenter, H., *J.R.R. Tolkien: A biography*, HarperCollins, London, 2016, p.102

22. Lewis, C.S., *Lewis: Collected Letters, Volume 1: Family Letters. 1905–1931*, ed. W. Hooper, HarperCollins, London, 2000, p.909

23. *Ibid.*, p.129

24. Tolkien, J.R.R., 'Letter 257: to Christopher Bretherton', *The Letters of J.R.R. Tolkien*, HarperCollins, London, 2006, p.347

25. Scull, C., and Hammond, W.G., 'Atlantis' in *The J.R.R. Tolkien Companion and Guide*, revised and expanded edition, HarperCollins, London, 2017, pp.81–4; also Tolkien, J.R.R., and Sibley, B. (ed.), *The Fall of Númenor*, HarperCollins, London, 2022, pp.xvi–xxiv.

26. Tolkien, J.R.R., 'Letter 257: to Christopher Bretherton', *The Letters of J.R.R. Tolkien., op. cit.*, p.347

27. Tolkien, J.R.R., *In Their Own Words: British Authors*, BBC interview, 1968

28. 나는 여러 사람들에게서 이 일화를 전해 들었지만, 이것의 유효성을 뒷받침하거나 관련된 맥락을 제공하는 기록물 증거는 아직 찾아보지 못했다. 내게 이 이야기를 전해준 사람 중 한명은 트룽파의 공동체에서 오랜 세월을 보낸 (지 금은 고인이 된) 서양인 수행자였다.

29. Tolkien, J.R.R., *On Fairy-Stories, op. cit.*, pp.65–6

30. Ibid.

31. Tolkien, J.R.R., 'Letter 165 to Houghton Mifflin Co.' in *The Letters of J.R.R. Tolkien*, HarperCollins, London,

2006, p.220

32. Judd, W., and Judd, G.A., *Flora of Middle-Earth*, Oxford University Press, Oxford, 2017.

33. Tolkien, J.R.R., 'Letter 339 to the Editor of *The Daily Telegraph*' in *The Letters of J.R.R. Tolkien*, HarperCollins, London, 2006, pp.419–20

34. Tolkien, J.R.R., and Tolkien, C. (ed.), 'Myths Transformed' in *Morgoth's Ring*, HarperCollins, London, 1993; 2017 edition, pp.369–436

35. Tolkien, J.R.R., *On Fairy-Stories*, expanded edition, with commentary and notes, HarperCollins, London, 2014, p.65

36. *Ibid.*, p.66

37. *Ibid.*, p.67

38. *Ibid.*, p.68

39. *Ibid.*, p.69

40. *Ibid.*, p.153

41. Plumwood, V., 'Nature in the active voice', *Australian Humanities Review* 46, (2009): 127–8

9장

1. Plumwood, V., *Feminism and the Mastery of Nature, Routledge,* London, 1993, pp.166–71

2. J.RR. 톨킨, 반지의 제왕, 김보원, 김번, 이미애 역, 아르테, 2021.

3. 티베트 전통에 츄렌bcud len이라고 알려진 수행이 있다는 사실에 특별히 주목할 필요가 있다. 이 수련에 숙련된 수행자는 단식 과정 속에서도 스스로를 온전히 지탱할 수 있다고 한다. 일부 위대한 대가들은 이 기법을 활용해 무기한으로 단식을 할 수 있다고 주장하는데, 이는 '호흡식'이란 개념과도 비슷하다.

4. Hall, M., *Imagination of Plants: A book of botanical mythology,* SUNY Press, Albany, NY, 2019, p.199

5. *Ibid.*, p.198

6. Descola, P., *Beyond Nature and Culture*, University of Chicago Press, Chicago, 2013, pp.15–16

7. Holmes, J., 'Losing 25,000 to hunger every day', *UN Chronicle* (n.d.); https://www.un.org/en/chronicle/article/losing-25000-hungerevery-day

8. Ritchie, H., 'Half of the world's habitable land is used for agriculture', *World in Data,* Nov. 11, 2019; https://ourworldindata.org/globalland-for-agriculture [accessed July 20, 2022]

9. Ritchie, H., 'How much of the world's land would we need in order to feed the global population with the average diet of a given country?'; *World in Data*, Oct. 3, 2017; https://ourworldindata.org/agriculturalland-by-gloabla-diets [accessed July 20, 2022]

10. Woodhall, A., 'Addressing Anthropocentrism in Nonhuman Ethics: Evolution, morality, and nonhuman beings', doctoral dissertation, University of Birmingham Dept. of Philosophy, 2016

11. 이 구절은 2017년 겨울, 타라 만달라 수련 센터에서 진행한 린첸 텡와Rinchen Trengwa 은거 기간 동안 드룹왼 라마 카르마가 전한 가르침을 다른 말로 풀어 쓴 것이다.

12. Nixon, D., 'The body as mediator: the phenomenology of Maurice Merleau-Ponty entwines us, via our own beating, pulsing, living bodies, in the lives of others', Aeon, Dec. 7, 2020; https://aeon.co/essays/the-phenomenology-of-merleau-ponty-and-embodiment-inthe-world [accessed Aug. 12, 2022]

13. Campbell, J., 'The Wisdom of Joseph Campbell', interview with Michael Toms, New Dimensions Radio, 1991; https://www.jcf.org/works/quote/ritual-is-the-enactment/

14. Hayden, L., 'I'm beginning a journey': the inside story of Lorde's surprise mini-album in *te reo Māori*', *The Spinoff*, Sept. 9, 2021; https://thespinoff.co.nz/atea/09-09-2021/lorde-interview-maorilyrics-solar-power [Accessed June 5, 2022]

15. Lavin, W., 'Lorde tells fans her album is "going to take some time" after death of her dog Pearl', *NME*, 2 Nov., 2019; https://www.nme.com/news/music/lorde-tells-fans-album-going-take-time-deathdog-2563977 [accessed June 5, 2022]

16. Group Think, 'Lorde's *Te Ao Mārama*: Behind the songs', *The Spinoff*, Sept. 9, 2021; https://thespinoff.co.nz/atea/09-09-2021/lordes-teao-marama-behind-the-songs [accessed June 5, 2022]

17. Brown, H., 'Lorde review, *Solar Power*: Disappointing, detached and sun-bleached of melody', *Independent*, 19 Aug., 2021; https://www.independent.co.uk/arts-entertainment/music/reviews/lordereview-solar-power-b1904612.html [accessed June 5, 2022]

18. Kornhaber, S., 'The pop star who's redefining the word "basic"', *Atlantic*, Aug. 19, 2021; https://www.theatlantic.com/culture/archive/2021/08/lorde-solar-power-review/619808/?utm_source=feed [accessed June 5, 2022]

19. Daly, R., 'Lorde – *Solar Power* review: a dazzling hat-trick from a master of her craft', *NME*, 20 Aug., 2021; https://www.nme.com/reviews/album/lorde-solar-power-review3023597?utm_source=rss&utm_medium=rss&utm_campaign=lorde-solar-power-review [accessed June 5, 2022]

마치는 글

1. Coope, J., 'On the need for an ecologically dimensioned medical humanities', *Medical Humanities* 47 (1), (2021): 123–7

2. Graeber, D., and Wengrow, D., *The Dawn of Everything: A new history of humanity*, Farrar, Straus and Giroux, New York, 2021, p.9

| 참고 문헌 |

• David Abram, *Becoming Animal*, Vintage Books, New York, 2011

———, *The Spell of the Sensuous: Perception and language in a more-than-human world*, Random House, New York, 1997

• David Adam, '15 million people have died in the pandemic, WHO says', *Nature* 605 (206), (2022)

• Andrew Adamatzky, 'Language of fungi derived from their electrical spiking activity', *Royal Society Open Science 9* (4), (2022)

• 출트림 앨리온, *Women of Wisdom*, Snow Lion Publications, Ithaca, NY, 2000

• ———, *내 안의 악마 길들이기*, 고수곤 역, 요산, 2009.

• Rosamunde Almond, Monique Grooten, and Tanya Petersen, 'Living Planet Report 2020: Bending the curve of biodiversity loss', World Wildlife Fund (WWF), Gland, Switzerland, 2020

• David W. Anthony, *The Horse, the Wheel, and Language: How BronzeAge riders from the Eurasian steppes shaped the modern world*, Princeton University Press, Princeton, NJ, and Oxford, 2007

• Gunnar O. Babcock, 'The Split-Body Problem: Why we need to stop thinking about parents, offspring and sex when we try to understand how life reproduces itself', *Aeon*, April 28, 2022; https://aeon.co/essays/we-need-to-stop-thinking-about-sex-when-it-comes-to-reproduction [accessed May 20, 2022]

• František Baluška, Dieter Volkmann, Andrej Hlavacka, Stefano Mancuso, *et al.*, *Communication in Plants: Neuronal aspects of plant life*, eds František Baluška, Stefano Mancuso and Dieter Volkmann, Springer-Verlag, Berlin, 2006

• Alan Barnard and James Woodburn, 'Property, Power and Ideology in Hunter-Gathering Societies: An introduction' in *Hunters and Gatherers: Property, power and ideology*, Vol. 2, eds Tim Ingold, David Riches and James Woodburn, Berg, Oxford, 1988, pp.4–31

• Jonathan Barnes, 'Life and Work' in *The Cambridge Companion to Aristotle*, Cambridge University Press, Cambridge, 1995

• Stephen Batchelor, *After Buddhism: Rethinking the dharma for a secular age,* Yale University Press, New Haven, CT, 2015

• Wolfgang Behringer, *Witches and Witch-hunts: A global history,* Polity Press, Cambridge, 2004

• Christopher Bell, *Tibetan Demonology*, Cambridge University Press, Cambridge, 2020

• 다이애나 베리스퍼드-크로거, *나무를 대신해 말하기: 모든 나무는 이야기를 품고 있다*, 장상미 역, 갈라파고스, 2023.

• Sharon Blackie, *The Enchanted Life*, September Publishing, Tewkesbury, 2018

• Laura R. Botigué, Shiya Song, Amelie Scheu, *et al.*, 'Ancient European dog genomes reveal continuity since the Early Neolithic', *Nature Communications* 8, (2017) 16082

• Eric D. Brenner, Rainer Stahlberg, Stefano Mancuso, et al., 'Plant neurobiology: an integrated view of plant signalling', *TRENDS in Plant Science* 11 (8), (2006): 413–19

• Hans Peter Broedel, *The Malleus Maleficarum and the Construction of Witchcraft: Theology and popular belief*, Manchester University Press, Manchester, 2003

• Stephen Harrod Buhner, *Plant Intelligence and the Imaginal Realm: Into the dreaming of Earth*, Bear & Company, Rochester, VT, 2014

• John Burroughs, 'The Faith of a Naturalist' in *Accepting the Universe*, Houghton Mifflin, Boston, 1920

• Paco Calvo, *Planta Sapiens: Unmasking plant intelligence*, The Bridge Street Press, London, 2022

• 조지프 캠벨, 천의 얼굴을 가진 영웅, 이윤기 역, 민음사, 2018.

• ——, *The Wisdom of Joseph Campbell*, interview with Michael Toms, New Dimensions Radio, 1991; https://www.jcf.org/works/quote/ritual-is-the-enactment/

• Humphrey Carpenter, *J.R.R. Tolkien: A biography*, HarperCollins, London, 2016

• CELDF (Community Environmental Legal Defense Fund), 'Guest Blog: A conversation twith the Guardian', CELDF, Dec. 10, 2019; https://celdf.org/2019/12/guest-blog-a-conversation-with-theguardian/[accessed March 20, 2022]

• Dipesh Chakrabarty, 'The climate of history: four theses', *Critical Inquiry* 35, (2009): 197–222

• Thubten Chodar and Lama Tsultrim Allione, *Luminous Moonlight: The biography of Do Dasal Wangmo*, trans. Sarah Schneider, Tara Mandala, Pagosa Springs, 2013

• Yasuyuki Choh and Soichi Kugimiya, 'Induced production of extrafloral nectar in intact lima plants in response to volatiles from spider mite-infested conspecific plants as a possible indirect defense against spider mites', *Oecologia* 147 (3), (2006): 455–60

• Terry Clifford, *Tibetan Buddhist Psychiatry: The diamond healing*, Samuel Weiser, York Beach, ME, 1984

• Silvana Condemi, Stépane Mazières, Pierre Faux, *et al.*, 'Blood groups of Neandertals and Denisova decrypted', *Plos One* 16 (7), (2021)

Jonathan Coope, 'On the need for an ecologically dimensioned medical humanities', *Medical Humanities* 47 (1), (2021): 123–7

• 앨프리드 크로스비, 콜럼버스가 바꾼 세계, 김기윤 역, 지식의숲, 2006.

• Alexander Cunningham, *Mahâbodhi, or the Great Buddhist Temple under the Bodhi Tree at Buddha-Gaya*, W.H. Allen & Co., London, 1892

• Andrew Curry, 'Last stand of the hunter-gatherers?', *Archeology*, Archeological Institute of America, June 2021; https://www.archeology.org/issues/422-2105/features/9591-turkey-gobeklitepe-hunter-gatherers [accessed July 30, 2021]

• Patrick Curry, *Defending Middle-Earth: Tolkien: Myth and Modernity*, St. Martin's Press, New York, 1997

• Rhian Daly, 'Lorde – *Solar Power* review: a dazzling hat-trick from a master of her craft', *NME*, 20 Aug., 2021; https://www.nme.com/reviews/album/lorde-solar-power-review-3023597?utm_source=rss&utm_medium=rss&utm_campaign=lorde-solarpower-review [accessed June 5, 2022]

• Nicola Davis, '*Homo erectus* may have been a sailor – and able to speak', *Guardian*, 20 Feb., 2018; https://www.theguardian.com/science/2018/feb/20/homo-erectus-may-have-been-a-sailor-andable-to-speak [accessed Oct. 5, 2021]

• Richard E. Daws, Christopher Timmermann, Bruna Giribaldi, *et al.*, 'Increased global integration in the brain after psilocybin therapy for depression', *Nature Medicine* 28, (2022): 844–51

• Rebecca Denova, 'The Origin of Satan', *World History Encyclopedia*, Feb. 18, 2021; https://www.worldhistory.org/article/1685/theorigin-of-satan/ [accessed Oct. 20, 2021]

• 르네 데카르트, 방법서설, 이현복 역, 문예출판사, 2022.

• Philippe Descola, *Beyond Nature and Culture*, University of Chicago Press, Chicago, 2013

• Andrew P. Dobson and E. Robin Carper, 'Infectious diseases and human population history', *Bioscience* 46, (1996): 115–26

• Maya Earls, 'Happy the elephant denied personhood, will stay in Bronx Zoo', *Bloomberg Law*, June 14, 2022; https://news.bloomberglaw.com/us-law-week/happy-the-elephant-deniedpersonhood-will-remain-in-bronz-zoo [accessed July 17, 2022]

• Ethnologue, 'What are the largest language families?', n.d; https://www.ethnologue.com/subgroups/indo-european [accessed April 23, 2022]

• Hugh G. Evelyn-White, *Hesiod, Homeric Hymns, and Homerica*, William Heinemann, London, 1914

• 브라이언 페이건, 크로마뇽, 김수민 역, 더숲, 2012

• Dimitra Fimi, *Tolkien, Race, and Cultural History: From Fairies to Hobbits*, Palgrave Macmillan, Basingstoke, 2008

• Stephen Forbes, 'The oldest historical tree in the world', *Medium*, Dec. 26, 2016; https://medium.com/@StephenJForbes/the-oldesthistorical-tree-in-the-world-566fcee32605 [accessed May 11, 2022]

• Monica Gagliano, *Thus Spoke the Plant: A remarkable journey of groundbreaking scientific discoveries and personal encounters with plants*, North Atlantic Books, Berkeley, CA, 2018

• Kashmira Gander, 'Road project in Iceland delayed to protect "hidden" elves', *Independent*, 23 Dec. 2013; https://www.independent.co.uk/news/world/europe/road-project-in-iceland-delayed-to-protecthidden-elves-9021768.html [accessed Feb. 4, 2022]

• Daniel Garber, 'Descartes, Mechanics and the Mechanical Philosophy' in *Renaissance and Early Modern Philosophy*, John Wiley and Sons, Oxford, 2002

• Wendy Garling, *Stars at Dawn: The forgotten stories of the women in the Buddha's life*, Shambhala Publications, Boulder, CO, 2016

• Philippe Gignoux, 'Hell in Zoroastrianism', *Encyclopedia Iranica*, 2003; https://www.iranicaonline.org/articles/hell-i [accessed March 17, 2022]

• David Graeber and David Wengrow, *The Dawn of Everything: A new history of humanity*, Farrar, Strauss and Giroux, New York, 2021

• Group Think, 'Lorde's Ao Mārama: Behind the songs', *The Spinoff*, Sept. 9, 2021; https://spinoff.co.nz/atea/09-09-2021/lordes-te-aomarama-behind-the-songs [accessed June 5, 2022]

• Guardian staff and agencies, 'Happy the elephant is not a person, says court in key US animal rights case',

Guardian, 15 June, 2022; https://www.theguardian.com/us-neews/2022/jun/14/elephant-personhuman-animal-rights-happy [accessed July 17, 2022]
- 헤르만 궁켈, *창세기 설화*, 진규선 역, 감은사, 2020.
- David L. Haberman, *People Trees: Worship of trees in northern India*, Oxford University Press, Oxford, 2013
- John Hall, *Ernest Gellner: An intellectual biography*, Verso, London, 2011
- Matthew Hall, *Plants as Persons: A philosophical botany*, SUNY Press, Albany, NY, 2011
- ——, *The Imagination of Plants: A book of botanical mythology*, SUNY Press, Albany, NY, 2019
- Hyoung S. Ham, 'Manipulating the memory of meat-eating: reading the Laṅkāvatāra's strategy', *Journal of Indian Philosophy* 47, (2019): 133–53
- 유발 하라리, *사피엔스*, 조현욱 역, 김영사, 2023.
- ——, *21세기를 위한 21가지 제언*, 전병근 역, 김영사, 2018.
- ——, 'The Actual Cost of Preventing Climate Breakdown', TED Talk, 2022
- Peter Harrison, *'Religion' and the Religions in the English Enlightenment*, Cambridge University Press, Cambridge, 1990
- Graham Harvey, *Animism: Respecting the living world*, Columbia University Press, New York, 2nd ed., 2017
- Leonie Hayden, '"I'm beginning a journey": The inside story of Lorde's surprise mini-album in *te reo Māori*', *The Spinoff*, Sept. 9, 2021; https://thespinoff.co.nz/atea/09-09-2021\lorde-interviewmaori-lyrics-solar-power-er [accessed June 5, 2022]
- Jeremy W. Hayward, 'Scientific Method and Validation' in *Gentle Bridges: Conversations with the Dalai Lama on the sciences of the mind*, Shambhala, Boulder, CO, 2001
- Alberto Hernando, D Villuendas, C. Vesperinas, *et al.*, 'Unravelling the size distribution of social groups with information theory on complex networks', *The European Physical Journal B* 76, (2009): 87–97
- André Ferdinand Herold, *The Life of the Buddha*, trans. P.C. Blum, A. and C. Boni, New York, 1927
- Israel Hershkovitz, Gerhard W. Weber, and Mina Weinstein-Evron, 'The earliest modern humans outside Africa', *Science* 359 (6,374), (2018): 456–9
- Jacob Hill, 'Environmental consequences of fishing practices', n.d; https://www.environmentalscience.org/environmental-consequencesfishing-practices
- 토머스 홉스, *리바이어던*, 진석용 역, 나남, 2018.
- John Holmes, 'Losing 25,000 to hunger every day', *UN Chronicle* (United Nations) 45 (3), (2009): 14–20
- 마크 호닉스바움, *대유행병의 시대*, 제효영 역, 커넥팅, 2020.
- Mark T. Hooker, *The Tolkienothēca: Studies in Tolkiennymy*, Lynfrawr, 2019
- Masayuki Horie, Tomoyuki Honda, Yoshiyuki Suzuki, *et al.*, 'Endogenous non-retroviral RNA virus elements in mammalian genomes', *Nature* 463 (7,277), (2010)
- Jack Hunter (ed.), *Greening the Paranormal: Exploring the ecology of extraordinary experience*, August Night Press, 2019
- Christopher M. Hutton, *Linguistics and the Third Reich: Mother-tongue fascism, race, and the sciences of language*, Routledge, London, 1999

• Hermann Jacobi, *Gaina Sutras Part 1: The Âkârânga Sûtra, the Kalpa Sûtra*, Clarendon Press, Oxford, 1884

• Luc Janssens, Liane Giemsch, Ralf Schmitz, *et al.*, 'A new look at an old dog: Bonn-Obserkassel reconsidered', *Journal of Archeological Science* 92, (2018): 126–38

• Ben Joffe, 'White Robes, Matted Hair: Tibetan Tantric householders, moral sexuality, and the ambiguities of esoteric Buddhist expertise in exile', PhD dissertation, University of Colorado at Boulder, CO, 2019

• Janet Jones, 'Becoming a centaur', *Aeon*, Jan. 14, 2022; https://aeon.co/essays/horse-human-cooperation-is-a-neurobiological-miracle [accessed Aug. 25, 2022]

• Jason Josephson-Storm, *The Myth of Disenchantment: Magic, modernity, and the birth of the human sciences*, University of Chicago Press, Chicago, IL, 2017

• Walter S. Judd and Graham A. Judd, *Flora of Middle-Earth*, Oxford University Press, Oxford, 2017

• Matthew Kapstein, *The Assimilation of Buddhism in Tibet: Conversion, contestation, and memory*, Oxford University Press, Oxford, 2000

• Karma chags med, Gnas mdo, Gcod lugs char 'bod snyan rgyud yi get bkod par 'don bsgom phyag len dang bcas pa mthong bas don gsal, MW0LULDC313476, BDRC, n.d.

• Donald R. Kelley, *Versions of History: From antiquity to the Enlightenment*, Yale University Press, New Haven, CT, 1991

• Henry Ansgar Kelly, *Satan: A biography*, Cambridge University Press, Cambridge, 2006

• 로빈 윌 키머러, 향모를 땋으며: 토박이 지혜와 과학 그리고 식물이 가르쳐준 것들, 노승영 역, 에이도스, 2021.

• Robert Kirk, *The Secret Commonwealth of Elves, Fauns and Fairies*, Anodos Books, Dumfries and Galloway, 2018

• 나오미 클라인, 이것이 모든 것을 바꾼다, 이순희 역, 열린책들, 2016.

• Jakub Kocurek, 'Contemporary popular concepts of *Klu and Gnyan* as a result of ecological change', Journal of Ethnology and Folkloristics 7 (1), (2013): 19–30

• Robin Korman, Lama Chonam, and Sangye Khandro, *The Epic of Gesar of Ling: Gesar's magical birth, early years, and coronation as king*, Shambhala Publications, Boulder, CO, 2015

• Spencer Kornhaber, 'The pop star who's redefining the word "basic"', *Atlantic*, Aug. 19, 2021; https://www.theatlantic.com/culture/archive/2021/08/lorde-solar-power-review/619808/?utm_source=feed [accessed June 5, 20222]

• Adam Krug, 'Buddhist medical demonology in the sutra of the seven buddhas', *Religions* 10 (4), (2019)

• Maja Krzewińska, Gülsah Merve Kilinç, Anna Juras, *et al.*, 'Ancient genomes suggest the eastern Pontic-Caspian steppe as the source of western Iron Age nomads', *Science Advances* 4 (10), (2018)

• Franciscus Bernardus Jacobus Kuiper, 'The basic concept of Vedic religion', *History of Religion* 15, (1975): 108–12

• Alexander Kulik, 'How the devil got his hooves and horns: the origin of the motif and the implied demonology of 3 Baruch', *Numen* 60, (2013): 200

• Elizabeth Kutter, Daniel De Vos, Guram Gvasalia, et al., 'Phage therapy in clinical practice: treatment of human infections', *Current Pharmaceutical Biotechnology* 11 (1), (2010): 69–86

• Bruno Latour, *Facing Gaia: Eight lectures on the new climatic regime*, Polity Press, Cambridge, 2017

• Ma gcig Lab sgron, *Machik's Complete Explanation: Clarifying the meaning of Chöd*, trans. Sarah Harding, Snow Lion Publications, Ithaca, NY, 2013

• Jennifer Larson, *Greek Nymphs: Myth, cult, lore*, Oxford University Press, Oxford, 2001

• Will Lavin, 'Lorde tells fans her album is "going to take some time" after death of her dog Pearl', *NME*, 2 Nov. 2019; https://www.nme.com/news/music/lorde-tells-fans-album-is-going-to-take-timedeath-dog-2563977 [accessed June 5, 2022]

• Ursula K. Le Guin, 'The Critics, the Monsters, and the Fantasists', *The Wordsworth Circle* 38 (1/2), (2007)

• 브라이언 르박, 유럽의 마녀 사냥, 김동순 역, 소나무, 2003.

• Brian G. Levman, 'Cultural remnants of the indigenous peoples in the Buddhist scriptures', *Buddhist Studies Review* 30 (2), (2014): 145–80

• ——, *Pāli and Buddhism: Languages and lineage*, Cambridge Scholars Publishing, Newcastle upon Tyne, 2021

• Charlton T. Lewis, 'Religio', *An Elementary Latin Dictionary*, Tufts University, Medford, MA, 1890; https://www.perseus.tufts.edu/hopper/text?doc=Perseus%3A1999.04.0060%3Aentry%3Dreligio

• C.S. Lewis, *Lewis: Collected Letters, Volume 1: Family Letters. 1905-1931*, ed. W. Hooper, HarperCollins, London, 2000

• Bruce Lincoln, 'The Indo-Europeans' myth of creation', *History of Religions* 15 (2), (1975): 121–45

• Jigme Lingpa and Kangyur Rinpoche, *Treasury of Precious Qualities: Book One*, Shambhala Publications, Boulder, CO, 2010

• Li Liu, Jiajing Wang, Danny Rosenberg, et al., 'Fermented beverage and food storage in 13,000 y-old stone mortars at Raqefet Cave, Israel: Investigating Natufian ritual feasting', *Journal of Archeological Science: Reports* 21, (2018): 783–93

• Sharon A. Lloyd and Susanne Sreedhar, 'Hobbes's moral and political philosophy', *Stanford Encyclopedia of Philosophy*, April 30, 2018

• Lorde, 'Solar Power', *Solar Power*, comps. Ella Marija Lani YelichO'Connor and Jack Antonoff, Universal Music New Zealand, 2021

• Hendrik Lorenz, 'Ancient Theories of the Soul' in *Stanford Encyclopedia of Philosophy*, 2009; https://plato.stanford.edu/entries/ancient-soul/ [accessed Oct. 3, 2021]

• Robert J. Losey, Vladimir I. Bazaliiskii, Sandra Garvie-Lok, et al., 'Canids as persons: early Neolithic dog and wolf burials, Cis-Baikal, Siberia', *Journal of Anthropological Archeology* 30, (2011): 174–89

• 로버트 맥팔레인, 언더랜드, 심원의 시간 여행, 조은영 역, 소소의 책, 2020.

• 야콥 슈프랭거, 하인리히 크라머, 마녀를 심판하는 망치, 이재필 역, 우물이있는집, 2016.

• J.P. Mallory and D.Q. Adams, *The Oxford Introduction to Proto-Indo-European*, Oxford University Press, Oxford, 2006

• 스테파노 만쿠소, 매혹하는 식물의 뇌, 양병찬 역, 행성B, 2016.

• ——, 식물, 국가를 선언하다: 식물이 쓴 지구의 생명체를 위한 최초의 권리장전, 임희연 역, 더숲, 2023.

• Michael Marder, 'The life of plants and the limits of empathy', *Dialogue* 51, (2012): 259–73

• ——, 'Should animals have rights?', *Philosopher's Magazine* 62, (2013): 56–7; doi:10.5840/tpm20136293

• 린 마굴리스, 공생자 행성: 린 마굴리스가 들려주는 공생 진화의 비밀, 이한음 역, 사이언스북스, 2014.

• Joshua J. Mark, 'Mythology', *World History Encyclopedia*, Oct. 31, 2018; https://www.worldhistory.org/mythology/ [accessed Dec. 10, 2021]

• Sarah Marshall-Pescini, Franka S. Schaebs, Alina Gaugg, *et al.*, 'The role of oxytocin in the dog–owner relationship', *Animals (Basel) 9* (10), (2018)

• Benjamin W. McCraw and Roberts Arp, *Philosophical Approaches to Demonology*, Routledge, New York, 2017

• Ralph McInerny and John O'Callaghan, 'Saint Thomas Aquinas', *Stanford Encyclopedia of Philosophy*, May 23, 2014; https://plato.stanford.edu/entries/aquinas/ [accessed March 4, 2022]

• Robin McKie, 'Loss of EU funding clips wings of vital crow study in Cambridge', *Guardian*, 28 May 2022; https://amp.theguardian.com/environment/2022/may/28/loss-eu-funding-crow-studycambridge-brex-it-corvid?fbclid=IwAR14BshF9Ldewb344EXTJ3ZMbqj-kStnQ1koCi6CMNy5YZAyLWKtncjdCU0 [accessed May 20, 2022]

• G.yu thog yon tan Mgon po, *gDon nad gso ba bcos sgrig ma*, ed. Bya mdo klu byams rgyal, Mi rigs dpe skrun khang, Beijing, 2019

• 스티븐 마이든, 빙하 이후, 성춘택 역, 사회평론아카데미, 2019.

• Marina Montesano, 'Horns, hooves and hell: the devil in medieval times', *National Geographic*, Nov. 2, 2018; https://www.nationalgeographic.co.uk/history-and-civilisation/2018/10/hornshooves-and-hell-the-devil-in-medieval-times [accessed July 10, 2022]

• 우파니샤드, 이재숙 역, 한길사, 1996.

• Linda Nash, 'Beyond Virgin Soils: Disease as Environmental History' in *The Oxford Handbook of Environmental History*, Oxford University Press, Oxford, 2014

• René de Nebesky-Wojkowitz, *Oracles and Demons of Tibet: The cult and iconography of the Tibetan protective deities*, Akademische Druck- und Verlagsanstalt, Graz, Austria, 1975

• Mark Nielsen, Michelle C. Langley, C. Shipton, *et al.*, 'Homo neanderthalensis and the evolutionary origins of ritual in *Homo sapiens*', *Philosophical Transactions of the Royal Society B*, June 29, 2020; http://doi.org/10.1098/rstb.2019.0424

• Catherine Nixey, *The Darkening Age: The Christian destruction of the classical world*, Macmillan, London, 2017

• Dan Nixon, 'The body as mediator: the phenomenology of Maurice Merleau-Ponty entwines us, via our own beating, pulsing, living bodies, in the lives of others', *Aeon*, Dec. 7, 2020; https://aeon.co/essays/the-phenomenology-of-merleau-ponty-and-embodiment-inthe-world [accessed Aug. 12, 2022]

• Nonhuman Rights Project. 2022, quoted in *Guardian* staff and agencies, 'Happy the elephant is not a person, says court in key US animal rights case', *Guardian*, 14 June 2022; https://www.theguardian.com/us-news/2022/jun/14/elephant-person-humananimal-rights-happy [accessed July 17, 2022]

• NRM, 'Microbiology by numbers', *Nature Reviews Microbiology* 9 (628), (2011)

• 케이틀린 오코넬, 코끼리도 장례식장에 간다, 이선주 역, 현대지성, 2023.

• Seán Pádraig O'Donoghue, *The Forest Reminds Us Who We Are*, North Atlantic Books, Berkeley, CA, 2021

• Asko Parpola, *The Roots of Hinduism: The early Aryans and the Indus civilization*, Oxford University Press, Oxford, 2015

• Hervey C. Peoples, Pavel Duda, and Frank W. Marlowe, 'Hunter-Gatherers and the Origins of Religion', *Human Nature* 27 (2016): 261–82

• John W. Pilley, 'Border collie comprehends sentences containing a prepositional object, verb, and direct object', *Learning and Motivation* 44 (4) (2013): 229–40

• Pliny the Elder, *Natural History: A selection*, trans. J.F. Healy, Penguin, London, 2004

• Val Plumwood, *Feminism and the Mastery of Nature*, Routledge, London, 1993

———, 'Nature in the Active Voice', *Australian Humanities Review* 46, (2009)

• Ross Pomeroy, 'Scientists have learned from cases of animal cruelty', *Real Clear Science*, 23 Jan. 2012; https://www.realclearscience.com/blog/2012/01/scientists-can-be-cruel.html [accessed May 10, 2022]

• Joseph Poore and T. Nemecek, 'Reducing food's environmental impacts through producers and consumers', *Science* 360 (6,392), (2018): 987–92

• Popham, Sajah Popham, *Evolutionary Herbalism: Science, medicine, and spirituality from the heart of nature*, North Atlantic Books, Berkeley, CA, 2019

• Terry Pratchett, *Small Gods*, Gollancz, London, 1992

• Stefan Riedel, 'Edward Jenner and the history of smallpox and vaccination', *Baylor University Medical Center Proceedings* 18 (1), (2005): 21–5

• Hannah Ritchie, 'How much of the world's land would we need in order to feed the global population with the average diet of a given country?', *Our World in Data*, Oct. 3, 2017; https://ourworldindata.org/agricultural-land-by-global-diets [accessed July 20, 2022]

• ———, 'Half of the world's habitable land is used for agriculture', *Our World in Data*, Nov. 11, 2019; https://ourworldindata.org/globalland-for-agriculture [accessed July 20, 2022]

• William Woodville Rockhill, *Life of the Buddha and the Early History of His Order: Derived from Tibetan works in the Bkah-hgyur and Bstan-hgyur*, Trübner & Co., London, 1884

• 장 자크 루소, 인간 불평등 기원론, 이재형 역, 문예출판사, 2020.

• Christopher B. Ruff, Erik Trinkaus, and Trenton W. Holliday, 'Body mass and encephalization in Pleistocene *Homo*', *Nature* 387, (1997):173–6

• Edward P. Rybicki, 'The classification of organisms at the edge of life or problems with virus systematics', *South African Journal of Science* 86 (1990)

• Carl Sagan, Lynn Margulis, and Dorian Sagan, 'Life' in *Encyclopaedia Britannica*, 5 Sept. 2022; https://www.britannica.com/science/life [accessed June 26, 2022]

• Marshall Sahlins, 'What kinship is (part one)', *Journal of the Royal Anthropological Institute* 17 (1), (2011), 2–19

• Ian Sample, 'Neanderthals built mysterious cave structures 175,000 years ago', *Guardian*, 25 May 2016; https://www.theguardian.com/science/2016/may/25/neanderthals-built-mysterious-cavestructures-175,000-years-ago [accessed Oct. 10, 2021]

• Geoffrey Samuel, *Civilized Shamans: Buddhism in Tibetan societies*, Mandala Book Point, Kathmandu,

1993

• ——, 'Spirit Causation and Illness in Tibetan Medicine' in *Soundings in Tibetan Medicine: Anthropological and Historical Perspectives, Proceedings of the Tenth Seminar of the International Association for Tibetan Studies, PIATS*, Oxford, Brill, Leiden and Boston, MA, 2003, pp.213–24

• Sapienship, '2% more: the extra step to save our future'; https://www.sapienship.co/decision-makers/2-percent-more [accessed July 20, 2022]

• Martin Saxer (director), *Journeys with Tibetan Medicine*, Docufactory, 2005

• ——, 'The Journeys of Tibetan Medicine' in *Bodies in Balance: The art of Tibetan Medicine*, Rubin Museum of Art and University of Washington Press, NewYork/Seattle, 2014, pp.246–56

• Jill Schneiderman, *Anthropocene Feminism*, ed. Richard Grusin, University of Minnesota Press, Minneapolis, MN, 2017

• Christina Scull and Wayne G. Hammond, *The J.R.R. Tolkien Companion and Guide*, HarperCollins, London, 2017

• ——, *The J.R.R. Tolkien Companion and Guide: Reader's Guide*, 2 vols, HarperCollins, London, 2017

• Robert A. Segal, *Myth: A very short introduction*, Oxford University Press, Oxford, 2004

• 윌리엄 셰익스피어, 템페스트, 이경식 역, 문학동네, 2010.

• 멀린 셸드레이크, 작은 것들이 만든 거대한 세계, 김은영 역, 아날로그, 2021.

• ——', Before Roots' in *This Book is a Plant*, Profile Books, London, 2022, pp.9–17

Brett Sholtis, 'When COVID deaths are dismissed or stigmatized, grief is mixed with shame and anger', NPR, Aug. 30, 2021; https://www.npr.org/sections/health-shots/2021/08/30/1011785899/when-covid-deaths-are-dismissed-or-stigmatized-grief-is-mixedwith-shame-and-ang?t=1661861693246 [accessed Aug. 29, 2022]

• 수잔 시마드, *어머니 나무를 찾아서*, 김다히 역, 사이언스북스, 2023.

• 피터 싱어, 'Animals' in *The Oxford Companion to Philosophy*, ed. Ted Honderich, Oxford University Press, Oxford, 1995

• ——, *실천윤리학: 어떻게 이 시대를 윤리적으로 살아갈 것인가*, 황경식, 김성동 역, 연암서가, 2013.

• Marcello Siniscalchi, Serenella d'Ingeo, and Angelo Quaranta, 'Orienting asymmetries and physiological reactivity in dogs' response to human emotional faces', *Learning & Behavior* 46, (2019): 574–85

• D.B. Smith, 'Mr. Robert Kirk's Note-Book', *The Scottish Historical Review* 18 (72), (1921): 237–48

• Stephen D. Snobelen, 'Isaac Newton, heretic: the strategies of a Nicodemite', *British Journal for the History of Science* 32 (4), (1999): 381–419

• Rebecca Solnit, 'Big oil coined "carbon footprints" to blame us for their greed. Keep them on the hook', *Guardian*, 23 August 2021; https://www.theguardian.com/commentisfree/2021/aug/23/bigoil-coined-carbon-footprints-to-blame-us-for-their-greed-keepthem-on-the-hook.

• Isabelle Stengers, *In Catastrophic Times: Resisting the coming barbarism*, Open Humanities Press, Ann Arbor, MI, 2015

• Martin D. Stringer, 'Rethinking animism: thoughts from the infancy of our discipline', *Journal of the Royal Anthropological Institute* 5 (4), (1999): 541–56

• 스노리 스툴루손, *에다 이야기*, 이민용 역, 을유문화사, 2013.

• Martin B. Sweatman and Dimitrios Tsikritsis, 'Decoding Göbekli Tepe with archeoastronomy: what does the fox say?' *Mediterranean Archeology and Archeometry* 17 (1), (2018): 233–50

• Martin Sweatman, 'The Younger Dryas impact hypothesis: review of the impact evidence', The University of Edinburgh, 2021; https://www.research.ed.ac.uk/en/publications/the-younger-dryas-impacthypothesis-review-of-the-impact-evidence

• Paul Taçon and Colin Pardoe, 'Dogs make us human', *Nature Australia* 27 (4), (2002): 52–61

• Nyanaponika Thera, *The Roots of Good and Evil: Buddhist texts translated from the Pali with comments and introduction*, The Buddhist Publication Society, Penang, Malaysia, 1999

• J.RR. 톨킨, *반지의 제왕*, 김보원, 김번, 이미애 역, 아르테, 2021.

• ——, In Their Own Words: British Authors, BBC interview, 1968

• ——, *실마릴리온*, 김보원 역, 아르테, 2022.

• ——, 'Myths Transformed' in *Morgoth's Ring*, ed. Christopher Tolkien, HarperCollins, London, 1993, pp.369–436

• ——, *The Book of Lost Tales*, 2 vols, HarperCollins, London, 2000

• ——, 'On Fairy-Stories' in *The Monsters and the Critics and Other Essays*, HarperCollins, London, 2006

• ——, *The Letters of J.R.R. Tolkien*, HarperCollins, London, 2006

• ——, *The Legend of Sigurd and Gudrún*, ed. Christopher Tolkien, HarperCollins, London, 2010

• ——, *On Fairy-Stories*, Expanded edition with commentary and notes, eds Verlyn Flieger and Douglas A. 'The Notion Club Papers' in *Sauron Defeated*, ed. Christopher Tolkien, HarperCollins, London, 2017

• Jorge Torres, 'Plato's anthropocentrism reconsidered', *Environmental Ethics* 43 (2), 92021): 119–41

• Mary Evelyn Tucker and Duncan Ryuken Williams, *Buddhism and Ecology: The interconnection of dharma and deeds*, Harvard University Center for the Study of World Religions Publications, Cambridge, MA, 1997

• 에드워드 버넷 타일러, *원시문화*, 유기쁨 역, 아카넷, 2018.

• Gary Ulstein, 'Hobbits, Ents, and Dæmons: Ecocritical Thought Embodied in the Fantastic', *Fafnir – Nordic Journal of Science Fiction and Fantasy Research* 2 (4), (2009): 7–17

• Marine Veits, Itzhak Khait, and Uri Obolski, 'Flowers respond to pollinator sound within minutes by increasing nectar sugar concentration', *Ecology Letters* 22 (9), (2019): 1,483–92

• Paul Veyne, *Did the Greeks Believe in Their Myths? An essay on the constitutive imagination*, trans. Paula Wissing, Chicago University Press, Chicago, IL, 1988

• 니콜라스 웨이드, *종교 유전자*, 이용주 역, 아카넷, 2015.

• Stephanie Wakefield, *Anthropocene Back Loop: Experimentation in unsafe operating space*, Open Humanities Press, Ann Arbor, MI, 2020

• Jeffrey D. Wall, Kirk E. Lohmueller, and Vincent Plagnol, 'Detecting ancient admixture and estimating demographic parameters in multiple human populations', *Molecular Biology and Evolution* 26 (8), (2009): 1,823–7

• James H. Wandersee and Elisabeth E. Schussler, 'Preventing plant blindness,' *American Biology Teacher* 61 (2), (1999): 82–6

• Shigeru Watanabe, Junko Sakamoto, and Masumi Wakita, 'Pigeons' discrimination of paintings by Monet and Picasso', *Journey of the Experimental Analysis of Behavior* 63 (2), (1995): 165–74

• Linton Weeks, 'Recognizing the rights of plants to evolve', *NPR*, Oct. 26, 2012; https://www.npr.org/2012/10/26/160940869/recognizing-the-rights-of-plants-to-evolve?t=1653996829735 [accessed July 25, 2022]

• Melinda Wenner, 'Humans carry more bacterial cells than human ones', *Scientific American,* Nov. 30, 2017; https://www.scientificamerican.com/article/strange-but-true-humans-carrymore-bacterial-cells-than-human-ones/ [accessed Nov. 11, 2021]

• David R. Wessner, 'The origins of viruses', *Nature Education* 3 (9), (2010)

• Gordon White, *Ani.Mystic*, Scarlet Imprint, London, 2022

• Lynn White, 'The historical roots of our ecological crisis', *Science* 155 (1967): 1,203–207

• Liz Williams, *Miracles of Our Own Making: A history of paganism*, Reaktion Books, London, 2020

• Raymond Williams, 'Ideas of Nature' in *Problems in Materialism and Culture*, Verso, London, 1980

• 페터 볼레벤, *나무수업*, 장혜경 역, 위즈덤하우스, 2016.

• Andrew Woodhall, 'Addressing Anthropocentrism in Nonhuman Ethics: Evolution, morality, and nonhuman Beings', doctoral dissertation, University of Birmingham, Dept. of Philosophy, 2016

• Yang Ga, 'Sources for the Writing of the *Rgyud Bzhi*, Tibetan Medical Classic', doctoral dissertation, Harvard University, Cambridge, MA, 2010

• Ronit Yoeli-Tlalim, *ReOrienting Histories of Medicine*, Bloomsbury, London, 2021

• Carl Zimmer, 'Ancient viruses are buried in your DNA', *New York Times,* Oct. 4, 2017; https://www.nytimes.com/2017/10/04/science/ancient-viruses-dna-genome-html [accessed Sept. 1, 2022]

보이지 않는 존재들

초판 1쇄 인쇄 2024년 5월 24일
초판 1쇄 발행 2024년 5월 31일

지은이 | 에릭 잠파 앤더슨
옮긴이 | 김성환
펴낸이 | 심남숙
펴낸곳 | ㈜ 한문화멀티미디어
등록 | 1990. 11. 28 제21−209호
주소 | 서울시 광진구 능동로 43길 3−5 동인빌딩 3층 (04915)
전화 | 영업부 2016−3500 · 편집부 2016−3507
홈페이지 | http://www.hanmunhwa.com

운영이사 | 이미향
편집 | 강정화 최연실
기획 · 홍보 | 진정근
디자인 제작 | 이정희
경영 | 강윤정 조동희
회계 | 김옥희
영업 | 이광우

만든 사람들
책임 편집 | 한지윤 디자인 | ROOM 501
인쇄 | 천일문화사

ISBN 978-89-5699-473-4 03300